NORMATIVIDAD BANCARIA

2025

JOSÉ ANTONIO QUESADA
Coordinador de obra

NORMATIVIDAD BANCARIA 2025

Análisis y perspectivas de una industria en DISRUPCIÓN

LID

MADRID | CIUDAD DE MÉXICO | BUENOS AIRES | BOGOTÁ
LONDRES | SHANGHÁI

Colección Acción Empresarial
LID Editorial Mexicana S. A. de C. V.
Homero 109, 1404, Colonia Chapultepec Morales,
México, Ciudad de México, 11570
Tel. +52 (55) 5255-4883
mexico@lidbusinessmedia.com - LIDeditorial.com - LIDlibros.com

A member of:
BPR
businesspublishersroundtable.com

ISBN libro impreso: 978-607-26812-7-9
ISBN *ebook*: 978-607-26812-8-6

Editora de la colección: Claudia Herrán Monedero
Coordinadora editorial: Adriana Reyes Urrutia
Corrección de estilo y de pruebas: Norma Ramos
Diseño de portada: Juan Ramón Batista Pérez
Maquetación forros: Javier Perea
Diseño de interiores: www.produccioneditorial.com

Primera edición: abril de 2025

AGRADECIMIENTOS

A Gabriel Velasco Robles, Guillermo Pacheco González, Rafael Ulises Lozano Argueta, José Mendoza, Jaime González-Gasque, Eduardo Rodríguez Venegas, Luis A. Hernández Arámburo, Ankit Sharma, Sven Stumbauer, Vanessa Veintimilla, Jorge Pérez y Fernando Obregón González, por participar en esta obra, por su conocimiento y su tiempo para dar forma a una edición más de la normatividad bancaria.

A Julio Carranza, Esteban Sánchez Pajares, Juan Pablo Graf Noriega y Héctor García por su interés en este libro que, de una u otra forma, es un reflejo del trabajo que realizan y de su compromiso para contribuir a una evolución necesaria y permanente.

ÍNDICE

Prefacio de Julio Carranza 9

Prólogo de Esteban Sánchez Pajares 11

Introducción de Juan Pablo Graf Noriega 15

1. Reflexiones sobre 25 años de evolución del sistema financiero mexicano 23
Gabriel Velasco Robles

2. Situación actual de la banca comercial en México 57
Gabriel Velasco Robles

3. Cultura de control: cambios transformacionales 89
Guillermo Pacheco González

4. Regulación para la ciberseguridad: de la reacción a la prevención 129
Rafael Ulises Lozano Argueta

5. Seguridad financiera a través del blindaje digital 175
José Mendoza

6. Blindaje digital: un estudio de caso para la autenticación ... 207
Jaime González-Gasque

7. Regulación de los criptoactivos 219
Eduardo Rodríguez Venegas
Luis A. Hernández Arámburo

8. *Stablecoins*: retos y oportunidades para pagos transfronterizos 261
Ankit Sharma
José Antonio Quesada

9. El amplio y creciente alcance de los organismos reguladores de Estados Unidos y su impacto en las instituciones financieras estadounidenses y no estadounidenses 283
Sven Stumbauer

10. El ecosistema *fintech* en América Latina: innovación, regulación y desafíos.. 317
Vanessa Veintimilla
Jorge Pérez

11. Nuevas reglas para el mercado de valores...................... 369
Fernando Obregón González
José Antonio Quesada

12. Productividad, innovación y eficiencia, los retos de la banca y la respuesta de la normatividad................ 393
José Antonio Quesada

Epílogo de Héctor García.. 433

PREFACIO

La banca en México registra una metamorfosis intensa. Desde los años noventa del siglo pasado, se ha adaptado a las circunstancias y a los tiempos. Ha enfrentado temas internos y externos que la han llevado a mostrar solidez y a estar preparada operativa y financieramente para atender las necesidades de los usuarios. Al momento de escribir este texto, cuenta con más de 1.4 billones de pesos listos para prestar, en condiciones que puedan garantizar tanto el financiamiento a los clientes como la seguridad de los ahorradores y de las propias instituciones bancarias.

Esto ha sido posible gracias al trabajo que se ha realizado para cumplir con la regulación bancaria nacional e internacional; incluso porque la primera, en algunos casos, rebasa los estándares de la segunda. La banca en México ha aprendido de las lecciones del pasado, y actualmente la certidumbre regulatoria ha contribuido al crecimiento de la inversión y al fomento de la inclusión financiera, tan necesaria para el desarrollo económico.

El avance también se explica por la inversión anual promedio de 25 000 millones de pesos en tecnología entre 2020 y 2025, la cual ayuda a salvaguardar los ahorros de los mexicanos y ofrece una banca digital que compite abiertamente con nuevos jugadores, como las *fintech* y las SOFIPO.

Pero esto no es suficiente. Para que todo el engranaje funcione, se requieren reglas claras que respondan a las necesidades actuales, tomando en cuenta que estas se transforman en periodos de tiempo mucho más cortos que hace cinco o diez años. De ahí que la normatividad bancaria sea fundamental, al igual que el tiempo de respuesta para adecuarla a las condiciones que se van presentando.

En ese sentido, este libro presenta los cambios que han dado una nueva fisonomía al sistema bancario y la respuesta regulatoria que ha acompañado esta evolución. También es una invitación a considerar la dinámica que surge a partir de la tecnología, para responder en tiempo y forma a un ecosistema que comprende productos, servicios, participantes y normas, logrando así un engranaje «bien aceitado» que brinde seguridad.

Sus capítulos contribuyen a entender el punto en el que hoy se encuentra el sistema bancario. Los autores convocados por José Antonio Quesada, cada uno experto en el tema que aborda, nos llevan de la mano desde los inicios de esta evolución hace 25 años hasta el alcance actual de los reguladores frente a los nuevos actores, con el mensaje implícito y explícito de la necesidad de contar con respuestas que atiendan la inmediatez de una transformación que ya no da tregua.

Julio Carranza
Presidente de la Asociación
de Bancos de México

PRÓLOGO

La tecnología está modificando todo lo que tiene a su alcance, y el sistema bancario no es la excepción. Internet nos trajo nuevas herramientas y procesos que han facilitado y agilizado las operaciones financieras, permitiendo que más gente se sume a estas actividades. Sin embargo, debemos reconocer que la inclusión financiera aún no alcanza el nivel que deseamos. Este avance representa tanto un logro como un desafío.

Es un logro porque ha permitido la incorporación de personas que, por razones geográficas o económicas, antes no tenían acceso al sistema financiero; pero también es un reto, ya que la tecnología, además de beneficios, conlleva riesgos.

Históricamente, el sistema financiero ha manejado ciertos riesgos. Aun así, se han producido crisis regionales que han requerido ajustes normativos para evitar su repetición. Un claro ejemplo de ello, por su alcance y duración, es la crisis de 2008, cuyos impactos propiciaron la creación de nuevas leyes y la adaptación de regulaciones preexistentes para un mejor «control» de las actividades de la banca.

En Estados Unidos, por ejemplo, se pusieron en marcha la Ley Dodd-Frank y la Ley de Estabilización Económica de Emergencia. A nivel internacional, los Acuerdos de Basilea III reforzaron la regulación, supervisión y gestión del riesgo de los bancos. México también hizo su tarea al adoptar la normatividad internacional y desarrollar su propio marco regulatorio conforme a la estructura de su sistema bancario en ese momento.

Sin embargo, hoy enfrentamos una nueva etapa de reconfiguración impulsada por la tecnología. Han surgido nuevos actores y escenarios con riesgos distintos, lo que exige la actualización de las reglas para garantizar operaciones seguras y eficientes en este ecosistema en constante evolución.

Un ejemplo de esta transformación se analiza en el capítulo «Regulación para la ciberseguridad: de la reacción a la prevención», donde el autor, Rafael Ulises Lozano Argueta, aborda un ciberataque ocurrido en México entre abril y mayo de 2018, que afectó a cinco instituciones financieras y generó pérdidas de aproximadamente 300 millones de pesos. Este evento obligó a tomar medidas para reforzar la seguridad en el sector financiero, implementar controles más estrictos y actualizar la normatividad bancaria del país.

En esta misma línea, la Unión Europea ha puesto en marcha una regulación sobre resiliencia digital operativa, cuyo objetivo es normalizar y elevar los estándares de seguridad tecnológica y ciberseguridad del sector financiero, así como promover la estabilidad del sistema mediante un cambio de paradigma: de un modelo de barreras o prevención a uno de respuesta, adaptación y recuperación ante incidentes.

Este libro es un conjunto de conocimientos de los temas que están transformando el sistema financiero, y proporciona una visión prospectiva de nuevos productos y servicios derivados de la incorporación de la tecnología a dicho sistema.

En esta obra, cada uno de los autores de los capítulos nos guía a través de los temas que están innovando al sistema financiero, proporcionando un panorama evolutivo de la normativa que hoy nos permite evitar o mitigar riesgos que pudieran detener los avances logrados, con el consecuente impacto en los usuarios.

Uno de los mensajes clave del libro es que la llegada de nuevos participantes y productos —como las criptomonedas y las *fintech*— ha marcado un camino sin retorno. Ante esto, se necesitan respuestas rápidas para interactuar en un sistema que requiere seguridad legal y tecnológica. Solo así se podrá ejercer la función básica de la banca: administrar el ahorro, canalizarlo hacia créditos que apoyen proyectos productivos y gestionar los sistemas de pago que permiten la liquidación de las operaciones comerciales.

Este texto es, sin duda, una aportación esencial para tener una visión sistémica de la banca a nivel global, y de la necesidad de adaptar el tiempo y la forma —la normativa— al contexto actual. En una época de cambios acelerados e irreversibles, el conocimiento y la capacidad de respuesta son clave para afrontar los retos del futuro financiero.

Esteban Sánchez Pajares
Socio director de Banca de
Analistas Financieros Internacionales
Miembro de la Junta Directiva del
Club de Gestión de Riesgos de España
Doctor (Ph. D.) en Economía de la Empresa
por la Universidad Autónoma de Madrid

INTRODUCCIÓN

El sistema financiero mexicano ha experimentado cambios profundos en las últimas décadas, y cuenta actualmente con una amplia diversidad de integrantes. La crisis bancaria de finales del siglo pasado modificó la estructura del sistema financiero abriéndolo a participantes extranjeros, mientras que la crisis financiera global de 2008-2009 propició un cambio significativo en las regulaciones existentes a las que nuestro país se apegó gradualmente.

La transformación digital ha jugado un rol trascendente al incorporar nuevos jugadores y nuevas reglas a un sistema que tuvo que adaptarse a las cambiantes y crecientes necesidades del mercado durante la pandemia de COVID-19. Hay una frase que ya se ha vuelto un lugar común: «La emergencia sanitaria nos permitió avanzar diez años en términos de habituarnos al uso de la tecnología». No vamos a discernir entre si fue permitir u obligar, el hecho es que, así como nos familiarizamos con la tecnología que había, también tuvimos que adecuarnos a las nuevas ofertas tecnológicas que el sistema financiero fue presentando.

Ese proceso de transformación vino acompañado de importantes cambios regulatorios. En todas las regiones, en los países desarrollados y emergentes había una nueva realidad que atender con nuevos actores, instrumentos y «formas de hacer las cosas». Palabras como *fintech*, criptodivisas o ciberseguridad ya estaban en un vocabulario que tuvo que ampliarse para hacerle espacio a conceptos como blindaje digital, autenticación, cultura de control..., por lo que los reguladores de todos los países, incluido el nuestro, tuvieron que responder a un nuevo escenario en el que los jugadores se multiplicaron y las normas se extendieron. Esta realidad es la razón de ser de *Normatividad bancaria 2025*. Por ello le acompaña el título *Análisis y perspectivas de una industria en disrupción*.

El análisis comienza con las reflexiones que Gabriel Velasco hace sobre el sistema financiero mexicano al inicio del siglo XXI. En el capítulo «Reflexiones sobre 25 años de evolución del sistema financiero mexicano», el autor apunta que, en las últimas dos décadas y media, el sistema financiero de nuestro país ha experimentado una transformación profunda que lo ha consolidado como uno de los referentes en América Latina. «La llegada de bancos internacionales al inicio de este siglo y el desarrollo de nuevos actores, como las *fintech* en años posteriores, han diversificado el sistema, incrementado la competencia y ampliando la oferta de servicios financieros».

Agrega que operar en las condiciones actuales ha sido posible gracias a una disciplina macroeconómica sostenida y a reformas fundamentales como la autonomía del Banco de México, el desarrollo de una curva de tasas de interés, la adopción de una regulación apegada a las mejores prácticas internacionales y el establecimiento de mecanismos de seguridad financiera, que en su conjunto han fortalecido la estabilidad y modernización de nuestro sistema financiero.

En el capítulo escrito por Guillermo Pacheco González, el autor argumenta que en el sector financiero no se puede concebir una sana promoción de los diversos productos sin tener en cuenta una fuerte cultura de control preventivo, la cual debe comenzar al más alto nivel organizacional y permear hacia el resto de la organización. El capítulo lleva por título «Cultura de control: cambios transformacionales», y aborda las disposiciones para la prevención de fraudes internos y externos, los riesgos de tecnología avanzada y la contraparte: su uso como mecanismo de defensa.

El siguiente apartado es «Regulación para la ciberseguridad: de la reacción a la prevención». El autor, Rafael Ulises Lozano Argueta, inicia su participación haciendo referencia al ciberataque que se registró entre abril y mayo de 2018 en México —que afectó a cinco instituciones financieras y dejó un daño de aproximadamente 300 millones de pesos—, lo que obligó a revisar y fortalecer las prácticas de seguridad cibernética en el sector financiero a través de controles y políticas más estrictos. Lozano, además, lleva a cabo un análisis de la regulación en esta área.

En el capítulo «Seguridad financiera a través del blindaje digital», de la autoría de José Mendoza, se plantea que regulación y tecnología hacen una mancuerna de gran interés porque así como «la digitalización ha permitido una mayor eficiencia y accesibilidad facilitando pagos, transferencias y operaciones que anteriormente requerían tiempo y trámites complejos (...), este progreso ha abierto la puerta a nuevas vulnerabilidades que son aprovechadas por grupos y actores maliciosos especializados en fraudes, que han evolucionado en paralelo con los sistemas bancarios».

José Mendoza parte de que el concepto de blindaje digital va más allá de la simple implementación de herramientas tecnológicas, pues implica un enfoque estratégico y dinámico que abarca múltiples frentes: inversión en infraestructura tecnológica, capacitación continua del personal y educación del usuario final.

Después de dar un panorama sobre el incremento del fraude, la necesidad de autenticación segura y abarcar temas como identidad digital, fraude de identidad y presentar al blindaje biométrico como una solución integral para mitigar la suplantación de identidad, Mendoza plantea que reducir los fraudes por suplantación es un objetivo alcanzable mediante un enfoque integral que combine innovación tecnológica —como la verificación biométrica remota—, actualización y fortalecimiento de la regulación, así como compromiso conjunto entre instituciones financieras, reguladores y los propios clientes para adoptar mejores prácticas de seguridad.

A este capítulo le sigue un estudio de caso que es por demás interesante conocer, ya que Jaime González-Gasque parte de la autenticación biométrica que comenzó a ganar relevancia en México a partir del año 2000 por tres razones entrelazadas: el crecimiento exponencial de los servicios digitales, garantizar seguridad en las transacciones por la creciente sofisticación de los fraudes y cumplir con regulaciones más estrictas ante la evolución que se registraba en las instituciones bancarias.

Los siguientes dos capítulos tienen su foco en el desarrollo de tecnología más reciente. Primero, Eduardo Rodríguez Venegas y Luis A. Hernández Arámburo plantean la regulación de los criptoactivos, y luego Ankit Sharma y José Antonio Quesada abordan los retos y oportunidades para pagos transfronterizos de las *stablecoins*.

De los criptoactivos, Rodríguez y Hernández señalan que la regulación tiene el gran desafío de mitigar los riesgos, al tiempo de fomentar la innovación y permitir un crecimiento ordenado del mercado, protegiendo tanto la integridad del sistema financiero como la de los inversionistas menos sofisticados. Señalan las diferentes regulaciones que hay entre países y regiones, y destacan el objetivo común: proporcionar estabilidad y confianza para la integración de las tecnologías financieras.

Este capítulo se divide en tres secciones. La primera presenta un resumen general de la evolución de los criptoactivos o activos digitales que utilizan la tecnología *blockchain*. La segunda, identifica algunas de las principales iniciativas regulatorias en los mercados financieros del mundo occidental: Estados Unidos, Canadá, Unión Europea, Reino Unido y México. En la parte final se presentan algunas reflexiones sobre los posibles escenarios y tendencias globales «desde que se ratificó la candidatura del ahora presidente electo Donald Trump, quien desde un principio puso al bitcoin en su boleta de campaña». Los autores también abordan las tendencias regulatorias para el uso de los criptoactivos en el marco del desarrollo de las tecnologías con base en la inteligencia artificial.

Posteriormente, se aborda el tema de las *stablecoins*, un tipo de criptomoneda diseñada para mantener un valor estable, característica que las hace particularmente adecuadas para utilizarlas en operaciones cuya naturaleza sea la transmisión de fondos, como el caso de los pagos transfronterizos. Esto las coloca como una alternativa prometedora que puede reducir costos de operación, acelerar transacciones y mejorar la inclusión financiera para personas no bancarizadas o subancarizadas.

En este capítulo, Ankit Sharma y José Antonio Quesada señalan que los marcos regulatorios para las *stablecoins* y las criptomonedas están en constante evolución, y que las políticas cambian de manera importante entre diferentes jurisdicciones, por lo que la falta de claridad y consistencia en la regulación crea un entorno incierto para los emisores y los usuarios. Refieren que la creciente preocupación por el impacto de las *stablecoins* en la estabilidad financiera ha llevado a algunos reguladores a considerar la implementación de normativas más estrictas. «En octubre de 2021, el grupo de trabajo del presidente sobre Mercados Financieros de Estados Unidos, recomendó que los emisores [de *stablecoins*] deberían ser regulados como bancos. Estas recomendaciones buscan proteger a los usuarios de los servicios financieros y asegurar la estabilidad del sistema financiero, pero también podrían sofocar la innovación y limitar la competencia en el mercado de las *stablecoins*», plantean los autores.

También advierten que, a pesar de sus beneficios, las *stablecoins* enfrentan desafíos importantes como la falta de transparencia y de auditorías regulares que puede socavar la confianza en algunas de ellas, así como generar incertidumbre regulatoria; esto porque los marcos regulatorios varían entre jurisdicciones y, en muchos casos, todavía están en desarrollo. Ante estos retos, consideran que es esencial que los reguladores y los emisores de *stablecoins* trabajen juntos para establecer normativas claras y coherentes que protejan a los consumidores y aseguren la estabilidad financiera.

En este escenario es preciso hablar del amplio y creciente alcance de los organismos reguladores de Estados Unidos y su impacto en las instituciones financieras estadounidenses y no estadounidenses. Sven Stumbauer desarrolló este tema abocándose en los esfuerzos de prevención de lavado de dinero (PLD) en el contexto del auge de las monedas digitales y de la creciente complejidad de las operaciones financieras. Stumbauer señala que uno de los cambios más definitorios ha sido el fuerte incremento en las sanciones financieras impuestas a las instituciones que incumplen las leyes de PLD, lo que ha obligado a las instituciones a mejorar sus programas de cumplimiento, adoptando tecnologías avanzadas como la inteligencia artificial y el aprendizaje automático para detectar y prevenir transacciones sospechosas. Esto ha cambiado el enfoque de un cumplimiento reactivo a la anticipación de los riesgos; sin embargo, incluso con estos esfuerzos, persisten importantes desafíos.

Al momento de redactar dicho texto, el autor tenía claro que se avecinaba una oleada aún mayor de aplicación de normativas respecto a la PLD que podría incluir acciones penales contra grandes instituciones financieras, una medida sin precedentes en el mundo regulatorio. «Con la evolución de las prioridades normativas, las instituciones deben adaptarse o arriesgarse a quedar atrás. Las estrategias de cumplimiento con visión de futuro les ayudarán a sortear las complejidades, reducir los riesgos y mantener la confianza de los clientes y las partes interesadas», escribió Stumbauer.

Y justo esa visión de futuro es la que retoman Vanessa Veintimilla y Jorge Pérez al desarrollar el tema de las *fintech*, que en la última década en América Latina han experimentado una transformación acelerada impulsada por la digitalización y la creciente demanda de servicios financieros más accesibles e inclusivos. Lo que ha planteado el desafío de equilibrar la innovación con la estabilidad del sistema, asegurando que las nuevas tecnologías puedan integrarse sin comprometer la solidez del sector.

Este capítulo lleva por nombre «El ecosistema *fintech* en América Latina: innovación, regulación y desafíos», y examina el desarrollo del ecosistema *fintech* a nivel general y en siete países de la región, analizando cómo cada uno ha abordado la regulación, la digitalización de servicios financieros y la adopción de modelos de negocio innovadores. También se presentan casos de éxito y estrategias implementadas para fomentar la competencia, mejorar la eficiencia de los sistemas de pago y ampliar el acceso a servicios financieros.

De los marcos regulatorios, los autores señalan que reflejan el esfuerzo de estos países por regular el sector *fintech* de manera efectiva. No obstante, la creciente digitalización también demanda mayores esfuerzos en protección de datos, prevención de fraudes y colaboración entre reguladores, empresas y usuarios para mitigar riesgos emergentes.

Como pueden ver, el libro *Normatividad bancaria 2025. Análisis y perspectivas de una industria en disrupción*, aborda precisamente los temas disruptivos, su contribución a la evolución y los desafíos desde diferentes vertientes que confluyen en la normatividad o regulación. El entrelazamiento de los productos y servicios requiere una visión sistémica y la capacidad de irse adecuando conforme la tecnología modifica los existentes o incorpora nuevos a la oferta del sistema financiero.

Un capítulo especial en este libro es el dedicado al análisis de la regulación secundaria de la Ley del Mercado de Valores de México. Según las autoridades, esta normativa permitirá que las pymes accedan a financiamiento de hasta 70 000 millones de pesos al año. Este tema es importante porque, entre otras cuestiones, plantea la urgencia de adaptar la normativa a las necesidades. Este capítulo corresponde a Fernando Obregón y José Antonio Quesada.

En una época en la que avanzamos diez años en solo doce meses en términos de habituarnos al uso de la tecnología, no se puede privar a las empresas de un marco regulatorio que les permita hacer frente a la disrupción en el sector financiero, especialmente en lo relacionado con la disposición de recursos financieros. Por ello, este libro cierra con el capítulo «Productividad, innovación y eficiencia, los retos de la banca».

Sin duda, *Normatividad bancaria 2025. Análisis y perspectivas de una industria en disrupción,* es un compendio fundamental de temas relevantes para comprender los beneficios y riesgos que los cambios tecnológicos implican para el sistema financiero.

Juan Pablo Graf Noriega
Expresidente de la CNBV

CAPÍTULO

01 REFLEXIONES SOBRE 25 AÑOS DE EVOLUCIÓN DEL SISTEMA FINANCIERO MEXICANO

Gabriel Velasco Robles

INTRODUCCIÓN

Hace 25 años, en el año 2000, comencé a impartir el curso Estructura y Funcionamiento del Sistema Financiero, en la maestría en Finanzas de la Escuela de Graduados del Tecnológico de Monterrey. En ese entonces, el sistema financiero mexicano era muy diferente al que hoy conocemos.

En aquel momento, México aún no contaba con un sistema plenamente desarrollado ni con una amplia diversidad de participantes. Esto nos obligaba a abordar temas emergentes como el surgimiento del dinero electrónico, los pagos móviles y el impacto de las nuevas tecnologías digitales en las finanzas desde una perspectiva internacional, estudiando casos de Estados Unidos, Europa y Asia. Muchas de estas innovaciones parecían propias de un futuro distante para nuestro país.

El mercado de deuda, un componente esencial del sistema financiero, apenas comenzaba a madurar, extendiendo sus plazos de vencimiento de menos de un año a tres, cinco, e incluso siete años. Sin embargo, los efectos negativos de la crisis económica de mediados de los años noventa seguían afectando la disponibilidad de crédito para empresas y familias.

A pesar de estos retos, existían fundamentos sólidos. En 1994, el Banco de México obtuvo su autonomía con el mandato prioritario de mantener una inflación baja y estable. En 1999 se estableció un seguro de depósitos, reforzando la red de seguridad financiera. Un año después, en el 2000, México logró obtener una calificación crediticia con grado de inversión. Además, la llegada de bancos internacionales —que adquirieron instituciones nacionales aún debilitadas por la crisis—, introdujo nuevas tecnologías, productos y procesos que modernizaron el sistema financiero.

Estos avances fueron posibles gracias a un entorno macroeconómico estable y cuidadosamente gestionado, una regulación estricta y una supervisión financiera alineada con las mejores prácticas internacionales. Juntos, sentaron las bases para el crecimiento sólido y sostenido del sistema financiero mexicano que hoy es reconocido positivamente en el ámbito internacional.

Por ello, cuando mi estimado colega José Antonio Quesada —entrañable colaborador de la Escuela de Graduados del Tecnológico de Monterrey y partícipe activo en algunos de los avances que aquí se mencionan— me invitó a contribuir a esta edición, consideré oportuno realizar una breve reseña y algunas reflexiones sobre los principales logros en estos primeros 25 años del siglo XXI.

Sin ánimo de ser exhaustivo, este escrito busca resaltar cómo hemos llegado a construir un sistema financiero robusto e innovador. Estoy convencido de que estos avances continuarán en los próximos años, consolidando aún más la posición de México en el ámbito financiero global.

1| PASOS PARA UN MERCADO ROBUSTO: EL DESARROLLO DE LA CURVA DE TASAS DE INTERÉS

Actualmente, el mercado de deuda mexicano es reconocido como uno de los más avanzados en América Latina, un logro que beneficia al gobierno, a las empresas y a las familias mexicanas. Su desarrollo es un recordatorio de que la confianza no se gana de la noche a la mañana, sino que es el resultado de decisiones responsables y esfuerzos sostenidos.

1.1 Definición de la curva de tasas de interés

La intermediación financiera tiene como propósito fundamental canalizar recursos entre los agentes, ya sean familias o empresas, que tienen superávits de recursos financieros hacia agentes, nuevamente familias o empresas, que tienen déficits de dichos recursos. Es un mecanismo de mercado cuya oferta y demanda determina el costo de los recursos financieros, el cual llamamos tasa de interés.

Con el fin de que esta intermediación sea lo más completa y eficiente posible, es conveniente que existan referencias de tasas de interés para una amplia gama de plazos, desde el menor hasta el mayor plazo posible.

Es fundamental que existan diferentes tipos de tasas de interés ajustadas al nivel de riesgo crediticio de cada acreditado. Por ejemplo, se requieren tasas específicas para el riesgo soberano, es decir, el asociado al gobierno; tasas para el riesgo empresarial y, en el caso de las familias, tasas que reflejen el riesgo de productos como hipotecas o tarjetas de crédito, entre otros.

Tomando estos argumentos, la curva de tasas de interés es la representación gráfica del nivel de tasas de rendimientos de bonos con distintos plazos, pero de la misma calidad crediticia en un momento dado de tiempo.

El desarrollo de las curvas de tasas de interés sigue una secuencia lógica cuyo primer paso es establecer la curva de tasas de interés gubernamental. Esto se debe a que el gobierno cuenta con más herramientas para fomentar y organizar un mercado emergente, además de que su riesgo, conocido como riesgo soberano, es el más bajo cuando se trata de deuda en moneda local. Por esta razón resulta esencial que la primera curva de tasas de interés en desarrollarse sea la gubernamental.

Una vez establecida, las demás curvas se construyen tomando como referencia la gubernamental. Esto implica que replican su comportamiento, pero ajustadas con un margen o *spread* crediticio que refleja el nivel de riesgo asociado a cada tipo de emisor o instrumento.

Bajo estos argumentos, la Secretaría de Hacienda y Crédito Público (SHCP) y el Banco de México (Banxico) actuando como agentes financieros del gobierno federal, se dieron a la tarea de crear un mercado de bonos gubernamentales eficiente, acorde a las mejores prácticas internacionales, con una estructura de mercado competitiva, con bajos costos de transacción y mecanismos transparentes de subastas para la venta de bonos. Todo ello bajo una infraestructura sólida, así como procesos bien establecidos y documentados.

Aunado a lo anterior, cabe señalar que el desarrollo del mercado de deuda permitió al Banco de México contar con un eficaz canal de transmisión de la política monetaria a través de sus operaciones de mercado abierto.

Este proceso comenzó en 1978, con la introducción de los Certificados de la Tesorería de la Federación (CETES), y ha evolucionado hasta establecer un mercado robusto que refleja la confianza en la economía nacional y los distintos emisores de deuda, tanto gubernamentales como privados.

1.2 CETES: una base para la modernización financiera

En 1978, el gobierno mexicano lanzó los CETES como un instrumento financiero para financiarse a corto plazo. Estos certificados se comercializan a descuento, es decir, por debajo de su valor nominal, no devengan intereses en el transcurso de su vida y liquidan su valor nominal (diez pesos mexicanos) en la fecha de su vencimiento. Son emitidos por la Tesorería de la Federación (TESOFE), y el Banco de México actúa como agente financiero para su colocación entre el público inversionista. Tienen vencimientos mínimos de siete días y máximos de 728 días, siendo los más comunes 28 y 91 días, y plazos cercanos a seis meses y un año.

Estos títulos marcaron el inicio de la modernización del mercado de deuda gubernamental al proporcionar al gobierno federal una forma transparente de captar recursos y ofrecer a los inversionistas una opción segura para invertir su capital.

La simplicidad de los CETES y su respaldo soberano ganaron la confianza del público inversionista y han sido una pieza clave en la construcción de un mercado de deuda más sofisticado. A partir de 2010, cualquier inversionista, con independencia de su grado de sofisticación financiera, puede invertir a partir de cien pesos mexicanos en estos instrumentos, así como en algunos otros de deuda gubernamental a través de la plataforma del gobierno federal CETES Directo.

1.3 La expansión hacia bonos con tasa fija

Con el tiempo, la necesidad del gobierno federal de financiar proyectos a mayor plazo y reducir la dependencia de su deuda a corto plazo llevó al desarrollo de bonos gubernamentales a tasa fija. Estos instrumentos, llamados Bonos de Desarrollo del Gobierno Federal con Tasa de Interés Fija (BONOS) son emitidos y colocados a plazos mayores de un año, pagan intereses cada seis meses y la tasa se determina en la emisión del instrumento y se mantiene fija a lo largo de toda su vida. Tienen un valor nominal de cien pesos mexicanos, el cual se paga a su vencimiento.

Su introducción en el año 2000 representó un avance significativo que fue posible gracias a un marco macroeconómico más estable, mayor disciplina fiscal y un control más estricto de la inflación ejercido por el Banco de México.

La emisión de estos instrumentos continuó paulatinamente, extendiendo los plazos hasta 5, 7, 10, 20 e incluso 30 años, a medida que se consolidó la confianza en la capacidad del país para mantener un entorno económico estable a largo plazo. Con ello, la curva de tasas de interés gubernamental se hizo más extensa y serviría como referencia para otros instrumentos financieros en el país.

Gráfica 1. **Curva de tasas de interés para diferentes fechas**

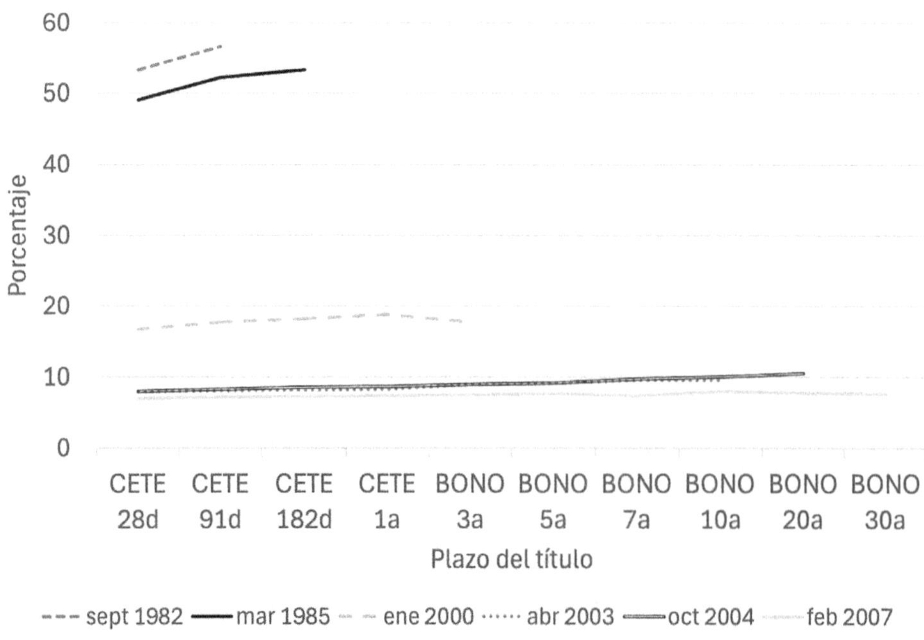

Fuente: Elaboración propia con datos del Banco de México (2014).

1.4 Bonos con tasa variable, bonos del IPAB y BREM

Durante la década de 1990, la necesidad de diversificar las opciones de financiamiento condujo a la emisión de bonos a tasa variable, también llamados bonos revisables. Estos instrumentos ofrecen rendimientos ligados a tasas de referencia, como por ejemplo la tasa de los CETES, la Tasa Ponderada de Fondeo Bancario o la Tasa de Interés Interbancaria de Equilibrio (TIIE). Su desarrollo permitió atraer a un nuevo segmento de inversionistas que buscaban protegerse contra la volatilidad de las tasas de interés.

Ejemplo de estos títulos de deuda son los Bonos de Desarrollo del Gobierno Federal (BONDES), denominados en pesos y con pago de intereses cada 28 días, en función de la Tasa Ponderada de Fondeo Bancario. Tienen valor nominal de cien pesos mexicanos y un plazo de cinco años.

En esta misma década, el Instituto para la Protección al Ahorro Bancario (IPAB) emitió títulos denominados Bonos de Protección al Ahorro (BPAs), con el objetivo de reestructurar la deuda derivada del rescate a los ahorradores y deudores de la banca. Los BPAs son bonos a tasa variable con valor nominal de cien pesos mexicanos, con pago periódico de intereses, por ejemplo 28, 91 o 182 días y plazos de 3 a 7 años. Algunos de los BPAs han incluido una protección contra la inflación. Estos títulos emitidos por el IPAB contribuyeron a disminuir el costo del rescate y diversificaron la curva de tasas de interés en México.

Al paso del tiempo, el IPAB se convirtió en el segundo emisor de deuda gubernamental en México, solo después del gobierno federal, incrementando con ello la profundidad del mercado mexicano, lo cual a su vez fomentó la participación de inversionistas institucionales como las Administradoras de Fondos para el Retiro (AFORE).

Otra innovación destacada fueron los Bonos de Regulación Monetaria (BREM), emitidos por el Banco de México a partir del año

2000 con el objetivo de regular la liquidez en el mercado de dinero y facilitar la política monetaria, lo que benefició la estabilidad macroeconómica.

Los BREM tienen un valor nominal de cien pesos mexicanos, pueden emitirse a cualquier plazo que sea múltiplo de 28 días y pagan intereses cada 28 días. La tasa de interés es variable y está en función de la tasa de fondeo bancario.

1.5 Los beneficios del desarrollo de la curva de tasas de interés

El desarrollo de la curva de tasas de interés gubernamental impulsó el crecimiento de un mercado de deuda para empresas, entidades financieras y personas físicas.

A medida que la curva de tasas de interés gubernamental se fue desarrollando, las empresas también comenzaron a emitir deuda, respaldadas por la confianza en una curva de tasas transparente y cada vez más predecible. Este proceso facilitó la financiación de proyectos a gran escala y contribuyó al crecimiento económico.

En el caso de las personas físicas, uno de los avances más significativos fue la posibilidad de acceder a bienes de consumo duradero, como un refrigerador, una lavadora, una licuadora o incluso un automóvil, a tasa fija durante todo el plazo del crédito, ya sea de algunos meses o de varios años.

Destaca por su relevancia en la calidad de vida de las familias y en la creación del patrimonio familiar, el caso de las hipotecas. Hoy es posible obtener un crédito hipotecario a tasa fija por un plazo de hasta veinte años.

Estos ejemplos son una muestra de los beneficios que ha traído el desarrollo de la curva de tasas de interés. Sin embargo, tan importante es el desarrollo de la curva de tasas de interés, como procurar la estabilidad de esta, ya que brinda certidumbre tanto a los prestamistas como a los prestatarios y depende de la confianza que los mercados tengan en nuestra economía. De ahí, la importancia de la disciplina fiscal y financiera, bajo un marco jurídico claro que brinde seguridad a todos participantes.

La curva de tasas de interés en México es un reflejo de la confianza que los mercados tienen en el país. Su construcción y estabilidad ha sido posible gracias a décadas de disciplina fiscal y financiera que han permitido construir una economía más resiliente y atractiva para los inversionistas.

2| AUTONOMÍA DEL BANCO DE MÉXICO, PASO DECISIVO HACIA LA ESTABILIDAD ECONÓMICA

En 1994, tras una serie de reformas estructurales, el Congreso de la Unión otorgó al Banco de México la autonomía constitucional para conducir la política monetaria del país. Antes de este cambio, el banco central estaba subordinado al gobierno federal, lo que podría permitir la impresión de dinero para financiar el gasto público, con el consecuente impacto en la inflación y el crecimiento económico.

Sin lugar a duda, la autonomía del Banco de México fue un paso decisivo hacia la estabilidad económica y generó mayor confianza entre los mercados financieros nacionales e internacionales, pues dotó al banco central de la independencia operativa necesaria para enfocar sus esfuerzos en el mandato constitucional de procurar la estabilidad del poder adquisitivo de la moneda nacional, sin estar sujeto a presiones políticas de corto plazo.

De este modo, el Banco de México estableció como su objetivo prioritario mantener una inflación baja y estable bajo un régimen de objetivos de inflación con una meta explícita: una inflación anual del 3 %, medida a través del Índice Nacional de Precios al Consumidor (INPC) con un intervalo de variabilidad de más o menos 1 %. De esta forma, el objetivo tiene como meta una inflación entre el 2 % y el 4 % anual.

Los beneficios de una inflación baja y estable son conocidos y están bien documentados:

- Protege el poder adquisitivo de toda la población, lo cual es muy importante sobre todo para las familias de menores ingresos, pues una merma en el poder adquisitivo les impacta en la necesaria adquisición de los bienes de consumo básico.
- Otorga mayor certidumbre a los agentes económicos, gobierno, empresas y familias; con ello facilita la toma de mejores decisiones.
- Favorece la reducción de las tasas de interés, lo cual a su vez impulsa la inversión productiva en beneficio del crecimiento económico.

2.1 Características intrínsecas

Control de la inflación

Uno de los beneficios más evidentes de la autonomía del Banco de México ha sido la reducción sostenida de la inflación. Durante las décadas de 1970 y 1980, México enfrentó tasas de inflación de dos y hasta tres dígitos. Por ejemplo, en 1988 la inflación alcanzó un nivel cercano al 180 % en detrimento del poder adquisitivo de las familias, además de generar incertidumbre en los mercados.

Tras la autonomía del banco central, las tasas de inflación comenzaron a descender de manera sostenida. De 2001 a 2010, la inflación promedio se situó en 4.68 %, lo cual resultó un cambio muy significativo en tasas de interés y un impulso decisivo al mercado de financiamiento en México.

Gráfica 2. **Evolución de la inflación anual en México (cifras en %)**

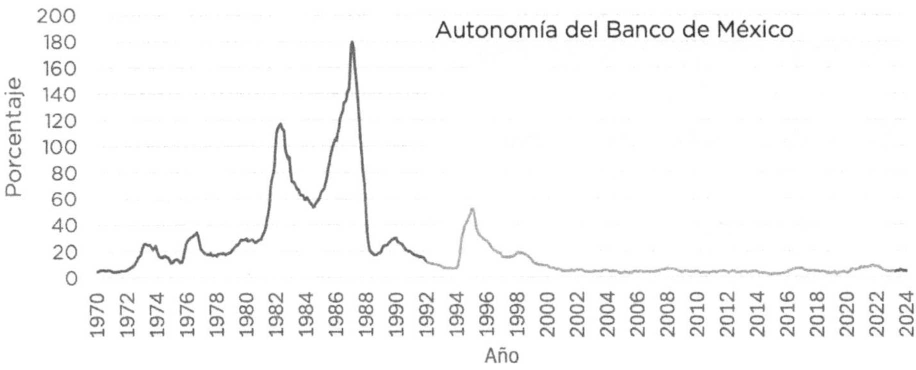

Fuente: INEGI, Banco de Información Económica (BIE), INPC, actualización 2024.

Por ejemplo, en 1988, la tasa de los CETES a 28 días superaba el 100 %. En contraste, después de la autonomía y con un control más eficaz de la inflación, las tasas de interés de estos instrumentos se estabilizaron y llegaron a ser de un dígito, es decir, menores al 10 %, con su consecuente impacto positivo en el mercado de financiamiento.

Gráfica 3. **Evolución de la tasa de rendimiento de los CETES 28 (cifras en %)**

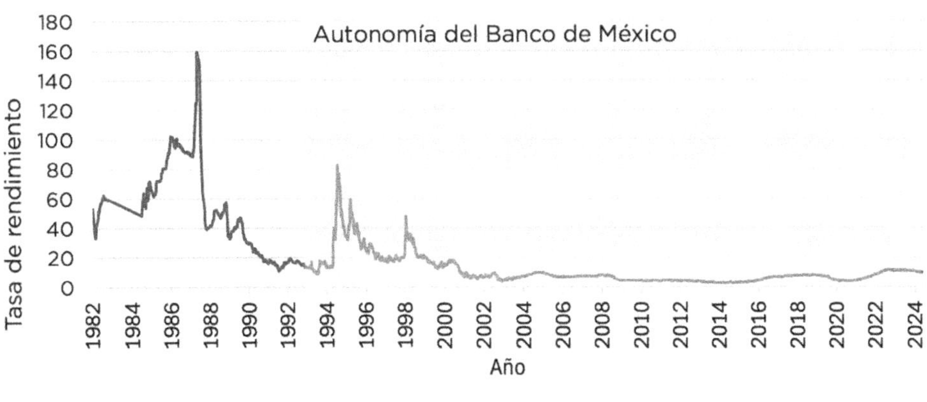

Fuente: Banco de México (2014).

Certidumbre en los mercados

La autonomía también ha sido fundamental para generar certidumbre en los mercados financieros. Al estar desvinculado de intereses políticos, el banco central ha podido tomar decisiones basadas en criterios técnicos y objetivos económicos de largo plazo. Esto ha fortalecido la credibilidad de la institución, atrayendo mayor inversión extranjera y reduciendo la volatilidad de los mercados. Actualmente, el Banco de México es un garante de la estabilidad económica del país.

Credibilidad

Mantener la credibilidad del Banco de México es esencial para garantizar la efectividad de la política monetaria y preservar la estabilidad económica. La confianza en el banco central permite anclar las expectativas de inflación, lo que a su vez facilita la planeación financiera de las empresas y las familias.

Proteger la autonomía y la credibilidad del Banco de México debe ser una alta prioridad para el país, ya que la solidez del banco central es fundamental para el desarrollo económico y social de país.

3| EL GRADO DE INVERSIÓN A LA CALIFICACIÓN CREDITICIA DE MÉXICO

3.1 Definición e importancia de la calificación crediticia

Una calificación crediticia es una opinión evaluativa sobre la capacidad y disposición de un emisor para cumplir con sus obligaciones financieras de manera puntual. Por ende, refleja una opinión sobre el riesgo crediticio asociado a una entidad o instrumento financiero específico.

Las calificaciones crediticias no consideran todos los tipos de riesgos; por ejemplo, no abarcan el riesgo de liquidez o la volatilidad de precios, se enfocan exclusivamente en evaluar la probabilidad de incumplimiento del emisor respecto a sus compromisos financieros.

Las calificaciones crediticias se dividen en escalas que reflejan el riesgo asociado; están organizadas en dos categorías principales: grado de inversión y grado especulativo, las cuales a su vez se dividen en subniveles que van desde la máxima calidad crediticia (AAA) hasta riesgo muy elevado o en incumplimiento (D).

Tabla 1. **Calificaciones crediticias de Standard & Poor's**

Categoría	Calificación	Significado
Grado de inversión	AAA	Extremadamente fuerte capacidad para cumplir sus compromisos financieros.
	AA	Muy fuerte capacidad para cumplir sus compromisos financieros.
	A	Fuerte capacidad para cumplir sus compromisos financieros, pero algo suceptible a las condiciones económicas y cambios en las circunstancias.
	BBB	Capacidad adecuada para cumplir sus compromisos financieros, pero más sujeto a condiciones económicas adversas.
Grado especulativo	BB	Menos vulnerable en el corto plazo, pero enfrenta importantes y constantes incertidumbres debido a condiciones adversas del negocio, financieras y económicas.
	B	Más vulnerable a condiciones adversas del negocio, financieras y económicas, pero actualmente tiene la capacidad de cumplir sus compromisos financieros.

Categoría	Calificación	Significado
Grado especulativo	CCC	Actualmente vulnerable y depende de condiciones favorables del negocio, económicas y financieras para cumplir con sus compromisos financieros.
	CC	Sumamente vulnerable, el incumplimiento aún no ocurre, pero se espera que sea una certeza virtual.
	C	Actualmente muy vulnerable al impago y se espera que la recuperación final sea menor que la de las obligaciones con calificaciones más altas.
	D	Incumplimiento de pago de un compromiso financiero o de una promesa imputada; también se utiliza cuando se ha presentado una petición de quiebra.

Fuente: S&P Global Ratings (2025).

Para un emisor, lograr una calificación dentro de la categoría de grado de inversión es crucial porque le otorga acceso a una gama más amplia de inversionistas institucionales como fondos de pensiones o aseguradoras, que generalmente están limitados a invertir solamente en instrumentos que ostenten grado de inversión. A su vez, esta mayor oferta de capitales abarata el costo de su financiamiento y mejora su posición ante los mercados.

Por lo anterior, el hecho de que durante el periodo comprendido entre el año 2000 y el 2002, las calificadoras Fitch, Moody's y Standard & Poor's otorgaran a México el grado de inversión a su deuda soberana marcó un antes y un después en la historia financiera del país.

El reconocimiento fue el resultado de años de un manejo responsable de las finanzas públicas, un régimen de tipo de cambio flexible, mejores indicadores de manejo de deuda, una mejor liquidez en moneda extranjera y una mejor coordinación entre las políticas monetaria y fiscal. Su logro significó que México había alcanzado un nivel de estabilidad económica y financiera suficiente para ser considerado un destino seguro para los grandes fondos de inversión globales.

Desde entonces, México pudo entrar en mejores condiciones a los mercados globales, permitiéndole acceder a una base más amplia de inversionistas y obtener financiamiento en condiciones más favorables. Lo anterior tuvo un impacto directo en la reducción del costo del financiamiento para el gobierno mexicano y las empresas nacionales. Además, incrementó la liquidez y profundidad del mercado de deuda, permitiendo refinanciar compromisos en mejores términos.

3.2 Evolución de la calificación crediticia de México

Desde el año 2000, la calificación crediticia de México ha tenido altibajos, dependiendo de las condiciones macroeconómicas y de las políticas públicas implementadas. El país mantuvo su grado de inversión, en buena medida gracias a la disciplina fiscal, la baja inflación y una deuda moderada en relación con el Producto Interno Bruto (PIB).

Sin embargo, a partir de 2019 las agencias calificadoras comenzaron a señalar riesgos asociados a un debilitamiento de la perspectivas económicas y presiones fiscales derivadas de la situación financiera de Petróleos Mexicanos (PEMEX). Esta situación se agudizó en 2020, a consecuencia de la pandemia de COVID-19 y sus efectos adversos en la economía.

Tabla 2. **Evolución de la calificación crediticia en México**

Largo plazo en moneda extranjera			
Fecha	**Moody's**	**Fitch**	**S&P**
1/1/00	Ba1	BB	BB
7/3/00	Baa3	BB	BB
13/3/00	Baa3	BB	BB+
3/5/00	Baa3	BB+	BB+
15/1/02	Baa3	BBB-	BB+
6/2/02	Baa2	BBB-	BB+
7/2/02	Baa2	BBB-	BBB-
6/1/05	Baa1	BBB-	BBB-
31/1/05	Baa1	BBB-	BBB
7/12/05	Baa1	BBB	BBB
19/9/07	Baa1	BBB+	BBB
8/10/07	Baa1	BBB+	BBB+
23/11/09	Baa1	BBB	BBB+
14/12/09	Baa1	BBB	BBB
8/5/13	Baa1	BBB+	BBB
19/12/13	Baa1	BBB+	BBB+
5/2/14	A3	BBB+	BBB+
5/6/19	A3	BBB	BBB+
26/3/20	A3	BBB	BBB
15/4/20	A3	BBB-	BBB
17/4/20	Baa1	BBB-	BBB
8/7/22	Baa2	BBB-	BBB
31/12/24	Baa2	BBB-	BBB

Nota: Las celdas sombreadas significan grado de inversión.

Fuente: Banco de México (2022), salvo el último dato que es de la SHCP (2024).

En 2025, México conserva su grado de inversión, pero de acuerdo con las agencias calificadoras, mantiene retos estructurales que podrían influir en su calificación crediticia en el futuro. Entre estos destacan el bajo crecimiento económico, el déficit presupuestal y la limitada capacidad de aumentar la recaudación tributaria.

La importancia de conservar el grado de inversión no puede ser subestimada. Una nueva rebaja en la calificación crediticia y la pérdida del grado de inversión aumentarían los costos de financiamiento para el gobierno, las empresas y las familias. Esto se traduciría en mayores tasas de interés para proyectos de infraestructura, menor inversión extranjera y condiciones de crédito más estrictas para las familias. Además, limitaría el acceso de México a ciertos segmentos del mercado financiero global, especialmente aquellos fondos que, como ya se señaló, solo invierten en activos con alta calificación crediticia, lo cual revertiría algunos de los avances logrados en los últimos 25 años.

Por ende, mantener el grado de inversión no solo es esencial para garantizar el acceso a financiamiento en las mejores condiciones posibles, sino también para preservar la estabilidad macroeconómica y fomentar el desarrollo económico.

4 | IMPULSO A LA SEGURIDAD FINANCIERA EN MÉXICO

La estabilidad del sistema financiero es esencial para el desarrollo económico de cualquier país. Desde la crisis bancaria de los años noventa, México ha fortalecido su marco regulatorio para prevenir escenarios similares. A través de mecanismos como el sistema de alertas tempranas y los procesos de resolución bancaria, así como la creación de un seguro de depósitos, se han establecido salvaguardas para prevenir crisis y proteger a los ahorradores.

Estas salvaguardas forman parte de la red de seguridad financiera y se han venido impulsando y perfeccionando en México a partir de los años noventa, con el objetivo de prevenir y mitigar riesgos que puedan desestabilizar al sistema bancario, y con ello el sistema financiero en su conjunto.

Los mecanismos de regulación, supervisión y resolución bancaria coadyuvan a la protección de los ahorradores y a la confianza en el sector financiero. Algunas fechas clave en el desarrollo de estos mecanismos en México son:

- **Década de los noventa: crisis bancaria y reformas.** La crisis bancaria de 1994 y 1995 hizo patente la necesidad de un marco regulatorio más robusto. En esos años se creó el Fobaproa, precursor del IPAB, para manejar los activos problemáticos y proteger a los depositantes.
- **1999: creación del IPAB.** Se promulgó la Ley de Protección al Ahorro Bancario (LPAB), en la cual se establecieron los lineamientos para el seguro de depósitos y los procesos de resolución bancaria. Esta ley dio paso a la creación del Instituto para la Protección al Ahorro Bancario (IPAB).
- **2001: introducción del mecanismo de alertas tempranas.** Las reformas a la Ley de Instituciones de Crédito incluyeron la implementación de sistemas para monitorear el riesgo financiero en los bancos.
- **2014: reforma financiera.** Se reforzó el papel del IPAB y la CNBV en la supervisión y regulación de las instituciones financieras, mejorando los procesos de intervención y resolución bancaria.

4.1 Mecanismo de alertas tempranas

Este mecanismo está establecido en la Ley de Instituciones de Crédito y reforzado por la Ley de Protección al Ahorro Bancario. Este elemento permite identificar oportunamente a instituciones financieras que enfrentan problemas de liquidez, solvencia o gestión de riesgos. Al detectar señales de alerta, las autoridades pueden intervenir de manera preventiva, evitando que los problemas se materialicen en crisis financieras.

Las alertas tempranas están diseñadas para evaluar de manera continua la salud financiera de los bancos a través de indicadores clave —niveles de capitalización, calidad de los activos, administración de riesgos y cumplimiento regulatorio—, los cuales son monitoreados por la CNBV y por el IPAB.

La información obtenida permite a la CNBV clasificar a las instituciones financieras en distintas categorías según su nivel de riesgo y, cuando es necesario, implementar oportunamente acciones preventivas o correctivas establecidas en niveles que van del uno al cinco:

1. Nivel normal

- El banco opera dentro de parámetros financieros saludables.
- No se identifican riesgos significativos que puedan comprometer su estabilidad.

2. Nivel de observación

- Se detectan indicadores de alerta temprana que no representan una amenaza inmediata.
- La CNBV aplica un mayor monitoreo del banco.

3. Nivel de supervisión especial

- El banco muestra señales de deterioro financiero que requieren medidas correctivas específicas.
- La CNBV puede solicitar ajustes en políticas internas, reservas de capital o estrategias de operación.

4. Nivel de resolución

- La situación financiera del banco ha empeorado considerablemente y las medidas previas no han sido suficientes.
- Se implementan acciones más estrictas como cambios en la administración, limitación de operaciones o intervención directa.

5. Nivel de liquidación

- La institución ya no es viable financieramente.
- Se procede a su liquidación o a la transferencia de activos y pasivos a otra entidad, garantizando la protección de los depositantes.

Este mecanismo de alertas tempranas forma parte del marco regulatorio de la CNBV para garantizar la estabilidad del sistema financiero mexicano, reduciendo el riesgo de crisis bancarias y protegiendo los intereses de los depositantes y otros *stakeholders*.

4.2 El seguro de depósitos en México

El segundo elemento para impulsar la seguridad financiera es el seguro de depósitos, el cual protege al ahorro bancario y otorga estabilidad financiera a México.

La promulgación de la Ley de Protección al Ahorro Bancario en 1999 generó la creación del IPAB, organismo encargado de garantizar los depósitos bancarios, principalmente de los pequeños y medianos ahorradores, y de coordinar los procesos de resolución bancaria al menor costo posible, contribuyendo con ello a la estabilidad del sistema bancario y a la salvaguarda del sistema nacional de pagos. En pocas palabras: el IPAB contribuye a fortalecer la confianza en el sistema bancario de México.

El seguro de depósitos en México cubre hasta 400 000 Unidades de Inversión (UDIs), cuyo valor aumenta diariamente en función de la inflación. El monto cubierto es por persona y por banco, no por cuenta. En 2025, esta cifra equivale aproximadamente a 3.3 millones de pesos mexicanos, y permite cubrir al 99.88 % de las personas que cuentan con depósitos en los bancos que operan en México. El restante 0.12 % son personas que mantienen depósitos cuyos saldos superan el límite de cobertura y están cubiertos por 400 000 UDIs.

El IPAB señala que pone a disposición de los depositantes el importe total de sus depósitos asegurados al día siguiente de haber sido declarada la liquidación del banco, lo cual lo posiciona favorablemente dentro de los seguros de depósito a nivel global.

El enfoque del seguro de depósitos en los pequeños y medianos ahorradores se manifiesta no solo en el límite al monto cubierto, sino también en los productos protegidos: cuentas de ahorro, cuentas de cheques, cuentas de nómina, tarjetas de débito, depósitos retirables a plazo, con previo aviso o en días preestablecidos. Es decir, el seguro aplica para instrumentos de ahorro tradicionales y de uso común entre los pequeños y medianos ahorradores. El seguro no contempla la financiación de fondos de inversión, instrumentos derivados o estructuraciones financieras, entre otros tipos de inversiones complejas.

El seguro de depósitos desempeña un importante papel en el fortalecimiento de la confianza de los usuarios en el sistema bancario. Al garantizar la seguridad de los ahorros, el IPAB fomenta la estabilidad financiera y promueve la intermediación crediticia.

Además, el seguro de depósitos actúa como un amortiguador en situaciones de crisis, minimizando los efectos negativos sobre los ahorradores y el sistema financiero en su conjunto.

4.3 Procesos de resolución bancaria

Un tercer elemento de la seguridad financiera lo constituyen los procesos de resolución bancaria. En caso de que un banco no logre solventar sus problemas financieros, entra en un proceso de resolución bancaria, establecido en la Ley de Instituciones de Crédito y en la Ley de Protección al Ahorro Bancario. Este proceso busca garantizar que la liquidación o reestructuración de la institución se realice de manera ordenada, minimizando el impacto sobre los ahorradores y el sistema financiero en general. La CNBV y el IPAB han demostrado su efectividad en la resolución de bancos con problemas financieros. Por ejemplo:

- **Banco Bicentenario (2014).** Fue declarado en quiebra en julio de 2014 debido a problemas de solvencia. El IPAB intervino para garantizar la protección de los depositantes, logrando una liquidación ordenada que minimizó el impacto sobre los usuarios y el sistema bancario.
- **Banco Famsa (2020).** En junio de 2020 fue sometido a un proceso de liquidación tras incumplir los niveles de capitalización exigidos por la regulación. El IPAB intervino para proteger los depósitos asegurados y llevar a cabo una resolución ordenada, salvaguardando los intereses de los ahorradores.

4.4 Consideraciones sobre la seguridad financiera

Los mecanismos de seguridad financiera generan certidumbre entre los participantes del mercado, fomentan la estabilidad económica y protegen el bienestar de los ahorradores. Elementos como el mecanismo de alertas tempranas, el seguro de depósitos y los procesos de resolución bancaria refuerzan la confianza en el sistema bancario, incentivando la intermediación financiera y contribuyendo al crecimiento económico.

No obstante, para mantener su efectividad, es crucial garantizar la transparencia y la constante actualización de los marcos regulatorios. Asimismo, resulta esencial seguir fortaleciendo las capacidades de supervisión y regulación, además de promover una colaboración efectiva entre las autoridades financieras y los participantes del mercado.

En este sentido, sería conveniente evaluar la viabilidad de no solo dotar de mayores recursos al IPAB y a la CNBV, sino también considerar la posibilidad de otorgarles autonomía presupuestal y operativa. Esto fortalecería aún más sus capacidades de supervisión y regulación, consolidando la confianza y resiliencia de nuestro sistema financiero.

5| TRANSFORMACIÓN DE LA BANCA EN MÉXICO

A partir del año 2000, el sistema bancario mexicano experimentó una profunda transformación con la llegada de diversos bancos internacionales que adquirieron y fusionaron instituciones financieras nacionales. Este proceso no solo respondió en parte a las secuelas de la crisis financiera de los años noventa, también marcó el inicio de una etapa de modernización y mejora en las prácticas bancarias del país.

La entrada de estos bancos favoreció la implementación de sanas prácticas internacionales, el uso de procesos más eficientes y una mayor diversidad de productos financieros, lo que resultó en beneficios directos para los clientes. Además, una mayor competencia en el mercado fomentó la innovación y la calidad del servicio. Como ejemplo de estas adquisiciones se pueden señalar las siguientes:

BBVA, de origen español, completó en el 2000 la adquisición de Bancomer, uno de los bancos más grandes y representativos de México. En ese mismo año, Santander, también de origen español, reforzó su presencia en México al adquirir Serfin, y el canadiense Scotiabank adquirió Inverlat. Un año después, en 2001, Citigroup uno de los bancos más grandes de Estados Unidos, adquirió Banamex, que era uno de los bancos más grandes y arraigados en México. Al siguiente año, en 2002, HSBC, con sede en el Reino Unido, adquirió Bital.

5.1 Impacto en el sistema bancario mexicano

La llegada de bancos internacionales implicó una serie de cambios positivos para el sistema financiero y para los usuarios por cinco acciones concretas:

I. **Mejoras en las prácticas bancarias.** Se introdujeron procesos más eficientes en la administración del riesgo, sistemas de cumplimiento normativo y tecnologías avanzadas para la operación bancaria.

II. **Ampliación de la gama de productos y servicios bancarios.** Los bancos internacionales trajeron consigo productos que vinieron a sumarse a aquellos que ya existían en México, con lo cual creció la gama de productos hipotecarios, créditos de consumo, tarjetas de crédito con beneficios globales y, posteriormente, los servicios de banca digital.

III. **Mayor competencia.** La competencia generada por la entrada de estos bancos incentivó a las instituciones locales a mejorar su oferta de servicios y productos, beneficiando directamente a los consumidores. Esta competencia se hizo aún más fuerte con la incorporación de la banca digital, la cual disminuyó las barreras de entrada a nuevos participantes.

IV. **Fomento de la confianza e inclusión financiera.** La incorporación de sanas prácticas internacionales reforzó la confianza en el sistema bancario, atrayendo a más usuarios al sector bancario en beneficio de la inclusión financiera.

V. **Beneficio para los clientes.** El cliente fue el principal beneficiado con la transformación del sistema bancario mexicano; actualmente disfruta de una mayor gama de opciones financieras, un mejor servicio y más canales de acceso. Cobra especial relevancia la banca digital, la cual no solo ofrece una mayor disponibilidad de uso, sino que permite disminuir los costos de transacción.

En resumen, la llegada de bancos internacionales a México representó un cambio estructural en el sistema financiero del país. A través de adquisiciones y fusiones, estas instituciones introdujeron mejores prácticas, productos innovadores y procesos más eficientes que beneficiaron directamente a los clientes y fortalecieron la estabilidad del sector. Este proceso ha sido fundamental para consolidar un sistema bancario competitivo y robusto, capaz de atender las necesidades de una economía en constante crecimiento.

6| APEGO A LAS MEJORES PRÁCTICAS EN REGULACIÓN BANCARIA

A partir de la crisis financiera de los años noventa, y en buena medida para para evitar volver a sufrir una crisis similar, el sistema financiero mexicano se ha caracterizado por su compromiso con la implementación de las mejores prácticas internacionales en materia de regulación bancaria.

Este compromiso se refleja en la adopción de los acuerdos de Basilea, los cuales, en sus distintas etapas, son directrices emitidas por el Comité de Supervisión Bancaria de Basilea, que buscan fortalecer la solidez y estabilidad del sistema financiero global.

6.1 Adopción de Basilea I, II y III

Basilea I (1997). México comenzó a implementar las directrices de Basilea I en la década de 1990. Este acuerdo, enfocado en garantizar que los bancos mantuvieran un nivel adecuado de capital frente a sus activos ponderados por riesgo, fue un paso fundamental para reforzar la solidez financiera de las instituciones bancarias después de la crisis de 1994.

En concordancia con el estándar internacional, el requerimiento de capital —medido como porcentaje de los activos ponderados por riesgo (APR)— se estableció como mínimo en 8 %, con el fin de asegurar que los bancos tuvieran suficientes reservas para cubrir pérdidas potenciales derivadas de sus operaciones de crédito y otras exposiciones al riesgo. Este requerimiento sentó la base para una evolución regulatoria en beneficio de un sistema bancario más sólido en México, con capacidad para enfrentar riesgos y adaptarse al cambiante entorno económico.

Basilea II (2006). La implementación de Basilea II en México comenzó en 2006. Este marco introdujo un enfoque más sofisticado para medir el riesgo, incluyendo el operativo y de mercado, además de fortalecer la supervisión bancaria. Gracias a la colaboración entre la SHCP, Banxico, CNBV y la Asociación de Bancos de México (ABM), el país logró adoptar estas regulaciones de manera efectiva, mejorando la transparencia y la gestión del riesgo. Su implementación en México se basó en tres pilares fundamentales:

1. **Requerimientos mínimos de capital.** Se establecieron normas para que los bancos mantuvieran un capital suficiente para cubrir los riesgos de crédito, mercado y operativo con un enfoque más sensible al riesgo.

2. **Supervisión bancaria.** Se fortaleció la supervisión por parte de las autoridades regulatorias para garantizar que las instituciones financieras tuvieran prácticas adecuadas de administración de riesgos.

3. **Disciplina del mercado.** Se promovió la transparencia al exigir la divulgación de información financiera relevante, permitiendo a los participantes del mercado evaluar la solidez de las instituciones financieras.

Estos requerimientos sentaron las bases para un sistema bancario más sólido en México, mejorando su capacidad para enfrentar riesgos y adaptarse a las condiciones cambiantes del entorno económico.

Basilea III (2013). En 2013, México comenzó a implementar Basilea III, que aunado a la cantidad, enfatiza la calidad del capital regulatorio, introduce requisitos de liquidez más estrictos y establece medidas para reducir el apalancamiento excesivo. Nuevamente, el trabajo conjunto entre autoridades financieras y el compromiso de la banca con un sistema financiero sólido y resiliente frente a crisis económicas globales lograron la implementación de Basilea III en México. Destacan por su importancia los siguientes requerimientos implementados en el país:

- **Mayor capital de calidad.** Los bancos deben mantener un capital de alta calidad, conocido como «capital básico», equivalente al 4.5 % de los activos ponderados por riesgo (APR), y un capital total mínimo del 8 %.
- **Colchones de capital.** Se establece un colchón adicional de conservación de capital del 2.5 % de los APR para enfrentar periodos de estrés económico.
- **Indicadores de liquidez.** Los bancos deben cumplir con el Coeficiente de Cobertura de Liquidez (LCR), asegurando que posean suficientes activos líquidos de alta calidad para cubrir salidas de efectivo en un periodo de treinta días de tensión.
- **Medición del apalancamiento.** Se introduce un límite al apalancamiento financiero para evitar un endeudamiento excesivo mediante la relación entre el capital y los activos totales no ponderados por riesgo.

Los lineamientos de Basilea, en sus tres etapas, robustecieron la solvencia de las instituciones bancarias en México y mitigaron el riesgo sistémico. Sin lugar a duda, han tenido un papel fundamental en la promoción de la estabilidad financiera de nuestro país, en línea con las mejores prácticas internacionales.

6.2 Ley Fintech (2018)

La palabra *fintech* es un término que proviene de la combinación de las palabras en inglés *financial technology,* y se refiere a empresas que utilizan tecnología para ofrecer servicios financieros de manera innovadora, eficiente y accesible. Existen diversos tipos de *fintechs*: sistemas de pago digitales, mecanismos de financiamiento colectivo, aplicaciones para inversiones automatizadas y contratación de seguros en línea, entre otros.

Las *fintechs* surgieron en el ámbito internacional como resultado de dos factores: como respuesta a la necesidad de modernizar y democratizar los servicios financieros, tradicionalmente dominados por los grandes oferentes financieros, y por el acelerado desarrollo tecnológico que experimentó el comercio electrónico y posteriormente los dispositivos móviles a partir del nuevo milenio.

PayPal es un ejemplo del éxito que tuvieron este tipo de empresas. Surgió en el 2000 con la fusión de Confinity, empresa desarrolladora de *software* para dispositivos móviles y X.com, empresa de servicios financieros en línea. Actualmente, PayPal es un líder global en materia de pagos digitales.

México tuvo que responder al rápido desarrollo de las *fintechs,* por lo que en 2018 promulgó la Ley para Regular las Instituciones de Tecnología Financiera, conocida como Ley Fintech. Esta legislación colocó al país como uno de los líderes en América Latina al establecer un marco normativo específico para este sector en crecimiento.

La Ley Fintech ha sido un catalizador para el surgimiento de nuevos competidores en el sistema financiero mexicano. A diferencia de los bancos tradicionales, las *fintechs* no enfrentan una regulación tan extensa ni tan estricta, lo que les permite implementar procesos más ágiles, adaptarse rápidamente a las demandas del mercado y desarrollar soluciones tecnológicas innovadoras.

Esta flexibilidad ha beneficiado al sistema financiero mexicano con una oferta más amplia y diversificada de productos y servicios financieros. Para los consumidores, esto se traduce en mayores opciones, servicios más personalizados, costos competitivos y una mejor experiencia para el usuario.

Sin embargo, es muy importante cuidar que este desarrollo, generalmente acelerado, se logre sin perjuicio de la estabilidad del sistema financiero, el cual ha implicado décadas de cuidado y disciplina en beneficio del usuario.

Cobra especial relevancia evitar el arbitraje regulatorio; es decir, la práctica de aprovechar las diferencias en las regulaciones que norman a distintos oferentes financieros para obtener ventajas competitivas.

El arbitraje regulatorio implica elusión de normativas, ya que promueve el traslado de operaciones hacia entes con regulaciones más laxas o flexibles. Con ello, se reducen costos operativos asociados al cumplimiento normativo, pero esto puede ocurrir en detrimento de procesos internos mejor supervisados, auditados y, en general, más rigurosos.

Por lo anterior, la regulación hacia los distintos oferentes financieros debe ser cuidadosamente elaborada y supervisada, en beneficio de un sistema financiero más heterogéneo y competido por una amplia gama de participantes, pero también, seguro y estable.

Finalmente, ante el creciente número de oferentes financieros en México y la complejidad de regular y supervisar a cada uno conforme a su normatividad aplicable, es fundamental dotar de mayores recursos a las autoridades encargadas de la supervisión. Además, sería conveniente evaluar la posibilidad de otorgarles autonomía presupuestal y operativa. De esta manera, se garantizaría que los supervisores financieros cuenten con las herramientas necesarias para enfrentar de manera más eficaz los retos del sector, contribuyendo a un sistema financiero más confiable y resiliente en el futuro.

7 | DECISIONES RESPONSABLES Y ESFUERZOS SOSTENIDOS

En los últimos 25 años, el sistema financiero mexicano ha experimentado una transformación profunda que lo ha consolidado como un referente en América Latina y un actor relevante en el ámbito global. La llegada de bancos internacionales al inicio de este siglo y el desarrollo de nuevos actores, como las *fintech* en años posteriores, han diversificado el sistema, incrementado la competencia y ampliado la oferta de servicios financieros.

Operar en las condiciones actuales ha sido posible gracias a una disciplina macroeconómica sostenida y a reformas fundamentales como la autonomía del Banco de México, el desarrollo de una curva de tasas de interés, el logro de la calificación crediticia con grado de inversión, la adopción de una regulación apegada a las mejores prácticas internacionales y el establecimiento de mecanismos de seguridad financiera, que en su conjunto han fortalecido la estabilidad y modernización de nuestro sistema financiero.

Un sistema financiero más resiliente y competitivo ha traído beneficios tangibles para el país, como mejores condiciones de financiamiento para el gobierno, las empresas y los consumidores, lo que resulta fundamental para la estabilidad económica y el crecimiento a largo plazo.

Hay que cuidar lo ganado. Mantener el grado de inversión y seguir perfeccionando la seguridad financiera serán fundamentales para preservar la estabilidad del sistema y garantizar un desarrollo económico sostenible.

Mirando hacia el futuro, será esencial mantener el equilibrio entre innovación y estabilidad, así como garantizar que las autoridades financieras cuenten con los recursos suficientes y la autonomía necesaria para supervisar eficazmente un sector en constante transformación. Con ello, el sistema financiero mexicano continuará siendo un pilar clave para el desarrollo económico del país y un ejemplo de adaptación a las exigencias de mercados en constante cambio.

El camino recorrido evidencia que, con el compromiso conjunto de todos los participantes y una visión estratégica a largo plazo, es posible seguir fortaleciendo y consolidando un sistema financiero que responda de manera más efectiva a las necesidades de México, y que se destaque como un actor clave en el escenario financiero global. Contamos con elementos sólidos para lograrlo.

FUENTES CONSULTADAS

- Banco de México. *El mercado de valores gubernamentales en México*. 2014. https://www.banxico.org.mx/elib/mercado-valores-gub/OEBPS/Text/default.html
- Banco de México. *Informe trimestral abril – junio 2022*. https://www.banxico.org.mx/publicaciones-y-prensa/informes-trimestrales/%7B593C3638-3DEC-6A98-2132-64A32B9381CF%7D.pdf
- Comisión Nacional Bancaria y de Valores. *Índice de Capitalización y Alertas Tempranas de la Banca Múltiple*. 2025. https://www.gob.mx/cnbv/acciones-y-programas/alertas-tempranas-banca-multiple
- Comisión Nacional Bancaria y de Valores. *Implementación de Basilea III en México (Primera etapa)*. https://www.cofemersimir.gob.mx/expediente/10706/mir/25399/archivo/803754
- Diario Oficial de la Federación. *Ley para regular las instituciones de tecnología financiera*. 9 de marzo de 2018. https://www.diputados.gob.mx/LeyesBiblio/pdf/LRITF.pdf
- Heath, Jonathan. *Reflexiones y perspectivas a 25 años de la autonomía del Banco de México*. https://www.banxico.org.mx/publicaciones-y-prensa/presentaciones/%7B037ACCA3-E715-651C-7156-5AE7E8698D8B%7D.pdf
- INEGI. *Banco de Información Económica (BIE): Índice Nacional de Precios al Consumidor (INPC), Base 2ª Quincena Julio 2018, Actualización de Canasta y Ponderadores 2024, Inflación Mensual Interanual 1970-2025*. México: INEGI, 2024.
- Instituto para la Protección al Ahorro Bancario. *¿Qué hacemos?* Consultado en 2025. https://www.gob.mx/ipab/es/que-hacemos
- S&P Global Ratings. *Entendiendo las calificaciones crediticias*. Consultado en enero de 2025. https://www.spglobal.com/ratings/es/about/understanding-ratings

- Secretaría de Hacienda y Crédito Público. *Comunicado No. 67*. 2024. https://www.gob.mx/shcp/prensa/comunicado-no-67-moody-s-reafirma-la-calificacion-crediticia-de-mexico-en-baa2-pero-cambia-la-perspectiva-de-estable-a-negativa
- Secretaría de Hacienda y Crédito Púbico. *Comunicado No. 71*. 2024. https://www.gob.mx/shcp/prensa/comunicado-no-71-hr-ratings-ratifico-la-calificacion-crediticia-de-mexico-en-bbb
- Secretaría de Hacienda y Crédito Público. *Comunicado No. 75*. 2024. https://www.gob.mx/cms/uploads/attachment/file/962278/Comunicado_No._75_Standard_and_Poor_s_ratifica_la_calificaci_n_crediticia_de_M_xico_con_perspectiva_estable.pdf
- Secretaría de Hacienda y Crédito Público. *Implementación del Nuevo Acuerdo de Capital (Basilea II)*. 2007. https://www.cofemersimir.gob.mx/expediente/5031/mir/13045/anexo/469750

SEMBLANZA DEL AUTOR

Gabriel Velasco Robles es ingeniero en Electrónica por la Universidad de las Américas Puebla (UDLAP), maestro en Economía por El Colegio de México y doctor en Administración y Finanzas por el Tecnológico de Monterrey, donde ha sido profesor de cátedra desde 1998.

Cuenta con más de 25 años de experiencia en el sistema financiero mexicano, desempeñando roles estratégicos en instituciones como BBVA, el Instituto para la Protección al Ahorro Bancario (IPAB), la Asociación de Bancos de México (ABM) y BanCoppel.

En el IPAB lideró la planeación financiera, sustituyendo el fondeo bancario con la emisión de bonos, lo que permitió reducir costos de financiamiento y fortalecer el mercado de deuda en México.

Además, supervisó la estabilidad de las instituciones bancarias y participó en los primeros ejercicios de estabilidad financiera del país, anticipando riesgos asociados al seguro de depósitos.

Como director de Análisis e Información Financiera de la ABM, impulsó la estandarización y divulgación de datos bancarios. Desde el secretariado técnico de las comisiones de Finanzas y Mercados, colaboró con autoridades financieras y bancos en la implementación de proyectos regulatorios clave para el ecosistema financiero nacional, como Basilea III e IFRS 9.

Actualmente, se especializa en estrategias para el fortalecimiento del sistema financiero, análisis de datos bancarios, comunicación financiera estratégica, criterios ESG y financiamiento sustentable.

CAPÍTULO 02

SITUACIÓN ACTUAL DE LA BANCA COMERCIAL EN MÉXICO

Gabriel Velasco Robles

INTRODUCCIÓN

Con información al cierre de 2024 proveniente de la Comisión Nacional Bancaria y de Valores (CNBV), el sistema bancario en México integra a 51 bancos comerciales de distintos tamaños y enfoques, que en conjunto mantienen activos[1] por 15.2 billones de pesos mexicanos (bdp), equivalentes a esa misma fecha a 731 814 millones de dólares de Estados Unidos (731 *billions*, de acuerdo con la convención de ese país[2]). Asimismo, captan del público ahorrador 9 bdp (446 *billions*), mantienen una cartera de crédito de 7.6 bdp (368 *billions*) e invierten en instrumentos financieros 3.9 bdp (187 *billions*). Su capital contable asciende a 1.6 bdp (80 *billions*). Véase el anexo, tabla 1, para el detalle por institución bancaria de esta información.

La banca comercial es el participante más grande del sistema financiero mexicano en términos de activos, ya que representa el 42.3 % del total. Le siguen las Sociedades de Inversión Especializadas en Fondos para el Retiro (SIEFORES) con 20.2 % y los fondos de inversión con 12.4 %. En conjunto, estos tres sectores concentran tres cuartas partes de los activos del sistema. El resto de los participantes, cada uno con una cuota inferior al 10 %, conforman la cuarta parte restante.

Tabla 1. **Integración del sistema financiero mexicano**

Participantes del sistema	**Activos totales (%)**
Banca comercial	42.3
SIEFORES (afores)	20.2
Fondos de inversión (operadoras)	12.4
Instituciones de fomento	9.3
Seguros y fianzas	7.9
Casas de bolsa	3.4
SOFOMES no reguladas	1.8
SOFOMES reguladas	1
Sociedades Cooperativas de Ahorro y Préstamo (SOCAP)	0.8
Sociedades Financieras Populares (SOFIPO)	0.5
Uniones de Crédito (UC)	0.2
Almacenes generales de depósito	0.1
Instituciones de financiamiento colectivo	0
Instituciones de fondos de pago electrónico	0.1

Fuente: Reporte de estabilidad financiera (Banco de México, segundo semestre de 2024).

Dentro de la banca comercial existen instituciones especializadas en distintos segmentos. Por ejemplo, algunos bancos están enfocados en el crédito al consumo o de vivienda para los hogares, otros se especializan en el cambio de divisas, algunos más en el financiamiento empresarial o en proyectos de inversión en infraestructura. Asimismo, existen bancos de gran tamaño que participan en todas las áreas de la actividad bancaria y son considerados bancos sistémicos[3] debido a sus características e importancia dentro del sistema financiero mexicano.

La competencia en el sector bancario en México es fuerte y crece constantemente no solo entre los participantes ya establecidos, sino también con la incursión de nuevos bancos y oferentes no bancarios, como las *fintech*, por citar un ejemplo.

El sistema bancario en nuestro país ha sido estable[4] durante las últimas tres décadas. Al respecto, es importante señalar que a partir de la crisis financiera de 1994 y 1995, México implementó una serie de reformas para robustecer la regulación bancaria y alinearla con los más estrictos estándares internacionales. Se adoptaron los criterios de Basilea I, II y III que establecen lineamientos rigurosos en materia de capitalización, liquidez y gestión de riesgos, con el objetivo de garantizar la estabilidad del sistema financiero.

De igual manera, la inversión y capitalización realizadas por dicho sistema han sido muy relevantes durante los últimos años, ya que el capital contable de la banca se incrementó en 113 % durante la última década, o bien, 70 % en los últimos seis años.

Actualmente, México cuenta con un sistema bancario fuerte, con solidez financiera, bien capitalizado, con altos niveles de liquidez y reservas suficientes para enfrentar contingencias económicas. En este capítulo se abordarán los indicadores y análisis que permiten sustentar esta afirmación.

1| SALUD DE LA CARTERA CREDITICIA: MOROSIDAD

La principal función de un banco es captar recursos del público ahorrador y canalizarlos en forma de créditos a hogares y empresas. Este proceso permite que los recursos financieros se transfieran de manera eficiente en la economía, facilitando el consumo, la inversión y, por ende, el crecimiento económico.

Sin embargo, dado que la mayoría de los recursos administrados por los bancos provienen del público ahorrador y no únicamente del capital propio, es fundamental que las instituciones financieras gestionen el crédito de manera prudente, minimizando el riesgo de impagos, ya que estos pueden comprometer los ahorros del público.

Por ende, para garantizar la estabilidad del banco y la protección de los ahorradores, es fundamental que la institución evalúe cuidadosamente a los solicitantes de crédito, analizando su capacidad de pago y la viabilidad de los proyectos financiados.

El objetivo de esta evaluación es reducir al mínimo la cantidad de créditos que no puedan cobrarse, dado que, como ya se mencionó, se podría afectar la solvencia del banco y con ello la confianza del público ahorrador en la institución bancaria.

Cuando un prestatario no cumple con sus obligaciones de pago en el plazo establecido, el crédito entra en una categoría de cartera en deterioro[5] y, posteriormente, en categoría de cartera vencida; es decir, aquellos créditos en los que se ha registrado un incumplimiento en el pago de principal o intereses durante un periodo determinado, generalmente superior a noventa días.

1.1 Indicadores de la cartera vencida: IMOR e IMORA

Dado que el nivel de cartera vencida afecta la rentabilidad y estabilidad del banco, su monitoreo constante es esencial. Para medir su impacto en la institución financiera se utilizan dos indicadores:

A. Índice de morosidad (IMOR). Mide la proporción de la cartera vencida respecto al total de la cartera de crédito. Se calcula con la siguiente fórmula:

$$IMOR = \left(\frac{Cartera\ vencida}{Cartera\ total} \right) \times 100\,\%$$

Donde:

- Cartera vencida es el saldo total de los créditos que presentan atrasos en los pagos superiores a noventa días.

- Cartera total es el saldo total de la cartera de crédito, incluyendo tanto los créditos vigentes como los vencidos.

Un índice de morosidad elevado indica que un mayor porcentaje del monto del crédito otorgado presenta problemas de pago, lo que puede comprometer la liquidez y solvencia del banco.

B. Índice de morosidad ajustado (IMORA). A diferencia del índice de morosidad tradicional, este considera, además de la cartera vencida, los quebrantos y castigos realizados por el banco. Es decir, toma en cuenta el monto del crédito que se ha eliminado del balance debido a su incobrabilidad. Su fórmula es la siguiente:

$$IMORA = \left(\frac{\text{Cartera vencida + cartera castigada en los últimos doce meses}}{\text{Cartera total + cartera castigada en los últimos doce meses}} \right) \times 100\ \%$$

Donde:

- Cartera vencida es el saldo total de los créditos con atrasos en los pagos superiores a noventa días.
- Cartera castigada en los últimos doce meses es el monto de los créditos que se han eliminado de los activos del banco debido a su incobrabilidad en el transcurso de los últimos doce meses.
- Cartera total es el saldo total de la cartera de crédito, que incluye tanto los créditos vigentes como los vencidos.

Este índice proporciona una visión más realista del impacto de los créditos incobrables en la institución financiera.

Dado que la calidad de la cartera de crédito es fundamental para la estabilidad del banco, es crucial que tanto la institución como las autoridades financieras supervisen el IMOR y el IMORA de manera continua. Una gestión efectiva del riesgo crediticio ayuda a prevenir crisis bancarias y a mantener la confianza del público en el sistema financiero.

En el caso del sistema bancario mexicano, al cierre de 2024 la morosidad de la cartera crediticia de la banca se situó en niveles históricamente bajos, registrando un IMOR de 2 % para el total de la cartera crediticia.

Este resultado refleja una gestión de riesgos eficiente, caracterizada por políticas prudentes en el otorgamiento de crédito, llamado comúnmente «originación», y una evaluación estricta de la capacidad de pago de los prestatarios.

Por su parte, el IMORA también se ha mantenido en niveles razonables, situándose en 4.10 % para el total de la cartera crediticia. Desde luego, este indicador es más alto como reflejo de los quebrantos y castigos que las instituciones bancarias realizan periódicamente para mantener la salud de sus portafolios de crédito.

Gráfica 2. **Índice de morosidad (IMOR) e índice de morosidad ajustada (IMORA)**

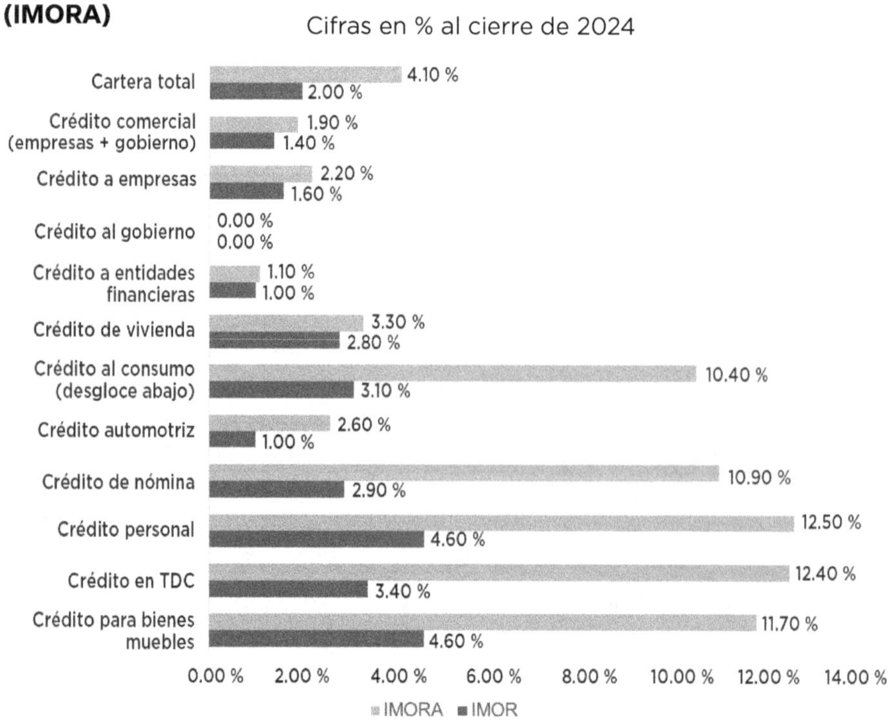

Fuente: Portafolio de información (CNBV, 2024).

2| LA SOLVENCIA DE LA INSTITUCIÓN BANCARIA: CAPITALIZACIÓN

La solvencia de un banco se refiere a su capacidad para cumplir con sus obligaciones financieras y absorber pérdidas sin poner en riesgo su operatividad.

Esta importante capacidad de la institución bancaria se mide a través de la cantidad y calidad del capital con los que cuenta, en relación con los riesgos que enfrenta. De esta forma, un banco se considera solvente si posee suficientes recursos propios para hacer frente a eventos adversos sin comprometer su capacidad de pago ante sus depositantes y acreedores.

El capital[6] de una institución financiera se clasifica en distintos niveles según su capacidad para absorber pérdidas. El capital fundamental (Tier 1) incluye el capital común y las reservas acumuladas. Por su parte, el capital no fundamental (Tier 2) abarca instrumentos de deuda subordinada[7] y provisiones generales.

La regulación internacional, basada en los acuerdos de Basilea, establece que los bancos deben mantener un nivel mínimo de capitalización para asegurar su estabilidad y la del sistema financiero en su conjunto. El nivel de capitalización se mide a través del índice de capitalización (ICAP).

2.1 El índice de capitalización

El ICAP es una importante medida para evaluar la solvencia de los bancos, ya que refleja la relación entre el monto de capital con el que cuenta una institución financiera y el monto de los activos ponderados por riesgo (APR).

Donde:

- Capital neto es la suma del capital básico (fundamental y no fundamental) y el capital complementario.

- El capital fundamental integra los recursos aportados por los accionistas y las utilidades retenidas. Tiene la mayor capacidad para absorber pérdidas y representa el capital principal de la institución bancaria.
- El capital no fundamental está compuesto por instrumentos de capital que tienen capacidad para absorber pérdidas, pero son menos sólidos que el capital fundamental; por ejemplo, las obligaciones subordinadas perpetuas.
- El capital complementario se integra de otros instrumentos financieros que pueden absorber pérdidas, pero en menor cuantía que el capital básico; por ejemplo, deuda subordinada con plazo establecido[8], acciones preferentes convertibles en acciones comunes en caso de contingencia o bonos convertibles contingentes (CoCos)[9].
- Activos ponderados por riesgo (APR) son los activos totales del banco ajustados por coeficientes; reflejan el nivel de riesgo asociado a cada tipo de activo, incluyendo riesgos de crédito, de mercado y operativos.

En México, este índice debe cumplir con los estándares internacionales establecidos en Basilea I y sus actualizaciones. Según estos criterios, el requerimiento mínimo de capitalización es 8.0 %, al cual se le suma un colchón de conservación de capital de 2.5 %, llevando el total del requerimiento a 10.5 %.

Además, a los bancos considerados sistémicos se les exige un requerimiento adicional de capital, dependiendo del nivel de riesgo y el impacto potencial que tendrían en caso de una crisis. Este requerimiento extra busca fortalecer la estabilidad del sistema financiero en su conjunto, y en México pudiera llegar a representar 2.25 % de colchón adicional de conservación de capital, con lo cual el total del requerimiento podría llegar a ser 12.75 %.

Por otra parte, los APR representan una forma de ajustar la exposición de un banco según la calidad y el nivel de riesgo de sus activos. No todos los activos tienen el mismo grado de riesgo; por ejemplo, los préstamos con baja probabilidad de incumplimiento y sólidas garantías, como es el caso de un crédito hipotecario, tienen un menor peso en el cálculo; mientras que aquellos con mayor riesgo, por ejemplo un crédito quirografario[10], requieren un mayor respaldo de capital.

2.2 Los activos ponderados por riesgo (APR)

La normatividad bancaria en México establece una ponderación de los activos en función de tres tipos de riesgo: crédito, mercado y operativo[11].

- **Riesgo de crédito.** Se pondera según la calidad del deudor o contraparte. Por ejemplo, los créditos otorgados a gobiernos federales o centrales tienen un ponderador de 0 %, es decir, no aumentan el riesgo de la institución bancaria y, por lo tanto, no incrementan los APR. Los créditos otorgados a las entidades financieras tienen un ponderador que puede ser del 20 % o mayor, dependiendo de su calificación crediticia. Los créditos con mayor riesgo, por ejemplo, algunos otorgados a empresas y hogares, tienen un ponderador del 100 %.
- **Riesgo de mercado.** Se refiere a la exposición que tenga la institución bancaria ante cambios en los precios de mercado de su tenencia de instrumentos financieros. Los instrumentos se clasifican en diferentes grupos de riesgo, y cada grupo tiene una ponderación específica basada en factores como la volatilidad en su precio y su liquidez en el mercado.
- **Riesgo operacional.** Se refiera a la estimación de pérdidas por fallas internas, errores humanos, problemas en sistemas y en general, fallas en los procesos internos que experimente la institución bancaria.

La suma de los APR por riesgo de crédito, mercado y operacional constituye el total de activos ponderados por riesgo. En México, su monto ha sido creciente año con año como reflejo de la mayor actividad crediticia del sistema bancario, con excepción de una caída que experimentó en marzo de 2020, como resultado del inicio de la pandemia de COVID-19, y que se mantuvo por 18 meses. A partir de septiembre de 2021, el monto de APR volvió a crecer y un año después ya había alcanzado los niveles previos a la pandemia. Este crecimiento se ha mantenido y al cierre de 2024 muestran su máximo histórico.

Gráfica 3. **Evolución de los activos ponderados por riesgo (APR)**

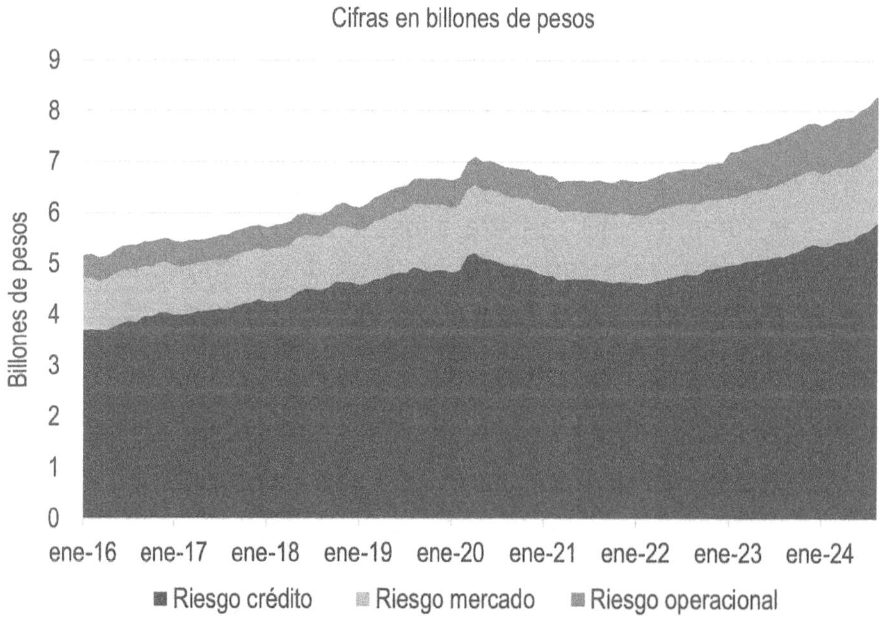

Fuente: Reporte de estabilidad financiera (Banco de México, segundo semestre de 2024).

De esta manera, el índice de capitalización (ICAP) garantiza que los bancos cuenten con suficientes recursos propios para absorber pérdidas potenciales y mantener la estabilidad financiera. En el caso del sistema bancario en México, se ha mantenido durante los últimos años en niveles que prácticamente duplican el mínimo regulatorio (10.5 %).

Gráfica 4. **Índice de capitalización (ICAP)**

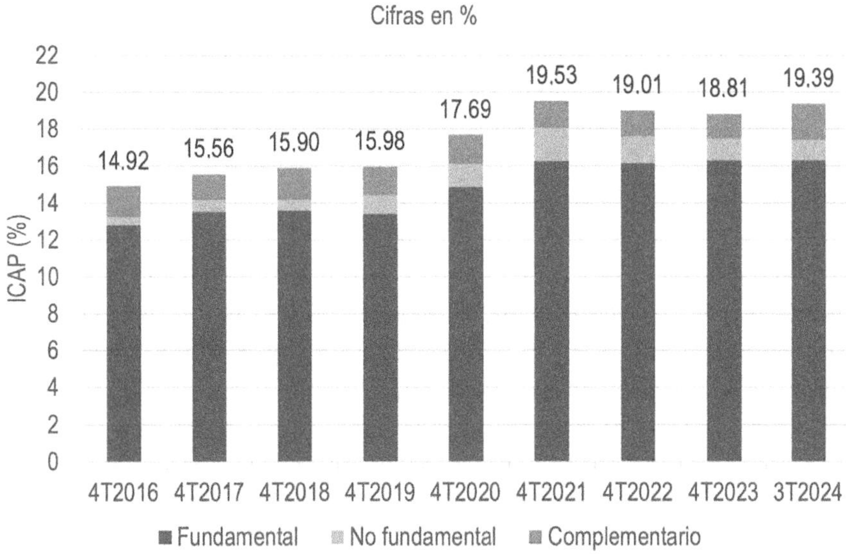

Fuente: Reporte de estabilidad financiera (Banco de México, segundo semestre de 2024).

2.3 Liquidez: el efectivo es rey

La liquidez de un activo financiero, y se refiere a la facilidad y rapidez con la que puede convertirse en efectivo —lo que en el medio financiero se llama «realizar» un activo— sin que sufra una pérdida significativa de valor.

Un activo es más líquido cuanto menor sea el tiempo y el costo necesario para venderlo en el mercado sin afectar su precio. El activo líquido por excelencia es el dinero en efectivo.

A manera de ejemplo, los valores gubernamentales de corto plazo, por ejemplo, los Certificados de la Tesorería de la Federación (CETES), son muy líquidos; mientras que activos como bienes raíces suelen serlo menos debido a la dificultad para encontrar compradores rápidamente sin incurrir en pérdidas de valor.

Dicho lo anterior, el coeficiente de cobertura de liquidez (CCL) es un indicador cuantitativo que tiene como objetivo garantizar que los bancos mantengan un nivel adecuado de activos líquidos, permitiéndoles hacer frente a sus obligaciones durante un periodo de treinta días bajo escenarios de estrés. Los escenarios pueden ser individuales, es decir, que afecten a una sola institución bancaria; o sistémicos, cuando impactan a varias entidades financieras al mismo tiempo.

La idea que subyace a este indicador es prever un periodo de treinta días durante el cual las instituciones bancarias y los organismos supervisores puedan tener la oportunidad de implementar medidas correctivas o, en caso necesario, comenzar la resolución ordenada del banco emproblemado.

2.4 El coeficiente de cobertura de liquidez (CCL)[12]

El CCL se define como el cociente entre los activos líquidos disponibles y las salidas netas de efectivo proyectadas para el periodo de treinta días. Las salidas netas de efectivo se calculan como la diferencia entre las salidas y entradas de efectivo esperadas.

$$CCL = \left(\frac{\textit{Activos líquidos computables}}{\textit{Flujo neto total de salida de efectivo}} \right) \times 100\,\%$$

Donde:

- Los activos líquidos computables incluye todos los activos líquidos elegibles, es decir, aquellos que las autoridades consideran aptos para convertirse en efectivo de manera rápida y sin una pérdida significativa de valor durante un episodio de estrés. Estos activos se clasifican en distintas categorías según su nivel de liquidez esperada, y a cada categoría se le asigna un factor de descuento específico. Además, se han establecido límites sobre la cantidad de activos líquidos que pueden mantenerse dentro de una misma categoría, salvo aquellos clasificados en la categoría de mayor liquidez.

- El flujo neto total de salida de efectivo representa la diferencia entre las salidas y entradas esperadas de efectivo durante un horizonte temporal de treinta días bajo condiciones de estrés. La regulación establece que las salidas de efectivo no pueden compensarse en su totalidad con entradas de efectivo. Para evitar esta compensación total, se fija un límite máximo del 75 % en la cantidad de salidas que pueden ser cubiertas con entradas de efectivo, lo que implica que al menos el 25 % de las salidas deben ser respaldadas por activos líquidos.

Gráfica 5. **Coeficiente de cobertura de liquidez (CCL)**

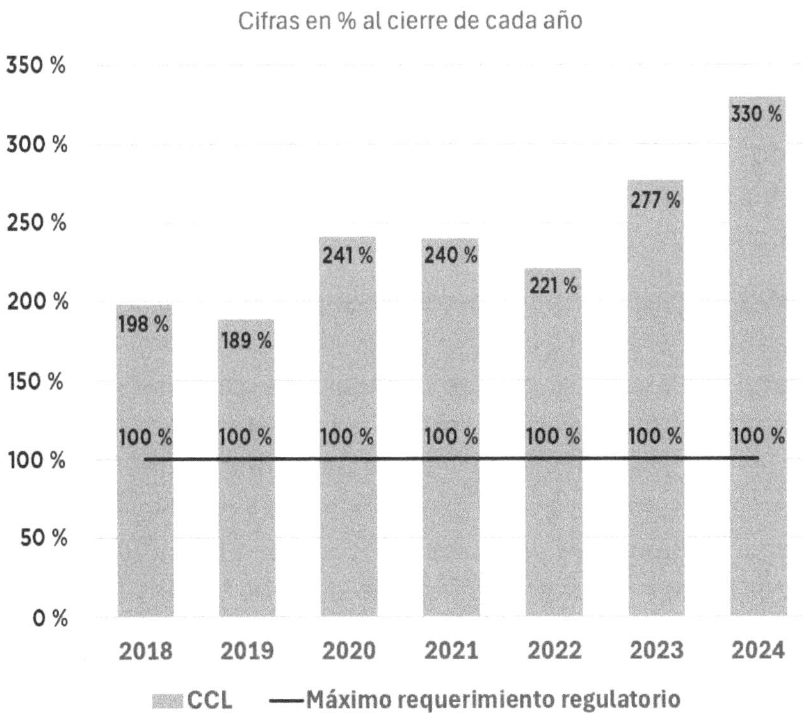

Fuente: Portafolio de información (CNBV, 2024).

3 | PRUEBAS DE ESTRÉS EN EL SISTEMA BANCARIO MEXICANO

Las pruebas de estrés son herramientas de análisis utilizadas para evaluar la capacidad de resistencia de los bancos ante escenarios adversos. Estas pruebas permiten identificar vulnerabilidades dentro del sistema financiero y contribuyen a la toma de decisiones regulatorias para fortalecer la estabilidad del sector bancario.

En México, como parte del marco prudencial de Basilea III, anualmente se realiza la evaluación de suficiencia de capital (ESC)[13], cuyo propósito principal es determinar si un banco cuenta con el nivel de capital necesario para absorber pérdidas en situaciones económicas y financieras adversas.

Los resultados de las pruebas de estrés permiten a las propias instituciones y a los reguladores evaluar si poseen el capital adecuado para afrontar una crisis y, en caso contrario, tomar medidas correctivas para reforzar la posición financiera de la institución bancaria.

En México, las pruebas de estrés se implementaron como parte de los esfuerzos de la CNBV y el Banco de México para fortalecer la supervisión y verificar que las instituciones bancarias cuenten con el capital regulatorio suficiente para continuar intermediando recursos y otorgando crédito, incluso bajo condiciones económicas adversas. Las pruebas han evolucionado en complejidad y metodología, alineándose con los estándares internacionales y adaptándose a los riesgos específicos del sistema financiero mexicano.

3.1 Metodología general de las pruebas de estrés

Las pruebas de estrés se realizan mediante la simulación de distintos escenarios macroeconómicos adversos que podrían afectar la estabilidad de los bancos. Para ello, se utilizan modelos cuantitativos que proyectan el impacto de factores como el crecimiento económico, la inflación, las tasas de interés, el tipo de cambio y el comportamiento de la cartera crediticia.

En términos generales, las pruebas de estrés en México se realizan de dos maneras:

a. Escenarios propios de la institución

Cada banco realiza sus pruebas de estrés con base en su perfil de riesgo, exposición a diferentes sectores y metodologías internas de medición de riesgo. Estos escenarios pueden incluir supuestos específicos, como aumentos en la cartera vencida, caídas en el valor de los activos o cambios abruptos en las tasas de interés.

b. Escenarios planteados por la CNBV

La CNBV define escenarios estandarizados que deben aplicar todas las instituciones financieras, lo que permite realizar comparaciones homogéneas y evaluar el impacto sistémico de las condiciones adversas. Estos escenarios incluyen crisis económicas severas, incrementos en el desempleo, choques financieros globales y depreciaciones significativas del peso mexicano frente a otras divisas.

3.2 Importancia del seguimiento de las pruebas de estrés

Los resultados de las pruebas de estrés son fundamentales para la supervisión y regulación bancaria. Permiten a los bancos ajustar sus niveles de capital y liquidez, mejorar sus estrategias de gestión de riesgos y diseñar planes de contingencia. Además, proporcionan información clave a las autoridades financieras para la toma de decisiones regulatorias, asegurando la solidez y estabilidad del sistema bancario en México.

En este sentido, el Banco de México ha manifestado, en sus reportes de estabilidad del sistema financiero[14], que los resultados de las pruebas de estrés muestran que, en términos generales, dicho sistema cuenta con la capacidad para resistir los choques planteados en los escenarios analizados.

Cabe aclarar que el detalle de las pruebas y los resultados de cada institución no son públicos, por lo que este resultado positivo se conoce en términos generales para todo el sistema.

4| ESTABILIDAD DEL SECTOR

El sistema de banca comercial en México se encuentra en una posición sólida, bien capitalizado y avalado por un cumplimiento holgado de los requerimientos regulatorios de solvencia y liquidez. La regulación financiera del país, alineada con los altos estándares de Basilea I, II y III ha sido clave para garantizar la estabilidad del sector.

Asimismo, la cartera crediticia de la banca se mantiene sana gracias a estrictos procesos de evaluación y otorgamiento de financiamiento. Como resultado, los niveles de morosidad y morosidad ajustada han alcanzado mínimos históricos, reflejando una gestión prudente del riesgo crediticio.

El papel de las autoridades financieras, en particular de la CNBV y del Banco de México, ha sido fundamental para el fortalecimiento de la supervisión bancaria. Un ejemplo de ello son las pruebas de estrés que evalúan la capacidad del sistema para enfrentar escenarios adversos. Los resultados han sido positivos, confirmando que la banca comercial mexicana mantiene operaciones estables y niveles adecuados de capital incluso en condiciones de estrés.

En conclusión, la banca comercial se distingue por su solidez, por una adecuada gestión de los riesgos y el apego a un marco regulatorio robusto que verifica su estabilidad. Estos factores fortalecen la confianza de inversionistas, empresas y hogares en el sistema bancario, y la posicionan como un detonador del desarrollo económico de México.

5| ANEXO

Tabla 1. **Instituciones de banca comercial en México**
(cifras en millones de pesos al cierre de 2024 y % que representan del sistema)

	Activos	%	Captación	%	Cartera	%	Inversión en instrumentos financieros	%	Capital	%
Sistema */	**15 211 645**	**100.00**	**9 074 763**	**100.00**	**7 659 432**	**100.00**	**3 884 888**	**100.00**	**1 654 251**	**100.00**
BBVA México	3 384 265	22.25	1 985 978	21.88	1 943 751	25.38	657 895	16.93	361 317	21.84
Santander	2 006 539	13.19	1 068 880	11.78	891 438	11.64	644 939	16.60	153 283	9.27
Banorte	1 835 253	12.06	1 165 444	12.84	1 137 460	14.85	423 815	10.91	152 290	9.21
Banamex	1 058 109	6.96	735 052	8.10	462 724	6.04	338 188	8.71	167 525	10.13
HSBC	936 410	6.16	630 565	6.95	511 046	6.67	186 981	4.81	80 884	4.89
Scotiabank	918 579	6.04	603 897	6.65	523 320	6.83	192 697	4.96	90 046	5.44
Inbursa	679 634	4.47	449 444	4.95	462 354	6.04	64 435	1.66	188 877	11.42
Citi México	641 506	4.22	419 050	4.62	192 550	2.51	179 481	4.62	66 211	4.00
Banco del Bajío	363 506	2.39	300 513	3.31	266 058	3.47	24 343	0.63	45 575	2.76
Banco Azteca	325 488	2.14	227 644	2.51	187 646	2.45	80 329	2.07	39 277	2.37
Afirme	305 159	2.01	89 506	0.99	65 526	0.86	185 459	4.77	8789	0.53

	Activos	%	Captación	%	Cartera	%	Inversión en instrumentos financieros	%	Capital	%
Sistema */	**15 211 645**	**100.00**	**9 074 763**	**100.00**	**7 659 432**	**100.00**	**3 884 888**	**100.00**	**1 654 251**	**100.00**
Monex	297 038	1.95	74 093	0.82	54 622	0.71	147 627	3.80	14 621	0.88
Banregio	248 465	1.63	177 982	1.96	177 361	2.32	43 929	1.13	30 286	1.83
J.P. Morgan	223 968	1.47	88 812	0.98	25 982	0.34	42 934	1.11	33 869	2.05
Invex	175 665	1.15	55 022	0.61	43 737	0.57	107 270	2.76	9871	0.60
BanCoppel	169 222	1.11	145 294	1.60	67 493	0.88	70 863	1.82	19 323	1.17
Bank of America	153 658	1.01	55 074	0.61	35 759	0.47	24 712	0.64	21 891	1.32
Banca Mifel	144 976	0.95	93 627	1.03	81 806	1.07	41 789	1.08	13 688	0.83
Sabadell	143 715	0.94	124 483	1.37	94 498	1.23	21 639	0.56	16 779	1.01
CIBanco	142 389	0.94	59 644	0.66	15 045	0.20	93 839	2.42	5702	0.34
Multiva	132 358	0.87	84 106	0.93	72 244	0.94	44 332	1.14	9479	0.57
Banco Base	124 736	0.82	33 948	0.37	11 572	0.15	88 782	2.29	6866	0.42
Barclays	98 029	0.64	837	0.01	-	0.00	10 541	0.27	8532	0.52
Ve por Más	94 130	0.62	62 074	0.68	56 616	0.74	27 120	0.70	9590	0.58
Intercam Banco	81 692	0.54	40 417	0.45	25 146	0.33	31 511	0.81	11 052	0.67

	Activos	%	Captación	%	Cartera	%	Inversión en instrumentos financieros	%	Capital	%
Sistema */	**15 211 645**	**100.00**	**9 074 763**	**100.00**	**7 659 432**	**100.00**	**3 884 888**	**100.00**	**1 654 251**	**100.00**
Bansí	61 898	0.41	37 321	0.41	26 538	0.35	25 961	0.67	7056	0.43
Compartamos	60 209	0.40	38 257	0.42	53 395	0.70	-	0.00	15 737	0.95
Actinver	59 185	0.39	36 668	0.40	29 484	0.38	8512	0.22	6575	0.40
Bancrea	49 688	0.33	43 363	0.48	38 518	0.50	1772	0.05	4362	0.26
BIAfirme	48 539	0.32	24	0.00	272	0.00	46 577	1.20	1105	0.07
MUFG Bank	48 218	0.32	30 465	0.34	15 041	0.20	7070	0.18	8989	0.54
Consubanco	31 087	0.20	18 682	0.21	25 819	0.34	656	0.02	5768	0.35
BNP Paribas México	29 020	0.19	-	0.00	-	0.00	3885	0.10	5234	0.32
Bankaool	16 960	0.11	14 794	0.16	9066	0.12	-	0.00	1524	0.09
Inmobiliario Mexicano	15 530	0.10	12 821	0.14	12 341	0.16	210	0.01	1788	0.11
ICBC	14 435	0.09	12 194	0.13	4067	0.05	441	0.01	1203	0.07
Bank of China	13 813	0.09	11 574	0.13	4292	0.06	-	0.00	2177	0.13
Autofin	13 793	0.09	11 743	0.13	6344	0.08	3544	0.09	1421	0.09

	Activos	%	Captación	%	Cartera	%	Inversión en instrumentos financieros	%	Capital	%
Sistema */	**15 211 645**	**100.00**	**9 074 763**	**100.00**	**7 659 432**	**100.00**	**3 884 888**	**100.00**	**1 654 251**	**100.00**
Mizuho Bank	11 045	0.07	6514	0.07	6261	0.08	489	0.01	4283	0.26
Banco Covalto	8327	0.05	7117	0.08	5307	0.07	93	0.00	987	0.06
Volkswagen Bank	7434	0.05	3516	0.04	6325	0.08	-	0.00	3391	0.21
ABC Capital	7412	0.05	6044	0.07	571	0.01	3178	0.08	976	0.06
Shinhan	6471	0.04	4587	0.05	4114	0.05	1525	0.04	1831	0.11
KEB Hana México	5966	0.04	4206	0.05	4214	0.06	1714	0.04	1726	0.10
Banco S3	4719	0.03	1742	0.02	34	0.00	10	0.00	2365	0.14
Openbank	3994	0.03	4	0.00	0	0.00	1549	0.04	3232	0.20
Banco Bineo	3588	0.02	42	0.00	47	0.00	-	0.00	3259	0.20
Credit Suisse	2486	0.02	-	0.00	-	0.00	2098	0.05	2183	0.13
Dondé Banco	2101	0.01	1465	0.02	1171	0.02	150	0.00	530	0.03
Forjadores	864	0.01	202	0.00	457	0.01	-	0.00	606	0.04
Pagatodo	372	0.00	33	0.00	-	0.00	-	0.00	321	0.02

Fuente: Portafolio de información (CNBV, 2024).

Tabla 2. **Evolución de los activos ponderados por riesgo (APR) por tipo de riesgo**

Mes	Riesgo crédito	Riesgo mercado	Riesgo operacional	APR
ene-16	3.71	0.99	0.47	5.17
feb-16	3.73	0.99	0.47	5.19
mar-16	3.71	0.94	0.47	5.13
abr-16	3.71	0.99	0.46	5.16
may-16	3.77	1.01	0.46	5.24
jun-16	3.85	1.02	0.47	5.34
jul-16	3.88	1.01	0.48	5.37
ago-16	3.87	1.01	0.48	5.37
sept-16	3.97	0.98	0.49	5.44
oct-16	3.98	0.96	0.49	5.43
nov-16	4.04	0.97	0.46	5.47
dic-16	4.05	0.98	0.47	5.50
ene-17	4.01	0.96	0.49	5.45
feb-17	4.00	0.93	0.49	5.42
mar-17	4.02	0.95	0.49	5.46
abr-17	4.06	0.95	0.45	5.46

Mes	Riesgo crédito	Riesgo mercado	Riesgo operacional	APR
jul-20	5.04	1.36	0.56	6.97
ago-20	4.98	1.36	0.56	6.90
sept-20	4.96	1.34	0.57	6.88
oct-20	4.94	1.35	0.57	6.86
nov-20	4.91	1.37	0.57	6.85
dic-20	4.84	1.34	0.57	6.76
ene-21	4.79	1.38	0.58	6.74
feb-21	4.78	1.36	0.58	6.72
mar-21	4.70	1.33	0.59	6.62
abr-21	4.70	1.34	0.60	6.65
may-21	4.72	1.32	0.60	6.64
jun-21	4.70	1.33	0.61	6.64
jul-21	4.73	1.28	0.62	6.63
ago-21	4.69	1.33	0.63	6.65
sept-21	4.67	1.32	0.63	6.61
oct-21	4.63	1.34	0.63	6.60

Mes	Riesgo crédito	Riesgo mercado	Riesgo operacional	APR
may-17	4.08	0.96	0.45	5.48
jun-17	4.10	0.97	0.44	5.52
jul-17	4.12	0.97	0.47	5.56
ago-17	4.11	0.98	0.48	5.57
sept-17	4.18	0.99	0.48	5.65
oct-17	4.22	1.00	0.47	5.69
nov-17	4.25	1.02	0.47	5.74
dic-17	4.32	0.99	0.46	5.77
ene-18	4.26	1.00	0.46	5.72
feb-18	4.27	1.03	0.46	5.76
mar-18	4.28	1.03	0.47	5.78
abr-18	4.34	1.03	0.48	5.84
may-18	4.45	1.05	0.48	5.98
jun-18	4.51	1.05	0.44	6.00
jul-18	4.50	1.04	0.43	5.97
ago-18	4.50	1.04	0.42	5.96
sept-18	4.54	1.06	0.43	6.03
oct-18	4.65	1.07	0.45	6.16
nov-18	4.65	1.10	0.46	6.21

Mes	Riesgo crédito	Riesgo mercado	Riesgo operacional	APR
nov-21	4.66	1.36	0.65	6.67
dic-21	4.64	1.35	0.65	6.64
ene-22	4.64	1.33	0.66	6.62
feb-22	4.63	1.34	0.67	6.64
mar-22	4.65	1.37	0.67	6.69
abr-22	4.69	1.39	0.67	6.76
may-22	4.73	1.39	0.69	6.81
jun-22	4.76	1.39	0.68	6.83
jul-22	4.80	1.39	0.68	6.88
ago-22	4.80	1.39	0.68	6.87
sept-22	4.82	1.38	0.69	6.89
oct-22	4.91	1.36	0.70	6.97
nov-22	4.92	1.34	0.71	6.98
dic-22	4.96	1.33	0.71	7.01
ene-23	4.99	1.33	0.89	7.21
feb-23	5.00	1.33	0.89	7.22
mar-23	5.06	1.34	0.89	7.29
abr-23	5.09	1.36	0.90	7.35
may-23	5.10	1.37	0.90	7.37

Mes	Riesgo crédito	Riesgo mercado	Riesgo operacional	APR
dic-18	4.64	1.05	0.46	6.15
ene-19	4.59	1.07	0.46	6.11
feb-19	4.63	1.08	0.46	6.18
mar-19	4.71	1.14	0.47	6.32
abr-19	4.72	1.16	0.49	6.37
may-19	4.80	1.17	0.48	6.45
jun-19	4.83	1.19	0.48	6.51
jul-19	4.83	1.22	0.48	6.54
ago-19	4.95	1.23	0.49	6.67
sept-19	4.89	1.29	0.50	6.68
oct-19	4.85	1.30	0.51	6.66
nov-19	4.88	1.29	0.52	6.69
dic-19	4.88	1.28	0.51	6.67
ene-20	4.85	1.27	0.53	6.65
feb-20	4.89	1.27	0.53	6.69
mar-20	5.17	1.29	0.54	7.00
abr-20	5.22	1.33	0.57	7.11
may-20	5.11	1.33	0.57	7.01
jun-20	5.10	1.36	0.57	7.03

Mes	Riesgo crédito	Riesgo mercado	Riesgo operacional	APR
jun-23	5.11	1.38	0.90	7.40
jul-23	5.16	1.40	0.91	7.47
ago-23	5.15	1.45	0.92	7.52
sept-23	5.22	1.45	0.92	7.60
oct-23	5.26	1.47	0.93	7.66
nov-23	5.36	1.47	0.93	7.76
dic-23	5.39	1.45	0.94	7.78
ene-24	5.36	1.41	0.95	7.72
feb-24	5.37	1.45	0.97	7.78
mar-24	5.43	1.46	0.97	7.87
abr-24	5.45	1.45	0.97	7.88
may-24	5.49	1.43	0.98	7.90
jun-24	5.62	1.40	0.99	8.01
jul-24	5.67	1.45	1.00	8.11
ago-24	5.81	1.47	1.01	8.29
sept-24	5.83	1.49	1.02	8.34

Fuente: Banco de México (2024).

Tabla 3. **Evolución del índice de capitalización (ICAP) por componentes**

Cifras en %

Trimestre	Capital fundamental	Capital No fundamental	Capital complementario	ICAP
1T2016	13.08	0.29	1.53	14.90
2T2016	13.01	0.28	1.50	14.79
3T2016	12.97	0.28	1.49	14.73
4T2016	12.78	0.46	1.68	14.92
1T2017	13.35	0.39	1.52	15.25
2T2017	13.60	0.37	1.42	15.38
3T2017	13.68	0.65	1.37	15.69
4T2017	13.49	0.67	1.40	15.56
1T2018	13.85	0.61	1.54	16.00
2T2018	13.61	0.62	1.67	15.90
3T2018	13.56	0.65	1.64	15.84
4T2018	13.57	0.64	1.69	15.90
1T2019	13.92	0.59	1.52	16.03
2T2019	13.14	1.07	1.47	15.68
3T2019	13.18	1.06	1.67	15.91
4T2019	13.38	1.07	1.54	15.98
1T2020	12.75	1.19	1.72	15.66
2T2020	13.59	1.19	1.73	16.51
3T2020	14.21	1.33	1.67	17.21
4T2020	14.88	1.24	1.58	17.69
1T2021	15.34	1.30	1.64	18.28
2T2021	15.41	1.27	1.60	18.28
3T2021	15.76	1.52	1.50	18.78

Trimestre	Capital fundamental	Capital No fundamental	Capital comple-mentario	ICAP
4T2021	16.26	1.84	1.44	19.53
1T2022	16.57	1.63	1.45	19.65
2T2022	15.69	1.61	1.37	18.67
3T2022	15.94	1.49	1.32	18.76
4T2022	16.16	1.44	1.42	19.01
1T2023	16.75	1.30	1.26	19.30
2T2023	16.87	1.23	1.38	19.49
3T2023	16.74	1.21	1.35	19.30
4T2023	16.32	1.17	1.33	18.81
1T2024	16.67	1.13	1.69	19.49
2T2024	16.27	1.21	1.81	19.29
3T2024	16.31	1.09	1.99	19.39

Fuente: Banco de México (2024).

NOTAS

1. Los activos de la banca comercial incluyen los de las Sociedades Financieras de Objeto Múltiple (SOFOMES) reguladas, que se consolidan con el banco del cual son subsidiarias.

2. En español, las cifras monetarias se refieren como «billones» cuando significan millones de millones de unidades. En inglés, *billions* se refieren a miles de millones de unidades.

3. Un banco se considera sistémico cuando su tamaño, complejidad e interconexión dentro del sistema financiero son tan grandes que su quiebra podría desencadenar una crisis financiera generalizada. En la literatura financiera, estas instituciones han sido conocidas comúnmente como «demasiado grandes para

quebrar» (*too big to fail*), por lo que enfrentan regulaciones más estrictas para mitigar sus riesgos. En México, la CNBV identifica periódicamente a los bancos de importancia sistémica nacional.

4. Banco de México define la estabilidad en su *Reporte de estabilidad financiera* (diciembre 2024). De acuerdo con dicho informe, se considera que un sistema financiero estable es «aquel en el que las instituciones financieras, los mercados y sus infraestructuras facilitan el intercambio de fondos entre ahorradores, deudores e inversionistas, con una adecuada administración de riesgos, contribuyendo al funcionamiento apropiado de la economía y a alcanzar un crecimiento económico sostenible. La estabilidad financiera también implica que el sistema financiero sea capaz de resistir choques y que, a la vez, contribuya a mantener un entorno de estabilidad macroeconómica y de crecimiento».

5. Previo a la entrada en vigor del criterio de Basilea III, los créditos en impago pasaban directamente de cartera vigente a cartera vencida. La nueva norma hace más estricta la evaluación, previendo una etapa intermedia ante los primeros síntomas de posibilidad de incumplimiento de pago, llamada «deterioro». Las definiciones están disponibles en el *Criterio contable b-6 cartera de crédito del anexo 33. Disposiciones de carácter general aplicables a las instituciones de crédito,* https://www.cnbv.gob.mx/Anexos/Anexo%2033%20CUB.pdf

6. La regulación se encuentra en el *Artículo 2 Bis 5, del Capítulo II de las Disposiciones de carácter general aplicables a las instituciones de crédito.* https://www.cnbv.gob.mx/Normatividad/Disposiciones%20de%20car%C3%A1cter%20general%20aplicables%20a%20las%20instituciones%20de%20cr%C3%A9dito.pdf

7. La deuda subordinada es un tipo de instrumento financiero emitido por los bancos y otras entidades con el propósito de fortalecer su estructura de capital. Se caracteriza por tener una menor prioridad de pago en caso de liquidación o quiebra de

la institución emisora, lo que significa que sus tenedores solo recibirán el pago después de que se hayan satisfecho todas las deudas *senior,* incluidos los depósitos y otros pasivos preferentes. Este tipo de deuda suele contar con plazos de vencimiento largos y, en muchos casos, tiene cláusulas que permiten absorber pérdidas o convertirse en acciones en escenarios de crisis financiera.

8. El espíritu de la norma es clasificar a los activos susceptibles de absorber pérdidas de mayor a menor grado de capacidad. Así, los activos que integren el capital básico fundamental serán los que mayor capacidad de absorción de pérdidas tengan; le seguirán los que integren el capital básico no fundamental y al final se encontrarán los que integren el capital complementario. Un activo que no tenga capacidad de absorber pérdidas no forma parte del capital.

9. Los CoCos son bonos híbridos que pueden convertirse en acciones o absorber pérdidas cuando el banco enfrenta dificultades financieras. Esta conversión sucede automáticamente si el ICAP cae por debajo de un nivel establecido.

10. El crédito quirografario es un tipo de financiamiento que se otorga sin la necesidad de presentar una garantía real, como una hipoteca o una prenda. En este caso, la única garantía que respalda el préstamo es la firma del deudor, quien se compromete a cumplir con sus obligaciones de pago conforme a los términos pactados. Un ejemplo de crédito quirografario es una tarjeta de crédito.

    Debido a la ausencia de garantía, también llamada colateral, los créditos quirografarios suelen implicar un mayor riesgo para el prestamista. Por esta razón, las instituciones financieras tienden a otorgarlos a clientes con un historial crediticio sólido y con capacidad comprobada de pago. Además, estos créditos suelen estar sujetos a tasas de interés más elevadas, en comparación con los préstamos con garantía, como una forma de compensar el mayor nivel de riesgo asumido por la entidad prestamista.

11. Los activos ponderados sujetos a riesgo de crédito están previstos en el Capítulo III del Título Primero Bis, las posiciones ponderadas equivalentes sujetas a riesgo de mercado a que se refiere el Capítulo IV del Título Primero Bis y los activos ponderados equivalentes sujetos a Riesgo Operacional conforme a lo establecido en el Capítulo V del Título Primero Bis, de las *Disposiciones de carácter general aplicables a las instituciones de crédito*. https://www.cnbv.gob.mx/Normatividad/Disposiciones%20de%20car%C3%A1cter%20general%20aplicables%20a%20las%20instituciones%20de%20cr%C3%A9dito.pdf

12. *Reglas conjuntas Banco de México-CNBV. Requerimientos de liquidez para las instituciones de banca múltiple*, https://www.banxico.org.mx/marco-normativo/normativa-emitida-por-el-banco-de-mexico/reglas-conjuntas-requerimiento-de-liquidez-para-la/requerimientos-liquidez-202.html; *Disposiciones de carácter general sobre los requerimientos de liquidez para las instituciones de banca múltiple*, agosto 2021; marzo 2022, https://www.cnbv.gob.mx/Normatividad/Disposiciones%20de%20car%C3%A1cter%20general%20sobre%20los%20requerimientos%20de%20liquidez%20para%20las%20instituciones%20de%20banca%20m%C3%BAltiple.pdf

13. Capítulo VI Bis. *Disposiciones de carácter general aplicables a las instituciones de crédito*, https://www.cnbv.gob.mx/Normatividad/Disposiciones%20de%20car%C3%A1cter%20general%20aplicables%20a%20las%20instituciones%20de%20cr%C3%A9dito.pdf

14. Los reportes se pueden consular en https://www.banxico.org.mx/publicaciones-y-prensa/reportes-sobre-el-sistema-financiero/reportes-sistema-financiero-s.html

FUENTES CONSULTADAS

- Banco de México. *Datos del reporte de estabilidad financiera, agrupados por año (orden cronológico)*. https://www.banxico.org.mx/publicaciones-y-prensa/reportes-sobre-el-sistema-financiero/datos/datos-reporte-estabilidad-a.html
- Banco de México. *Reportes de estabilidad financiera*. https://www.banxico.org.mx/publicaciones-y-prensa/reportes-sobre-el-sistema-financiero/reportes-sistema-financiero-s.html
- Comité de Supervisión Bancaria de Basilea. *Estado de la implementación internacional de Basilea III*. 2 de octubre de 2024. https://www.bis.org/bcbs/implementation/rcap_reports.htm
- Comisión Nacional Bancaria y de Valores (CNBV). *Anexo 33. Criterios de contabilidad para las instituciones de crédito de las Disposiciones de carácter general aplicables a las instituciones de crédito*. https://www.cnbv.gob.mx/Anexos/Anexo%2033%20CUB.pdf
- Comisión Nacional Bancaria y de Valores (CNBV). *Artículo 2 Bis 5, del Capítulo II. Disposiciones de carácter general aplicables a las instituciones de crédito*. https://www.cnbv.gob.mx/Normatividad/Disposiciones%20de%20car%C3%A1cter%20general%20aplicables%20a%20las%20instituciones%20de%20cr%C3%A9dito.pdf
- Comisión Nacional Bancaria y de Valores (CNBV). Capítulo IV del Título Primero Bis y los activos ponderados equivalentes sujetos a Riesgo Operacional. *Disposiciones de carácter general aplicables a las instituciones de crédito.* https://www.cnbv.gob.mx/Normatividad/Disposiciones%20de%20car%C3%A1cter%20general%20aplicables%20a%20las%20instituciones%20de%20cr%C3%A9dito.pdf
- Comisión Nacional Bancaria y de Valores (CNBV). Capítulo VI Bis. *Disposiciones de carácter general aplicables a las instituciones de crédito.* https://www.cnbv.gob.mx/Normatividad/Disposiciones%20de%20car%C3%A1cter%20general%20

aplicables%20a%20las%20instituciones%20de%20cr%C3%A9dito.pdf

- Comisión Nacional Bancaria y de Valores (CNBV). *Disposiciones de carácter general aplicables a las instituciones de crédito*. https://www.cnbv.gob.mx/Normatividad/Disposiciones%20de%20car%C3%A1cter%20general%20aplicables%20a%20las%20instituciones%20de%20cr%C3%A9dito.pdf
- Comisión Nacional Bancaria y de Valores (CNBV) y Banco de México. *Reglas conjuntas Banco de México-CNBV. Requerimientos de liquidez para las instituciones de banca múltiple*. https://www.banxico.org.mx/marco-normativo/normativa-emitida-por-el-banco-de-mexico/reglas-conjuntas-requerimiento-de-liquidez-para-la/requerimientos-liquidez-202.html
- Comisión Nacional Bancaria y de Valores (CNBV) y Banco de México. *Disposiciones de carácter general sobre los requerimientos de liquidez para las instituciones de banca múltiple*. Agosto 2021; marzo 2022. https://www.cnbv.gob.mx/Normatividad/Disposiciones%20de%20car%C3%A1cter%20general%20sobre%20los%20requerimientos%20de%20liquidez%20para%20las%20instituciones%20de%20banca%20m%C3%BAltiple.pdf
- Comisión Nacional Bancaria y de Valores (CNBV) y Secretaría de Hacienda y Crédito Público (SHCP). *Criterio Contable B-6 Cartera de Crédito del Anexo 33. Disposiciones de carácter general aplicables a las instituciones de crédito*. https://www.cnbv.gob.mx/Anexos/Anexo%2033%20CUB.pdf

SEMBLANZA DEL AUTOR

Gabriel Velasco Robles es ingeniero en Electrónica por la Universidad de las Américas Puebla (UDLAP), maestro en Economía por El Colegio de México y doctor en Administración y Finanzas por el

Tecnológico de Monterrey, donde ha sido profesor de cátedra desde 1998.

Cuenta con más de 25 años de experiencia en el sistema financiero mexicano, desempeñando roles estratégicos en instituciones como BBVA, el Instituto para la Protección al Ahorro Bancario (IPAB), la Asociación de Bancos de México (ABM) y BanCoppel.

En el IPAB lideró la planeación financiera, sustituyendo el fondeo bancario con la emisión de bonos, lo que permitió reducir costos de financiamiento y fortalecer el mercado de deuda en México. Además, supervisó la estabilidad de las instituciones bancarias y participó en los primeros ejercicios de estabilidad financiera del país, anticipando riesgos asociados al seguro de depósitos.

Como director de Análisis e Información Financiera de la ABM, impulsó la estandarización y divulgación de datos bancarios. Desde el secretariado técnico de las Comisiones de Finanzas y Mercados, colaboró con autoridades financieras y bancos en la implementación de proyectos regulatorios clave para el ecosistema financiero nacional, como Basilea III e IFRS 9.

Actualmente, se especializa en estrategias para el fortalecimiento del sistema financiero, análisis de datos bancarios, comunicación financiera estratégica, criterios ESG y financiamiento sustentable.

CAPÍTULO 03

CULTURA DE CONTROL: CAMBIOS TRANSFORMACIONALES

Guillermo Pacheco González

INTRODUCCIÓN

Bajo un contexto nacional e internacional en el que el riesgo de fraude en el sector financiero es permanente, las instituciones están obligadas a evaluarlo continuamente en sus operaciones. Esto les permite diseñar e implementar controles para gestionar las amenazas. En este contexto, las organizaciones deben ser diligentes en contar con un sistema de control interno robusto que prevenga y desincentive conductas deshonestas, tanto del personal interno como externo (clientes y proveedores).

En el sector financiero no se puede concebir una sana operación en la promoción de los diversos productos sin tener en cuenta una fuerte cultura de control preventivo; esta comienza desde el alto nivel organizacional y se permea hacia el resto de la organización.

Existen marcos de control que permiten una sana operación de las instituciones financieras para promover la estabilidad del sistema bancario. Un ejemplo es el conjunto de recomendaciones emitidas por el Comité de Supervisión Bancaria de Basilea[1], que considera diversos elementos clave de la cultura de control y que, con una correcta implementación, conllevan a gestionar de una manera eficiente el riesgo de fraude desde una arista preventiva y bajo procedimientos de detección, así como con acciones de respuesta que impliquen consecuencias para el defraudador.

Elementos clave de la cultura de control bajo los principios de Basilea	
1. Seguimiento del Consejo de Administración con una participación en la supervisión de riesgos, además de ser promotor de una cultura de cumplimiento y control. 2. Establecimiento de un gobierno corporativo con estructuras sólidas que complementan al Consejo de Administración. 3. Sistemas eficaces de gestión de riesgos con lineamientos claros para identificar, medir y monitorear los riesgos. 4. Controles para mantener adecuados niveles de capital y liquidez. 5. El impulso de una supervisión efectiva en materia de cumplimiento a las regulaciones.	6. Vigilancia a través de un Área de Auditoría Interna que opere con independencia. 7. Incorporación de mecanismos para control del riesgo operacional que puede suscitarse de errores operativos por fallas en los procesos internos, sistemas, procesos manuales o en abusos asociados al factor humano. 8. Lineamientos asociados a la delimitación de acciones y controles que promuevan la continuidad del negocio. 9. Promoción de la transparencia en la divulgación de sus mecanismos de control para la gestión de riesgos, niveles de liquidez y de capital.

El marco internacional para la práctica profesional del Instituto de Auditores Internos (The IIA) define el fraude como «cualquier acto ilegal caracterizado por engaño, ocultación o violación de confianza. Estos actos no requieren la aplicación de amenaza de violencia o de fuerza física. Los fraudes son perpetrados por individuos y organizaciones para obtener dinero, bienes o servicios; para evitar pagos o pérdidas de servicios, o para asegurarse ventajas personales o de negocio»[2].

Los diversos casos de fraudes que se han suscitado en el sector financiero tienen en común una débil cultura en materia de control, en la que se observa una tendencia por promover metas de negocio sin tomar las medidas de control y sin la debida atención al riesgo operacional, lo que genera brechas de vulnerabilidad que son aprovechadas por los defraudadores y que, desafortunadamente, terminan en daños patrimoniales para las instituciones financieras y para los usuarios de los servicios financieros.

En este sentido, es vital el sistema de control interno de las instituciones financieras y la participación de los comités de auditoría respecto a la oportunidad y suficiencia de la información que se debe considerar para la implementación de un plan de gestión que prevenga el fraude. La publicación emitida por la Comisión Nacional Bancaria y de Valores (CNBV)[3] permite destacar algunas consideraciones en materia de prevención y gestión de fraudes:

- La implementación de un sistema de control interno que da a las instituciones de crédito mayor seguridad en la celebración de sus operaciones y reduce los riesgos a los que están expuestas.
- Establecer un esquema jurídico claro que determine las conductas observables para la gestión del fraude, sus alcances y obligaciones específicas da certeza jurídica, tanto para las instituciones de crédito como para la autoridad, al contar con un marco regulatorio vigente que robustezca la supervisión en materia de prevención, detección y respuesta oportuna ante la presencia de conductas observables para la gestión del fraude.

- Dictar lineamientos mínimos a través de un marco de regulación prudencial tiene como finalidad (el espíritu de la norma) que las instituciones de crédito cuenten con objetivos y lineamientos en materia de control interno que segreguen funciones, establezcan mecanismos de control de operaciones y prevean programas generales de auditoría interna y externa.
- Delimitar las conductas observables como aquellos comportamientos o conjunto de acciones realizadas de manera interna o externa, por una persona o conjunto de personas en contra del público usuario con la finalidad de obtener un lucro indebido para sí o para una tercera persona, es fundamental en el manejo de riesgos.
- Establecer un plan de gestión para la prevención del fraude es fundamental para fortalecer la seguridad y la confianza en las instituciones financieras y proteger a los usuarios frente a este tipo de actividades.

Sin dejar de considerar el cumplimiento normativo como una condición no negociable, las administraciones de las diferentes instituciones financieras deben encontrar el adecuado balance entre hacer negocio e incorporar los controles que mejor lleven a gestionar su apetito al riesgo. Para ello, uno de los grandes retos del sector financiero es lograr un equilibrio razonable entre las actividades para promover los negocios y el nivel de control adecuado para gestionar los riesgos a que está expuesta cada institución: riesgo de crédito, riesgo de cumplimiento normativo y riesgo operacional, los cuales podemos gestionar a través del «Principio de subsidiariedad del control interno» (figura 1).

Figura 1. **Principio de subsidiariedad del control interno**

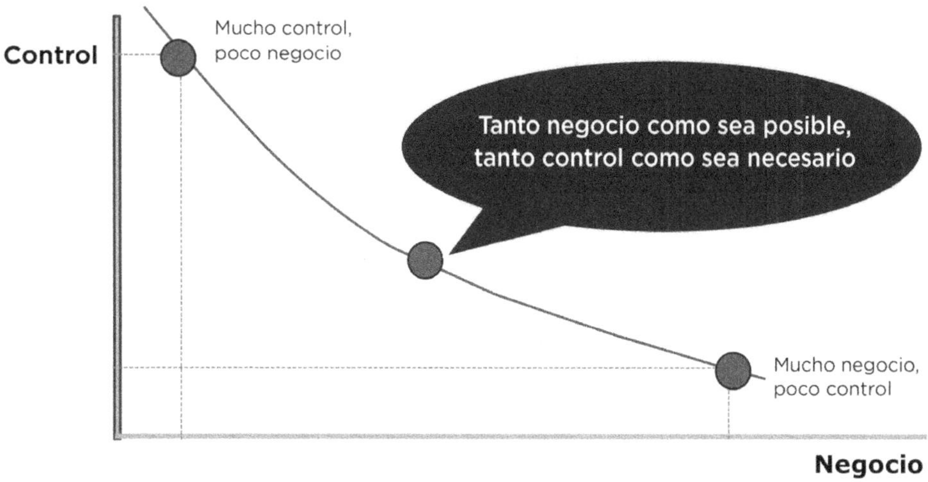

Fuente: Elaboración propia.

El seguimiento del impacto de los fraudes en el sector financiero se realiza de tal forma que la CNBV emite estos lineamientos con el fin de fortalecer el control interno en la materia, mediante el establecimiento de un esquema jurídico claro que determine las conductas observables para la gestión del fraude, sus alcances y obligaciones específicas. El objetivo es dar certeza jurídica tanto a las instituciones de crédito como a los clientes y a la autoridad, al contar con un marco regulatorio vigente que robustezca la supervisión en materia de prevención, detección y respuesta oportuna ante la presencia de conductas observables para la gestión del fraude. De esta manera, se contará con los fundamentos legales que establezcan una obligatoriedad de dar seguimiento a dichas conductas, en beneficio de la estabilidad financiera y de los usuarios de los servicios financieros.

1| DISPOSICIONES PARA LA PREVENCIÓN DE FRAUDES INTERNOS Y EXTERNOS

Con fecha 16 de junio del 2024, la CNBV modificó las Disposiciones Generales Aplicables a las Instituciones de Crédito mediante la resolución en la que se establecen los lineamientos mínimos para un plan de gestión para prevenir el fraude (en adelante plan de gestión o plan). Este se enfoca en el reforzamiento de los mecanismos de prevención de los fraudes dentro del Sistema Financiero Mexicano. Asimismo, considera (dentro de los alcances) la relevancia del sistema de control interno de las instituciones financieras y la participación de los comités de auditoría respecto a la oportunidad y suficiencia de la información que se debe considerar (figura 2).

Figura 2. **Marco para la gestión del plan para la prevención del fraude**

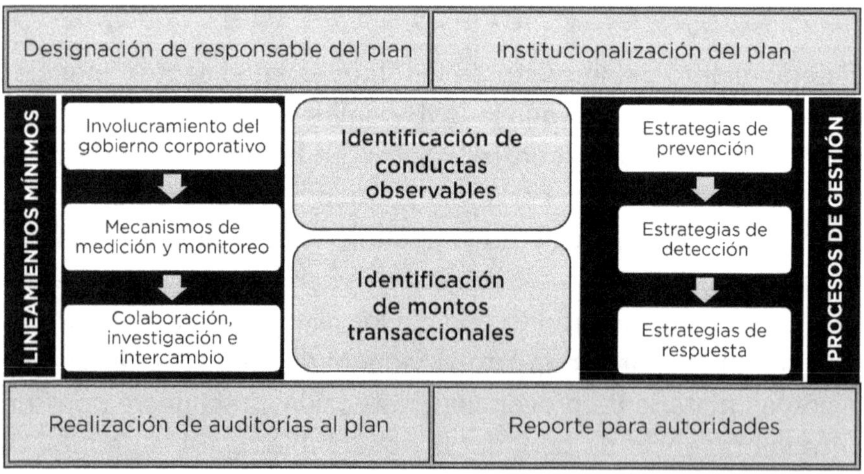

Fuente: Elaboración propia.

Como antecedente a estas disposiciones se encuentra la Guía para la Gestión del Riesgo de Fraude[4], emitida en marzo de 2023 por la Asociación de Examinadores de Fraude Certificados (ACFE, por sus siglas en inglés) y el Committee of Sponsoring Organizations of the Tradeway Commission (COSO). En esta se cubren diversos elementos que debe considerar un programa para gestionar el riesgo de fraude, partiendo del Principio 8 de COSO Control Interno, que señala la necesidad de que las organizaciones consideren los riesgos potenciales en su evaluación de riesgos para el logro de objetivos. Los puntos que debe tener en cuenta dicho programa son los siguientes:

a. Establecer políticas de gestión sobre el riesgo de fraude como parte del gobierno corporativo.
b. Implementar evaluaciones sobre el riesgo de fraude.
c. Diseño e implementación de actividades de control para prevenir y detectar el fraude.
d. Conducción de investigaciones.
e. Monitoreo y evaluación total del programa para gestionar el riesgo de fraude.

La normatividad establece que el plan de gestión deberá contener los lineamientos, procesos, políticas y criterios para la prevención, detección y respuesta oportuna de las conductas observables para la gestión del fraude. Asimismo, define al plan de gestión como el documento que contiene el conjunto de lineamientos, metodologías de análisis y acciones mínimas que establecen la estrategia, procesos operativos y los proyectos de las instituciones para llevar a cabo la identificación, medición, monitoreo y atención a las conductas observables para la gestión del fraude, así como a la prevención, detección, respuesta oportuna y resarcimiento monetario del daño al público usuario derivados de estas.

1.1 Identificación de conductas observables

La autoridad enlista seis tipos de conductas observables para la gestión del fraude, de las cuales se espera que las instituciones financieras actúen con la implementación de medidas para manejar su probable presencia, tomando en cuenta que estas conductas se pueden manifestar de manera interna (por al menos un empleado de la institución) o externa (realizadas exclusivamente por parte de uno o varios terceros):

- Suplantar o usurpar la identidad de usuario.
- Suplantar la identidad de la propia institución.
- Robar datos personales e información financiera del usuario.
- Usar información privilegiada de usuarios (por empleados de las instituciones).
- Alterar cheques y emitir cheques falsos.
- Instalar un código malicioso capaz de alterar las operaciones monetarias.

1.2 Identificación de montos transaccionales del usuario

La aplicación rigurosa de procedimientos de conozca a su cliente (KYC) asegura que las instituciones validen adecuadamente la identidad de sus usuarios y monitoreen sus transacciones para detectar comportamientos sospechosos. En ese sentido, la institución deberá proveer lo necesario para que sus usuarios establezcan el *monto transaccional del usuario,* empleando cualquier factor de autenticación determinado por la institución, ya sea en medios electrónicos o mediante firma en oficinas bancarias, previa identificación del cliente.

La metodología y procedimiento para su determinación deberá documentarse en el plan de gestión. Las instituciones podrán utilizar el monto transaccional del usuario como insumo para la detección y prevención de eventos que se aparten de los parámetros de uso habitual de sus usuarios.

En el caso de que el usuario no establezca un monto transaccional, la institución deberá establecerlo de conformidad con el historial de operaciones monetarias del usuario, o bien, considerando los perfiles de transacción de otros usuarios con características similares en un plazo no mayor a seis meses a partir de la celebración del contrato referido.

Una vez determinado el monto transaccional del usuario, se le deberá enviar para su conocimiento a través de un medio que permita comprobar su recepción, y surtirá sus efectos al día siguiente de su notificación. Las instituciones deberán permitir a sus clientes modificar el monto a través de medios electrónicos de manera no presencial o mediante firma en las oficinas bancarias. Cuando la modificación se realice de la primera forma, se requerirá de al menos dos factores de autenticación de los referidos en las disposiciones normativas (artículo 310 de Circular Única para Bancos), los cuales deberán ser de categoría distinta.

Lo establecido en esta normatividad respecto al monto transaccional no será aplicable a las cuentas bancarias de nivel 1 ni a sus servicios, créditos y tarjetas de débito o crédito asociadas a dichas cuentas.

1.3 Lineamientos mínimos del plan de gestión para la prevención del fraude

La regulación toma en cuenta elementos como el gobierno corporativo, la medición y monitoreo de las conductas observables para la gestión del fraude, así como la colaboración, investigación e intercambio de información a través de diferentes conductos y acciones.

Gobierno corporativo

Debe respaldar los principios para la gestión de las conductas observables para el manejo del fraude a través de las expectativas, seguimiento y compromisos del Consejo de Administración y de la Dirección General, respecto a su compromiso con los valores éticos para la atención de dichas conductas.

Como lo señalan George A. Bartsiotas y Gopinatham Achamkulangare en su informe de *Prevención y detección del fraude y respuesta a él en las organizaciones del sistema de las Naciones Unidas*[5], marcar la pauta desde arriba y crear una sólida cultura de oposición al fraude son factores fundamentales para mitigarlo.

En dicho informe, se establece que la eficacia de las actividades de lucha contra el fraude dependerá de la existencia de una política amplia y de una estructura de gobernanza que asigne claramente la responsabilidad y la obligación de rendir cuentas respecto a su prevención y detección, así como la respuesta a este y que forme parte del marco de rendición de cuentas de la organización.

En este sentido, la norma internacional de auditoría NIA 240[6], destacan al consejo de administración y a la dirección general como los principales responsables de la prevención y detección del fraude. Indica que se debe buscar la implementación de medidas que permitan persuadir cualquier acto de comisión de fraudes a través de acciones que aumenten la probabilidad de que estos sean detectados y sancionados. Esto implica la necesidad de crear una cultura de honestidad y comportamiento ético en las organizaciones, que sea reforzada con acciones de supervisión activa por parte de los responsables del gobierno corporativo. La supervisión debe considerar la posibilidad de que los controles sean eludidos.

Consejo de Administración

Se requiere del involucramiento del Consejo de Administración para que, una vez aprobados los objetivos del sistema de control interno, se asegure que el código de conducta incorpore lineamientos que detallen las obligaciones relativas a la confidencialidad de la información de la institución, otras entidades o sus usuarios, así como las conductas internas observables para la gestión del fraude y sus sanciones correspondientes, aplicadas por la institución, especificando que estas últimas son independientes de aquellas impuestas por las autoridades judiciales correspondientes.

Director general

La Dirección General, supervisada por los responsables del gobierno de las instituciones financieras, debe poner especial atención en las medidas y estrategias para la prevención del fraude, de manera que se desincentive y reduzca la probabilidad de que se concreten. En este sentido, el director general de la institución debe:

- Aprobar el plan de gestión para la prevención del fraude e informar al Consejo respecto del contenido de dicho plan, así como contar con evidencia de su implementación desde su preparación y elaboración.
- Garantizar que se realicen evaluaciones para identificar los esquemas de las conductas observables para la gestión del fraude, estimando su probabilidad e importancia y las actividades de control de dichas conductas existentes.
- Implementar y evaluar mediante auditoría interna los programas anuales de capacitación y concientización en materia de seguridad de la información, dirigidos a todo el personal y al usuario de los servicios financieros.
- Monitorear la revisión, al menos una vez al año, para que se garantice que la estrategia puede contribuir a un enfoque de respuesta a conductas observables para la gestión del fraude. Cada una de las unidades de negocio debe llevar a cabo pruebas y revisiones basadas en los controles que pudieron haber fallado.

Seguimiento de los funcionarios y empleados

Si bien la autoridad deja clara la participación del Consejo de Administración y del director general, la normatividad establece también la relevancia de que se incorporen los requisitos para que los funcionarios y empleados alcancen las metas y el buen desempeño en la atención de conductas observables para la gestión del fraude, a través de la vigilancia y documentación del cumplimiento de dichas metas.

En este sentido, como parte de los mecanismos de control, se observa la importancia de definir en los respectivos manuales de políticas y procedimientos, los roles y responsabilidades del personal de la infraestructura tecnológica en materia de seguridad de la información de la institución por medio de la medición y monitoreo de las conductas observables para la gestión del fraude, así como de la colaboración, investigación e intercambio de información.

Respecto a la medición y monitoreo, una vez que la Dirección General de la institución establezca mecanismos que garanticen la realización de evaluaciones para identificar los esquemas de las conductas observables para la gestión del fraude, las disposiciones establecen la responsabilidad de que los resultados de esas evaluaciones sean utilizados para retroalimentar y fortalecer el diseño del sistema de gestión de riesgos de la institución.

Asimismo, se reitera la relevancia de actuar de manera institucional a través de la definición y comunicación de políticas donde se establezca claramente el compromiso del Consejo y de la Dirección General para la atención de las conductas observables para la gestión del fraude.

En cuanto a la colaboración, investigación e intercambio de información, nuevamente la regulación reitera la relevancia de una actuación institucional para hacer frente al riesgo de fraude, por medio de la implementación de manuales de políticas y procedimientos con procesos de comunicación y para la ejecución de investigaciones internas. La colaboración entre bancos, *fintechs*, reguladores y organismos internacionales es clave para detectar tendencias emergentes de fraude y compartir información sobre amenazas.

Igualmente, se enfatiza la importancia de contar con sistemas de control interno que garanticen un enfoque coordinado para llevar a cabo investigaciones apropiadas, respuestas oportunas y la atención de las denuncias de conductas observables para la gestión del fraude, ya sea que se trate de sospechas o de hechos confirmados.

1.4 Procesos del plan de gestión para la prevención del fraude

Los lineamientos mínimos para el plan de gestión para la prevención del fraude deben contener mecanismos y estrategias de control preventivo, detección y respuesta a las conductas observables para la gestión del fraude, reiterando que dichos procesos deben realizarse y estar debidamente documentados (figura 3).

La prevención se enfoca en la aplicación de un conjunto de medidas que las instituciones de crédito o sus usuarios deben tomar para evitar ser víctimas de la comisión de este delito. Para un sistema de prevención integral del riesgo de fraude se considera la importancia de incorporar lineamientos y mecanismos de control de las conductas observables en la cultura ética, así como en la capacitación y concientización tanto interna como externa.

Figura 3. **Lineamientos mínimos para la prevención del fraude**

Fuente: Elaboración propia.

Cultura ética

Si bien queda clara la necesidad de contar con un código de ética que contenga normas acordes con la legislación vigente y demás disposiciones legales aplicables con las sanas prácticas y usos bancarios, la disposición establece que las instituciones financieras deben asegurarse de incorporar lineamientos que detallen las obligaciones relativas a la confidencialidad de la información de la institución, otras entidades, o sus usuarios, así como las conductas internas observables para la gestión del fraude y sus sanciones correspondientes aplicadas por la institución, especificando que estas últimas son independientes de aquellas impuestas por las autoridades judiciales correspondientes.

En ese sentido, la debida diligencia en la preselección de personal y de terceros es decisiva para reforzar las medidas de lucha contra el fraude. Por ello, las instituciones deben contar con mecanismos para que las diversas actividades se lleven a cabo únicamente por el personal definido previamente y, en su caso, autorizado de conformidad con la estructura organizacional de cada institución.

Además de que el personal debe contar con la calidad técnica y la experiencia necesaria, también se considera el factor de la honorabilidad, por lo que se deberá efectuar una evaluación, al menos una vez cada tres años; esta debe estar documentada y disponible en todo momento para la comisión durante cinco años, como mínimo. Estas medidas, una vez implementadas, deben hacerse del conocimiento del Consejo.

Capacitación y concientización

Es importante que el personal de las instituciones financieras esté capacitado para identificar amenazas, reconocer intentos de fraude y responder de manera efectiva a incidentes de seguridad. Considerando que una fuerza de trabajo capacitada para la lucha contra el fraude es el mejor aliado en este combate[7], la capacitación en esta contienda es un factor importante para fomentar la concienciación sobre el fraude y una cultura de oposición a este en una organización.

Por lo mismo, las instituciones deben garantizar que su personal esté capacitado regularmente en las últimas técnicas de prevención de fraudes y en el manejo adecuado de las nuevas herramientas de seguridad. Se considera prioritario mantener una capacitación continua en riesgos de ciberseguridad.

La normatividad señala la necesidad de implementar y evaluar, mediante auditorías internas, los programas anuales de capacitación, así como los de concientización en materia de seguridad de la información dirigidos a todo el personal y al usuario, incluyendo, en su caso, a terceros que le presten servicios relacionados con los medios a través de los cuales se pueden cometer conductas observables para la gestión del fraude. Estos programas deben contemplar, entre otros aspectos, los roles y responsabilidades que los usuarios de la infraestructura tecnológica tengan al respecto.

En cuanto a la capacitación y concientización externa, las instituciones deben tomar acciones encaminadas a proteger al público usuario a través de acciones de promoción con campañas informativas, pero también con una estrategia de capacitación bajo la cual las instituciones deben desarrollar un programa de capacitación anual al público usuario para prevenirlo de que sea víctima de las conductas observables.

Figura 4. **Capacitación y concientización externa**

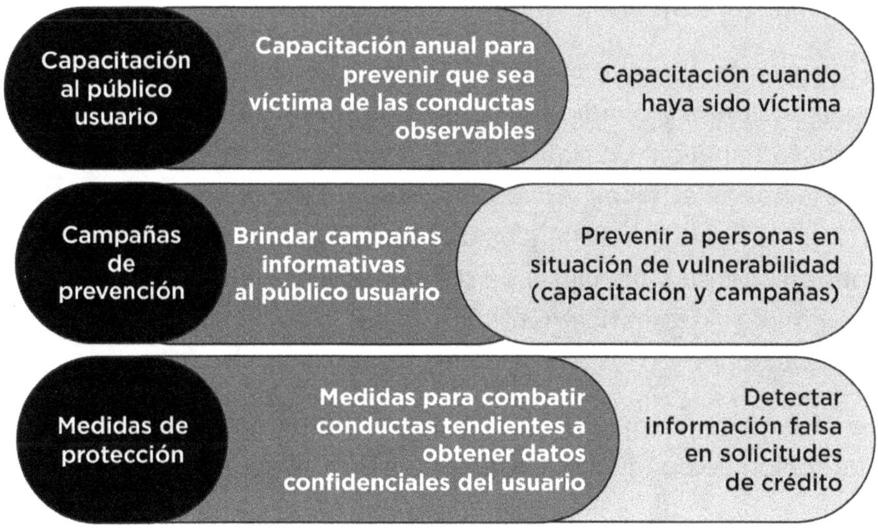

Fuente: Elaboración propia.

Las instituciones financieras deben educar a sus clientes sobre las amenazas del fraude (como el *phishing,* el SIM *swapping* o los esquemas de inversión fraudulentos) y sobre cómo protegerse. Adicionalmente, se vuelve vital mantener a los clientes informados sobre nuevos riesgos, así como ofrecerles recomendaciones prácticas para proteger sus cuentas y datos personales.

El *Reporte de las Naciones,* emitido por ACFE en 2024, señala que entender los métodos más comunes para detectar la comisión de los fraudes es crítico para identificar e interrumpir sus esquemas, así como su impacto y duración[8].

Estrategias y elementos enfocados en la detección de conductas observables para la gestión del fraude

Con la claridad de que el fraude en el sector financiero ha evolucionado con los avances de la tecnología, las instituciones deben tener presente la necesidad de implementar estrategias robustas para detectar operaciones encaminadas a la materialización de fraudes. Dentro de las estrategias se deben considerar las que están basadas en las tecnologías de información, ya que permiten automatizar de manera eficaz la detección.

Es relevante que se establezcan parámetros que ayuden a señalar transacciones y conductas potencialmente fraudulentas, que se ejecuten análisis de datos que permitan identificar anomalías y operaciones atípicas, así como desarrollar modelos predictivos sobre los riesgos potenciales de fraude. Igualmente, se deben tomar en cuenta los análisis de redes sociales para detectar casos, analizando sistemáticamente los vínculos entre las personas y las transacciones.

La regulación incorpora los siguientes elementos enfocados en la detección de conductas observables para la gestión del fraude:

Sistemas y controles	Que permitan detectar anomalías y operaciones que se aparten del monto transaccional del usuario o posibles actividades fraudulentas.
Modelos, sistemas de monitoreo o informes	Para detectar y alertar sobre actos fraudulentos en todas las líneas de negocios como son de manera enunciativa, mas no limitativa, informes de excepción, informes de mantenimiento de archivos, procesos de vigilancia de empleados, monitoreo de cuentas, control de accesos al sistema, patrones y anulaciones.
Sistemas automatizados de alertamiento a los usuarios	El objetivo es detectar operaciones que se aparten del monto transaccional del usuario y de los parámetros basados en el consumo y la localización de operaciones monetarias generadas por este, de tal forma que se pueda detectar el inicio de operaciones e intentos fallidos, los cuales deben ser documentados en manuales para la gestión de alertas. Se trata de garantizar un nivel mínimo de calidad para proteger las operaciones del público usuario de los servicios financieros.
Diseñar indicadores operativos	El objetivo es contar con parámetros para observar conductas anómalas.
Analizar datos de pérdidas	Se pueden considerar transacciones, cancelaciones, reclamaciones monetarias, errores y datos de quejas del público usuario, con la finalidad de detectar posibles hechos de comisión del delito de fraude.
Incorporar canales internos y sistemas de informes	Se trata de establecer los mecanismos para que los empleados puedan denunciar de manera anónima conductas observables para la gestión del fraude.

Una vez que una conducta de fraude es identificada, las instituciones financieras deben contar con políticas, procedimientos y mecanismos que ayuden a dar una respuesta de manera apropiada; sin embargo, como lo establecen Bartsiotas y Achamkulangare en su informe de prevención y detección del fraude, es relevante que la administración refleje determinación y voluntad para dar un seguimiento a los resultados de las investigaciones, así como a los dictámenes de auditoría forense que se emitan, de tal forma que se adopten medidas para sancionar a los responsables tanto interna como externamente. Sin la aplicación efectiva de medidas disciplinarias para los funcionarios internos ni acciones legales en contra de defraudadores externos, el plan de gestión del fraude no podrá tener la eficacia esperada.

A continuación, se muestran los elementos que establece la Normatividad Bancaria para dar una debida respuesta al fraude:

a. Investigar todos los casos de las conductas observables para la gestión del fraude, para determinar hechos e identificar riesgos y debilidades de control.
b. Establecer procedimientos documentados y aprobados por la Dirección General que rijan la investigación de casos reales o sospechas de conductas observables para la gestión del fraude. Estos procedimientos deben designar al personal responsable de supervisar y llevar a cabo la investigación, además de establecer normas relativas al procedimiento de la investigación como las que rigen la realización de entrevistas y el tratamiento de las pruebas o evidencias, así como de las personas involucradas y el informe de los resultados.
c. Informar al Consejo todos los eventos relevantes de las conductas observables para la gestión del fraude, a través de la persona titular o responsable del área encargada de prevención de fraudes, definiendo su relevancia en el propio plan de gestión para la prevención; en dicho plan se deberá establecer la periodicidad con la que se informará al Consejo.

d. Registrar todos los hechos determinados como comisión del delito de fraude por las autoridades competentes y analizarlos para mejorar el plan de gestión para la prevención. Los eventos concluidos y sus análisis a la fecha de aprobación del plan de gestión deberán formar parte de este como un anexo, agrupando por casuística del delito de fraude y describiendo cómo se llevaron a cabo. Si fuera el caso, qué medidas de control fallaron y los ajustes o nuevas medidas que se implementaron para prevenir el fallo nuevamente.
e. Establecer indicadores para el seguimiento de conductas observables para la gestión del fraude. Los indicadores y su seguimiento con corte a la fecha de aprobación del plan de gestión para la prevención deberán formar parte de este como un anexo.
f. Establecer un canal de comunicación interbancario:
    - Para compartir la información relativa a la casuística y las posibles personas físicas, empleadas de las instituciones, que cometieron conductas observables para la gestión del fraude interno, solo en caso de que la infracción respecto al código de conducta de las instituciones esté documentada.
    - Para intercambiar información con otras instituciones de crédito cuando tengan alertamientos, incluyendo reclamaciones monetarias de sus clientes por presuntas actividades fraudulentas realizadas por personas físicas o morales que involucren a más de una institución, así como las acciones que llevarán a cabo para colaborar entre ellas para evitar la materialización de un delito. También servirá para comunicar los comportamientos y tendencias del delito de fraude detectadas dentro del sistema financiero, datos y la documentación necesaria para la resolución de reclamaciones monetarias recibidas por el público usuario.

Figura 5. **Elementos de respuesta al fraude**

Fuente: Elaboración propia.

1.5 Elementos adicionales del plan de gestión para la prevención del fraude

Entre los elementos adicionales de la normatividad bancaria se destaca la designación de un responsable para la gestión del fraude, la institucionalización de la gestión, además de la práctica de auditorías y el reporteo a la autoridad.

La Dirección General o algún funcionario dentro de los dos niveles jerárquicos inferiores al director general, que no pertenezcan al Área de Negocios o Auditoría y no sea el responsable de prevención de fraudes, podrá designar al responsable del plan. Una vez que se dio a conocer el plan al Consejo se deberá dejar constancia en actas y la institución deberá remitirlo a la vicepresidencia de la comisión encargada de su supervisión, a más tardar, el último día hábil de enero de cada año. El acta o la certificación emitida por el secretario o prosecretario en los que conste la presentación del plan deberá incluirse como anexo del documento que se envíe a la comisión.

En cuanto a la gestión, cada proyecto que forme parte del plan debe cumplir con un conjunto de elementos que permitan su correcta implementación:

I	Requisitos de definición	Nombre del proyecto, objetivo y estrategias definidas para lograrlo.
II	Requisitos de dimensionamiento	Alcance, fechas de inicio y conclusión; plazos y periodicidad para su ejecución.
III	Requisitos de interdependencia	Áreas involucradas y especificación detallada de las responsabilidades.
IV	Delimitación de recursos	Inversión proyectada, detalle de acciones y actividades realizadas y por realizar; recursos técnicos, materiales y humanos empleados.

Se debe considerar que las instituciones deben contar con evidencia documentada de la implementación de cada proyecto que conforma el plan de gestión para la prevención del fraude, la cual debe ser conservada y estar disponible para la comisión por un periodo de al menos cinco años.

Además, se establece la necesidad de que el plan sea verificado cada dos años mediante auditorías internas y externas de manera alternada para determinar su efectividad y debilidades, estableciendo recomendaciones para la mejora continua que tomen en cuenta los hechos identificados que representaron la comisión de fraudes, y a partir de ello se haga el seguimiento de las acciones correctivas implementadas por las áreas o funciones para atender dichas recomendaciones. El informe de cada auditoría formará parte de plan de gestión para la prevención del fraude como anexo.

El plan también debe considerar esquemas de reporte que contengan aspectos cuantitativos y cualitativos respecto a las reclamaciones y actividades sospechosas. En este sentido, la normatividad especifica la información que deben reportar las instituciones financieras a la autoridad sobre reclamaciones monetarias derivadas de operaciones activas y pasivas, señalando el canal transaccional de la operación y ajustándose a las características y especificaciones que, para efectos de llenado y envío de información, se presentan en los instructivos de llenado, los cuales se publican y actualizan en el Sistema Interinstitucional de Transferencia de Información (SITI) o en el que dé a conocer la CNBV.

1.6 Protocolos ante operaciones por arriba del monto transaccional

Una vez que la institución ha establecido el monto transaccional, deberá monitorear los movimientos y dar seguimiento a cualquier operación por arriba del límite establecido para cada cliente a través de diferentes medios y protocolos.

Medio transaccional	**Protocolo que seguir**
Operación monetaria realizada a través de los servicios de banca por internet, banca telefónica voz a voz, banca telefónica audio respuesta y banca móvil sea mayor al monto transaccional del usuario.	Requerir un factor de autenticación adicional a los establecidos en las disposiciones normativas (Artículo 310 de la CUB), solicitado a través de mensajería instantánea con protocolos de cifrado, vía telefónica o correo electrónico con protocolos de cifrado.
Operación monetaria realizada a través de servicios distintos a banca móvil.	Requerir el factor de autenticación adicional mediante una confirmación de celebración de la operación monetaria a través de los servicios de banca móvil, previo a que se ejecute.

Por lo que refiere a la vigilancia del monto transaccional de los clientes, las entidades financieras deben fortalecer sus sistemas de monitoreo, de manera que tengan la capacidad de detectar en tiempo real transacciones inusuales o sospechosas que tienen la obligación de reportar de manera inmediata a la CNBV.

1.7 Preguntas clave para la elaboración del plan de gestión para la prevención del fraude

Este apartado reúne un conjunto de cuestionamientos que tienen el objetivo de reforzar el plan de gestión para la prevención del fraude en apego a la normatividad bancaria.

- ¿Existe un plan anual estratégico para gestionar el riesgo de fraude? ¿Dicho plan ha sido presentado al Consejo de Administración?
- ¿Mi institución cuenta con políticas y procedimientos formales para prevenir, detectar y reportar fraudes?
- ¿Las políticas y procedimientos tienen controles robustos alineados a mejores prácticas internacionales?
- ¿Se cuenta con un inventario actualizado de los riesgos de fraude que pueden impactar a la organización?
- ¿La organización tiene herramientas para prevenir un fraude tecnológico? En especial, ¿tiene mecanismos para detectar intentos de fraude con inteligencia artificial generativa y en tiempo real?
- ¿Se llevan a cabo evaluaciones recurrentes para dimensionar el grado de riesgo de fraude al que está expuesta la institución considerando la naturaleza de sus operaciones, productos y servicios, así como canales de distribución y riesgos de fraude tecnológico?
- ¿Existen programas de capacitación que concienticen a las diferentes áreas de la organización sobre los riesgos de fraude a los que pueden estar expuestos y cómo prevenirlos?

- ¿Se cuenta con sistemas y procedimientos de monitoreo e investigación que permitan la detección temprana de actividades sospechosas?
- ¿Los incidentes de fraude son escalados a la alta dirección?
- ¿La organización aplica medidas correctivas y sanciones cuando identifica a los responsables de actividades fraudulentas?

2| TECNOLOGÍA ¿EL NUEVO EQUILIBRIO?

El riesgo de fraude ha evolucionado desde ataques simples y físicos a fraudes extremadamente sofisticados impulsados por avances tecnológicos en un mundo cada vez más digital. El sector financiero no ha sido la excepción, incluso cuando se ha apoyado de la tecnología para el crecimiento de sus servicios financieros digitales se ha visto afectado por la tecnología avanzada de la que hacen uso los cibercriminales.

Para minimizar las amenazas, las instituciones financieras deben adaptarse constantemente a este entorno y estar a la vanguardia con inversiones en nuevas tecnologías de ciberseguridad, capacitación del personal y cooperación internacional.

Además, ante la participación operativa a nivel transnacional de la delincuencia organizada, las autoridades e instituciones financieras a nivel nacional se han visto obligadas a fomentar la cooperación para compartir información relevante sobre amenazas y tendencias para fortalecer la capacidad de respuesta ante fraudes transfronterizos.

En este tema resalta la referencia que nos brinda la Guía de Auditoría de Tecnología Global (GTAG 13) respecto a los avances tecnológicos, los cuales permiten cada vez más que las organizaciones implementen controles automatizados para prevenir y detectar el fraude. Asimismo, gracias a la tecnología, las organizaciones pueden pasar de técnicas estáticas o periódicas de supervisión de fraude, como los controles de detección, a técnicas de supervisión de fraude continuas en tiempo real que ofrecen el beneficio de realmente evitar que el delito se cometa[9].

2.1 Riesgos de tecnología avanzada

El riesgo de fraude en el sector financiero ha tenido una transformación a medida que los cambios tecnológicos se han suscitado. Ciberataques, códigos maliciosos, vulnerabilidades, ingeniería social sofisticada son ejemplos de los métodos que utilizan los defraudadores con objeto de obtener ilícitamente los recursos de las instituciones financieras y de los usuarios de sus servicios. Para poder establecer estrategias de prevención ante los riesgos de fraude emergentes, es necesario que las instituciones financieras tengan el conocimiento y la debida comprensión de las tipologías existentes. En esta sección se enlistan algunas de estas clasificaciones.

I. Fraudes con el uso de inteligencia artificial y *machine learning*

- Aprovechamiento de la inteligencia artificial (IA) para automatizar fraudes dirigidos a cada persona o empresa, ejecutando ataques a vulnerabilidades específicas con acciones de suplantación de identidad o ingeniería social basados en el análisis de grandes cantidades de datos personales, lo que les permite realizar ataques más dirigidos y efectivos.
- Uso de *deepfakes* y tecnologías de generación de voz y video falsos que permiten a los atacantes simular la identidad de ejecutivos o clientes en tiempo real, logrando con engaños corporativos fraudes más sofisticados en transacciones financieras.

II. Fraudes en el entorno de criptomonedas y finanzas descentralizadas (DeFi)[10]

- Los contratos inteligentes en las plataformas DeFi son vulnerables si no son programados correctamente para evitar que los *hackers* puedan explotar fallas en el código y desviar fondos o realizar ataques de drenaje de liquidez.

- *Phishing* en criptomonedas. Los fraudes son dirigidos mediante ataques de suplantación de billeteras.
- En plataformas como *blockchain* (cadena de bloques) existe el riesgo de fraude de identidades digitales con ciberdelincuentes que roban claves privadas o manipulando identidades digitales.

III. Fraudes híbridos que combinan tecnologías tradicionales y nuevas

- La proliferación de datos en redes sociales y la falta de conocimiento sobre los riesgos de publicar información personal en estas, facilita a los delincuentes crear perfiles detallados de las víctimas, dando pie a fraudes que combinan ingeniería social, suplantación de identidad y vulnerabilidades digitales.
- Los criminales combinan métodos tradicionales (como llamadas telefónicas o correos físicos) con métodos digitales avanzados, como *phishing* o *malware,* para orquestar ataques más complejos.

IV. Riesgo con el internet de las cosas (IoT)

- El uso del IoT (por sus siglas en inglés) para la operación de servicios financieros como los pagos a través de dispositivos inteligentes, representa más puntos de entrada para los cibercriminales; los asistentes virtuales, *smartwatches* o vehículos conectados podrían ser explotados para obtener acceso a información financiera.
- Los delincuentes pueden secuestrar y exigir rescate por el desbloqueo de acceso a dispositivos IoT conectados a sistemas financieros o comerciales, y también amenazar con el mal uso de la información financiera.

V. Evolución de los fraudes en banca digital y pagos móviles

- Los estafadores aprovechan la rapidez de las transacciones irrevocables en sistemas de pagos instantáneos para cometer fraudes antes de que puedan ser detectados. Aplican manipulación emocional para que las víctimas actúen rápidamente y los fondos los mueven de la misma manera entre cuentas para dificultar su rastreo. Esto se llama fraude en pagos en tiempo real (RTP).

- Las plataformas que combinan múltiples servicios financieros (banca, seguros, inversiones) en un solo ecosistema digital, pueden ser un objetivo atractivo para los delincuentes. Las brechas de seguridad en estas aplicaciones integradas podrían permitir el acceso a diversos servicios financieros a la vez.

VI. Ciberataques dirigidos a infraestructura financiera

- Uso del *ransomware* para realizar extorsión financiera. Prevalecen los ataques a las instituciones financieras con ingeniería social para poder colocar un *ransomware* empezando por realizar *phishing* o *spear phishing* fingiendo ser clientes, socios comerciales o proveedores. Con el *ransomware* instalado, los atacantes secuestran datos críticos y exigen rescates para liberarlos.
- Ataques a infraestructuras financieras clave como los sistemas de compensación y liquidación de pagos, mercados bursátiles y otros componentes, buscando desestabilizar mercados o interrumpir transacciones financieras.

VII. Fraudes en el metaverso

- El fraude en la valoración de activos virtuales, como bienes raíces digitales, será un nuevo desafío con delincuentes aprovechando la falta de regulación y control sobre estos mercados emergentes.
- A medida que el metaverso se desarrolle y las transacciones financieras dentro de mundos virtuales crezcan, surgirán nuevas formas de fraude como estafas relacionadas con la compra de activos virtuales, robos de identidad en entornos virtuales y fraudes en los intercambios de bienes digitales.

2.2 Uso de tecnología avanzada como mecanismo de defensa

Tomando en consideración la evolución de los procesos digitales y las facilidades que permite la tecnología a través de la inteligencia artificial generativa, las instituciones financieras deben implementar procesos más rigurosos para la identificación y verificación de sus clientes, utilizando tecnologías avanzadas como biometría y análisis de patrones de comportamiento. La colaboración internacional y la regulación más estricta para el uso de tecnologías emergentes como *blockchain* y la IA serán esenciales para mitigar estos riesgos.

Buscando atender no solo el cumplimiento normativo, sino bajo una consigna de ataque al riesgo de fraude en constante evolución, las instituciones financieras deben establecer requisitos más estrictos para la validación de la identidad en línea. Algunas medidas que permiten proteger a los usuarios de los servicios financieros y que, a su vez, fortalecen la resiliencia del sistema financiero mexicano ante el aumento de riesgo de fraudes en un ambiente digital, pueden ser las siguientes:

a. Reforzar los controles de autenticación de sus clientes con factores más robustos ante la posibilidad de fraudes con el uso de inteligencia artificial generativa.
b. Incorporar la autenticación multifactorial para transacciones sensibles.
c. Incentivar el uso de IA y el análisis de *bigdata* para predecir y prevenir actividades fraudulentas.
d. Adoptar tecnologías como *blockchain* para garantizar la integridad y transparencia en las transacciones.

Prevenir el fraude en el sector financiero moderno requiere una combinación de tecnología avanzada, políticas de seguridad efectivas y la colaboración entre instituciones, reguladores y clientes. En las siguientes páginas se presentan algunas medidas que las instituciones financieras deben considerar en sus procedimientos de prevención contra el fraude.

Inteligencia artificial y *machine learning*

Complementando la normativa referente a mejorar el monitoreo como parte del combate al fraude, estas herramientas permiten detectar patrones anómalos en transacciones en tiempo real, facilitando la identificación de actividades fraudulentas. Los sistemas basados en IA pueden aprender de los comportamientos de los usuarios para diferenciar entre transacciones legítimas y sospechosas.

Algunos ejemplos de herramientas, mecanismos y prácticas de prevención son:

- Sistemas de monitoreo que analicen las transacciones en tiempo real para detectar movimientos inusuales. Esto incluye la detección de transacciones de gran valor y transferencias internacionales.
- Modelos de detección de anomalías enfocados en patrones de comportamientos inusuales en las transacciones.
- Sistemas de alerta temprana que notifiquen de manera automática tanto a la institución como a los clientes sobre posibles actividades sospechosas, permiten una reacción rápida y evitan que el fraude se materialice.
- Análisis de comportamiento del usuario para evaluar datos como la velocidad de la escritura, movimientos del ratón, gestos en los dispositivos móviles.
- Sistemas de puntuación de riesgo en tiempo real que evalúen el grado de riesgo de una transacción asignando una puntuación, a efecto de bloquear o autorizar transacciones de manera automática.
- Análisis de texto para atacar intentos de fraude de *phishing* a través del procesamiento de lenguaje natural.
- Sistemas de análisis de redes sociales y *deep learning*, los cuales consideran patrones de conexión entre cuentas o dispositivos para detectar redes de fraude.

- Modelos de revisión automática de solicitudes de crédito diseñadas para identificar inconsistencias en los datos o patrones comunes, generando alertas en solicitudes con características fraudulentas.
- Automatización de respuestas a incidentes de fraude a través de la IA como el congelamiento de cuentas o solicitar medidas reforzadas de autenticación.
- Análisis de sentimiento en atención al cliente con aplicativos que evalúan el tono, lenguaje e interacciones del cliente para identificar posibles situaciones de fraude.
- La tecnología de cadenas de bloques puede mejorar la seguridad de las transacciones financieras proporcionando transparencia y eliminando intermediarios, lo que reduce el riesgo de fraude en los procesos. Aunque *blockchain* es inherentemente segura, el monitoreo de transacciones en busca de patrones sospechosos es fundamental para prevenir el uso indebido de criptomonedas en actividades ilícitas.
- Mecanismos de ciberseguridad más robustos que incluyan cifrado avanzado para garantizar que todos los datos financieros y personales se encuentren encriptados, tanto en tránsito como en reposo, y prevenir así el acceso no autorizado.
- Pruebas de penetración y simulaciones de ataque.
- Actualización constante de *software* y parcheo de vulnerabilidades de manera inmediata.
- Fomentar el uso de gestores de contraseñas, tener contraseñas fuertes y hacer un cambio regular de estas es fundamental para reducir el riesgo de fraudes.
- Implementar controles internos para separar funciones críticas dentro de la institución financiera (como la autorización y ejecución de transacciones) para minimizar el riesgo de fraudes internos.

Medidas contra el fraude en identidad digital

En un entorno cada vez más digital es necesario que todas las plataformas financieras utilicen tecnologías avanzadas para autenticar a los usuarios, evitando fraudes por suplantación de identidad. No solo se trata de cumplir con las medidas de verificación de identidad que establece la norma, sino de estar atentos a la evolución de las técnicas de los defraudadores y robustecer los controles de verificación de los usuarios, estableciendo requisitos más específicos. Esto se puede lograr a través de:

- Autenticación multifactorial (MFA). Requiere que los usuarios verifiquen su identidad mediante varios métodos como contraseñas, huellas dactilares o códigos temporales enviados al móvil, reduciendo la posibilidad de acceso no autorizado. Se puede pasar de un modelo 2FA a un modelo 3FA o bien agregando tókenes dinámicos.
- Biometría avanzada. El uso de la biometría (reconocimiento facial, huellas dactilares, voz, iris) para la verificación de identidad proporciona un nivel de seguridad adicional, dificultando que los delincuentes suplanten la identidad de los usuarios. Se puede incrementar el esquema preventivo incorporando también la autenticación del comportamiento (velocidad de tecleo, gestos, patrones de uso en tiempo real).
- Uso de contraseñas dinámicas como OTP de un solo uso o *passwordless*, una autenticación sin contraseña, cubierta por enlaces o códigos enviados de manera personalizada conforme a los medios de comunicación establecidos con el usuario.
- Tókenes físicos (con generación de códigos únicos para cada sesión) y tókenes móviles para el uso de aplicaciones que permiten la autenticación móvil, generando el OTP sin necesidad de conexión a internet.
- Autenticación basada en riesgo conforme a la identificación de elementos atípicos, como una sesión fuera del dispositivo

o ubicación habitual (se analiza la ubicación geográfica a través de la geolocalización o con la dirección IP del usuario).

- Prevención en tiempo real a través del monitoreo de sesiones, con cierre automático de sesiones inactivas.
- Uso de enlaces seguros o mecanismos de autenticación fuera de línea, evitando clics en enlaces maliciosos.
- Accesos controlados a través de navegadores o aplicaciones verificadas y con mecanismos *antiphishing* integrados.

Modelos de análisis predictivo

Este tipo de análisis permite anticipar posibles fraudes basándose en datos históricos y comportamientos atípicos, algo fundamental en tiempos modernos. Consiste en aplicar modelos estadísticos con *machine learning* para identificar patrones y señales en datos históricos, para que a través de patrones definidos, se identifiquen alertas con probabilidad de fraudes.

Los modelos predictivos basados en redes neuronales identifican relaciones complejas entre datos para predecir transacciones fraudulentes. Son modelos que se entrenan en grandes volúmenes de datos históricos para entender patrones de fraude y prevenir casos en el futuro. Contar con modelos predictivos permite anticiparse a actividades sospechosas antes de que se completen transacciones fraudulentas.

El modelo predictivo se puede reforzar con el uso de una IA que aprenda patrones normales y detecte comportamientos anómalos en tiempo real, por ejemplo, ubicaciones inusuales, transferencias atípicas de importe significativo.

Consideraciones de algoritmos para la detección de fraude a través de un modelo predictivo

a. Identificar el tipo de fraude mediante la valoración de patrones de conductas y establecer objetivos específicos para su gestión como reducir pérdidas monetarias o disminuir tendencia de casos.

b. Establecer mecanismos para la recolección de datos, transacciones o usuarios.

c. Analizar la información para corroborar patrones de comportamientos asociados al fraude.

d. Crear variables para identificar y categorizar variables como frecuencia, montos atípicos, montos promedio, horarios de transacciones, ubicaciones geográficas.

e. Seleccionar técnicas de detección con modelos supervisados (datos etiquetados) o con modelos no supervisados (datos con pocas etiquetas).

f. Realizar pruebas de validación y definir métricas específicas para fraudes.

g. Desplegar el modelo en un sistema o aplicación para la ejecución de un monitoreo continuo.

h. Evaluar los casos detectados y los falsos positivos para mejorar el modelo.

Tecnologías emergentes (DeFi y criptomonedas)

En la medida que progresen tecnologías emergentes como el modelo DeFi (finanzas descentralizadas) y el uso de las criptomonedas, se deberán considerar medidas de prevención que aborden los riesgos específicos de estos entornos como el robo de claves privadas o el fraude en contratos inteligentes que requieren una atención más específica para proteger a los usuarios.

Algunas medidas para reforzar los controles de DeFi son:

- Implementar mecanismos de gobernanza descentralizada que permitan una mayor supervisión comunitaria sobre los contratos y protocolos, garantizando mayor transparencia.
- Auditoría de contratos inteligentes para evitar errores en el código que puedan ser explotados por los delincuentes.

Algunas medidas para reforzar los controles de criptomonedas y activos digitales:

- Las instituciones financieras que operan con criptomonedas deben educar a sus clientes sobre aspectos como la seguridad de sus billeteras, la importancia de proteger sus claves privadas y cómo evitar estafas comunes.

Reforzamiento de controles tecnológicos en *fintech*

Se deben vigilar los riesgos de fraude asociados con las plataformas *fintech,* incorporando medidas para asegurar la integridad en su uso y en la aplicación de los pagos digitales, atacando los riesgos de *phishing* y *spoofing*, la creación de perfiles falsos con información robada para la obtención de créditos o el riesgo de uso de tarjetas de crédito o cuentas bancarias robadas para realizar pagos en las plataformas. La protección contra estos fraudes se alinea a las medidas de autenticación de doble factor y el monitoreo transaccional con algoritmos de detección de fraude.

Pagos digitales y comercio electrónico

Se debe buscar mayor enfoque en los fraudes con Tarjetas No Presentes (CNP), que suelen ocurrir en transacciones en línea. Para ello, una medida es implementar tecnologías de *tokenización* o pagos seguros para reducir el riesgo de fraude en el comercio electrónico.

Pagos en tiempo real

Los sistemas de pagos en tiempo real —como los que utiliza el Sistema de Pagos Electrónicos Interbancarios (SPEI)— también pueden ser vulnerables a fraudes; la estrategia para evitarlos puede incluir reglas más estrictas de monitoreo transaccional, en especial para operaciones de alto riesgo, con objetivo de mejorar la detección de fraude en tiempo real.

3| CONCLUSIONES SOBRE LA NORMATIVIDAD EN MATERIA DE GESTIÓN DEL FRAUDE: ESTRECHA REGULACIÓN Y SUPERVISIÓN EFECTIVA

En este capítulo se ha destacado la importancia de una estrecha regulación y supervisión efectiva por parte de las autoridades, quienes deben estar alertas a las posibilidades de fraudes que van evolucionando junto con los cambios tecnológicos que vive el sector financiero.

Si bien la normatividad que promovió en 2024 la CNBV en materia de prevención de fraudes muestra un avance importante en el fortalecimiento de la seguridad en el Sistema Financiero Mexicano, es importante tomar en cuenta que siempre hay aspectos que pueden mejorarse o fortalecerse conforme a la evolución constante de las amenazas, por lo que las instituciones financieras deberán estar alertas en la gestión del riesgo de fraude y, bajo un principio de mejora continua, valorar constantemente la efectividad de sus controles, tomando las medidas preventivas hacia las nuevas tendencias en un mundo cada vez más digital.

La prevención del fraude en el sector financiero requiere un enfoque integral que combine tecnologías avanzadas, ciberseguridad robusta, capacitación continua y un enfoque proactivo hacia la colaboración y la regulación, máxime cuando existe una delincuencia organizada que se distingue por su alto grado de organización.

Ante la existencia de delincuentes que constantemente buscarán nuevos mecanismos y modelos para evadir los controles y concretar fraudes, las instituciones financieras deberán tomar las medidas pertinentes para mantenerse actualizadas ante amenazas emergentes y, en forma simultánea, fortalecer constantemente sus mecanismos y políticas de seguridad, manteniendo a su personal y a sus clientes capacitados.

NOTAS

1. Comité de Supervisión Bancaria de Basilea (Basilea I, II y III).
2. The Institute of Internal Auditors (The IIA), *Global Technology Audit Guide GTAG 13: La detección y la prevención del fraude en un mundo automatizado* (2018), https://www.theiia.org/globalassets/documents/content/articles/guidance/gtag/gtag-fraud-prevention-and-detection-in-an-automated-world/Gtag-13-English.pdf
3. Resolución que modifica las *Disposiciones de carácter general aplicables a las instituciones de crédito*, *Diario Oficial de la Federación*, 14 de junio de 2024.
4. Committee of Sponsoring Organizations of the Treadway Commission (COSO), *Fraud Risk Management Guide* (2023).
5. George A. Bartsiotas y Gopinatham Achamkulangare, *Prevención y detección del fraude y respuesta a él en las organizaciones del sistema de las Naciones Unidas* (Ginebra: Naciones Unidas, 2016), https://www.unjiu.org/sites/www.unjiu.org/files/jiu_document_files/products/es/reports-notes/JIU%20Products/JIU_REP_2016_4_Spanish.pdf
6. International Federation of Accountants (IFAC), *Normas Internacionales para el Ejercicio Profesional de la Auditoría Interna: Norma Internacional de Auditoría (NIA) 240, Responsabilidades del Auditor*

en la auditoría de estados financieros con respecto al fraude, Introducción, numeral 4 (2024).

7. George A. Bartsiotas y Gopinatham Achamkulangare, *Prevención y detección del fraude y respuesta a él en las organizaciones del sistema de las Naciones Unidas* (Ginebra: Naciones Unidas, 2016), https://www.unjiu.org/sites/www.unjiu.org/files/jiu_document_files/products/es/reports-notes/JIU%20Products/JIU_REP_2016_4_Spanish.pdf
8. Association of Certified Fraud Examiners (ACFE), *Occupational Fraud 2024: A Report to the Nations* (2024), https://legacy.acfe.com/report-to-the-nations/2024/
9. The Institute of Internal Auditors (The IIA), *Global Technology Audit Guide GTAG 13: La detección y la prevención del fraude en un mundo automatizado* (2018), https://www.theiia.org/globalassets/documents/content/articles/guidance/gtag/gtag-fraud-prevention-and-detection-in-an-automated-world/Gtag-13-English.pdf
10. Binance Academy, *Cómo detectar una estafa en las finanzas descentralizadas (DeFi)*, https://www.binance.com/es-LA/square/post/43552

FUENTES CONSULTADAS

- Association of Certified Fraud Examiners (ACFE). *Occupational Fraud 2024: A Report to the Nations.* 2024. https://legacy.acfe.com/report-to-the-nations/2024/
- Bartsiotas, George A., y Gopinatham Achamkulangare. *Prevención y detección del fraude y respuesta a él en las organizaciones del sistema de las Naciones Unidas.* Ginebra: Naciones Unidas, 2016. https://www.unjiu.org/sites/www.unjiu.org/files/jiu_document_files/products/es/reports-notes/JIU%20Products/JIU_REP_2016_4_Spanish.pdf

- Binance Academy. *Cómo detectar una estafa en las finanzas descentralizadas (DeFi).* https://www.binance.com/es-LA/square/post/43552
- Committee of Sponsoring Organizations of the Treadway Commission (COSO). *Fraud Risk Management Guide.* 2023.
- International Federation of Accountants (IFAC). *Normas Internacionales para el Ejercicio Profesional de la Auditoría Interna: Norma Internacional de Auditoría (NIA) 240, Responsabilidades del Auditor en la auditoría de estados financieros con respecto al fraude.* Introducción, numeral 4, 2024.
- Resolución que modifica las *Disposiciones de carácter general aplicables a las instituciones de crédito. Diario Oficial de la Federación*, 14 de junio de 2024.
- The Institute of Internal Auditors (The IIA). *Global Technology Audit Guide GTAG 13: La detección y la prevención del fraude en un mundo automatizado.* 2018. https://www.theiia.org/globalassets/documents/content/articles/guidance/gtag/gtag-fraud-prevention-and-detection-in-an-automated-world/Gtag-13-English.pdf

SEMBLANZA DEL AUTOR

Guillermo Pacheco González es licenciado en Contaduría Pública por el Instituto Tecnológico Autónomo de México (ITAM), cuenta con certificaciones especializadas en gestión de riesgos, control interno, control tecnológico, seguridad de la información y prevención de lavado de dinero. Actualmente se desempeña como responsable de Auditoría Interna en el sector financiero, enfocado en sociedades financieras populares.

Con más de 28 años de experiencia en auditoría interna y externa, ha destacado en la evaluación de información financiera y el seguimiento de sistemas de control interno, garantizando la eficiencia de procesos de negocio, operativos, tecnológicos y corporativos.

Además, ha participado activamente en la supervisión y reporte a órganos de gobierno, cumpliendo con la normatividad aplicable.

A lo largo de su trayectoria, ha contribuido en actividades de prevención de fraudes, formando parte de comités de ética, coordinando líneas éticas y ejecutando investigaciones y auditorías forenses. Su experiencia incluye procesos relacionados con transacciones, originación de créditos, fraudes internos y gestión de riesgos operativos.

CAPÍTULO 04

REGULACIÓN PARA LA CIBERSEGURIDAD: DE LA REACCIÓN A LA PREVENCIÓN

Rafael Ulises Lozano Argueta

INTRODUCCIÓN

Datos del Fondo Monetario Internacional (FMI), basados en modelos realizados por su personal técnico, estiman que, en promedio, las pérdidas anuales de las instituciones financieras causadas por ataques cibernéticos podrían llegar a varios cientos de miles de millones de dólares, lo que representa un deterioro de las ganancias bancarias y una amenaza para la estabilidad financiera[1].

Lo anterior fue publicado por Christine Lagarde, directora del FMI, el 25 de junio de 2018 en el artículo *Estimación del riesgo cibernético en el sector financiero,* en el que señaló que si los datos de sus modelos se toman en sentido literal, el promedio de las posibles pérdidas anuales resultantes de los ataques cibernéticos podría ubicarse en el orden del 9 % de los ingresos netos de los bancos a nivel mundial, es decir, unos 100 000 millones de dólares.

En un caso hipotético de gravedad, en el que la frecuencia de los ataques cibernéticos fuera dos veces superior a la registrada hasta ahora y con un mayor contagio, las pérdidas podrían ser 2½–3½ veces mayores, o sea, ascender a un monto de entre 270 000 y 350 000 millones de dólares, según la publicación en la que se presentan datos de la encuesta preparada por la empresa Depository Trust & Clearing Corp., publicada como DTCC Systemic Risk Barometer en el primer trimestre de 2017, en la que apunta que los gestores de riesgo y otros directivos del sector financiero observan que la amenaza de ataques cibernéticos va en aumento y representa un riesgo superior al planteado por los acontecimientos geopolíticos y la nuevas normativas.

A junio de 2018, se habían detectado más de 8000 vulnerabilidades en los sistemas informáticos que usan las entidades financieras, gobiernos y empresas en todo el mundo, lo cual representaba casi la mitad de lo reportado en 2017, según la Security Research de ESET Latinoamérica[2].

Estos datos vienen a colación porque entre abril y mayo de 2018, en México, se registró un ciberataque a cinco instituciones financieras que dejó un daño de aproximadamente 300 millones de pesos, a partir del cual se tuvieron que tomar medidas para reforzar la seguridad.

Y es sobre el ataque, las afectaciones y las medidas —entendidas como la regulación, los involucrados y su alcance— sobre las que se desarrolla este capítulo que, además presenta información que contribuye a comprender el entorno y los contextos en los que se debe trabajar para afrontar los incidentes cibernéticos en el Sistema Financiero Nacional, que de acuerdo con el Banco de México han pasado de ocho en 2019 a cuatro en 2023, con un pico de diez en 2021.

Cabe mencionar que, desde el 2019, el Banco de México se ha dado a la tarea de registrar los incidentes cibernéticos, anotando el número de eventos, el tipo de entidad, la afectación en millones de pesos a entidades y clientes, los servicios afectados y la descripción de la vulneración; esto permite contar con información para adecuar la regulación y las acciones con el claro objetivo de mitigar los riesgos.

Tabla 1. **Principales incidentes cibernéticos (Sistema Financiero Nacional)**

Año	2019	2020	2021	2022	2023
Eventos	8	4	10	2	4
Afectación entidad (MDP)	784.7	N/D	570	25.25	89.08
Afectación clientes (MDP)	N/D	Sin afectación	Sin afectación	Sin afectación	Sin afectación
Entidad	7 bancos 2 entidades	3 bancos 2 casas de bolsa	8 bancos 1 casa de bolsa	1 banco 1 casa de bolsa 1 Sociedad de Información Crediticia	3 bancos 1 Sociedad Cooperativa de Ahorro 1 préstamo
Servicios afectados	Cajeros automáticos (3)	Banca por internet (2)	Cajeros automáticos (8)	Transferencias electrónicas que provee a sus clientes (1)	Cajeros automáticos (2)
	Banca de inversión (1)	Servicios en ventanilla (1)	Banca por internet (1)	Base de datos crediticios (1)	Transferencias electrónicas que provee a sus clientes (1)
	Banca móvil (2)	Dispersión de fondos (2)	Transferencias en sucursales (1)		Transferencias electrónicas (2)
	Corresponsal (1)	Operaciones cambiarias (1)			Banca por internet (1)
	Enlace con el procesador (1)				Sucursales (1)

Año	2019	2020	2021	2022	2023
Descripción vulneración	Ataque a cajeros automáticos	Ransomware	Ataque a cajeros automáticos	Ataque al servicios de transferencias	Ataque a cajeros automáticos
	Fraude interno realizado por un tercero		Ransomware	Difusión no autorizada de información	Códigos maliciosos
	Robo de credenciales		Ataque al servicio de transferencias		Código malicioso troyano
	Inserción de instrucciones apócrifas		Ataque al aplicativo de transferencias		Ransomware
	Explotación de vulnerabilida-des				

Fuente: Ciberseguridad (Banco de México, s. f.).

Nota: Las estadísticas presentadas por el Banco de México reflejan la información proporcionada por las instituciones que reportaron el incidente, la cual puede actualizarse conforme se avanzan las investigaciones.

1| UN CIBERATAQUE QUE MARCÓ UN HITO

Entre la segunda mitad de abril y la primera de mayo de 2018, cinco participantes del Sistema de Pagos Electrónicos Interbancarios (SPEI) sufrieron ataques a los aplicativos que utilizan para preparar sus órdenes de pago y conectarse con el sistema, dejando un daño de aproximadamente 300 millones de pesos. Como respuesta a los ataques que iniciaron el 17 de abril y concluyeron el 8 de mayo, el Banco de México y la Comisión Nacional Bancaria y de Valores (CNBV) emitieron medidas para reforzar la seguridad.

Figura 1. **Cronología de los incidentes y emisión de medidas para reforzar la seguridad en 2018**

Fuente: Elaboración propia con información del Banco de México y la CNBV.

En estos ciberataques existieron factores que permitieron la identificación de las operaciones apócrifas, la lentitud en la transacción de ciertas operaciones, los sistemas de alertamiento de las instituciones emisoras y receptoras, con lo cual se pudieron detener las operaciones ilegítimas, impidiendo la disposición indebida de los recursos.

Los sistemas de conexión al SPEI y de generación de órdenes de transferencia usados por los participantes involucrados se afectaron, así como diversos componentes de la infraestructura de cómputo y telecomunicaciones de los participantes.

Las entidades involucradas fueron inmediatamente desconectadas del servicio principal y se activó el protocolo de contingencias, un esquema de conexión paralelo de operación alterna para hacer transacciones en el SPEI (COAS). Este procedimiento semiautomático les permitió a los participantes operar desde una plataforma distinta y, por lo tanto, más segura, lo cual no puso en peligro ni las cuentas ni recursos de los clientes. Aun cuando los participantes del SPEI fueron afectados, tanto el Banco de México como el SPEI no fueron el objeto del ataque.

Aunado a la activación del sistema de operación alterna, se implementaron alertas tempranas y, por último, la emisión de regulación adicional para incrementar las medidas de seguridad.

Gráfica 1. **Número operaciones procesadas por el SPEI durante la contingencia operativa (millones de operaciones)**

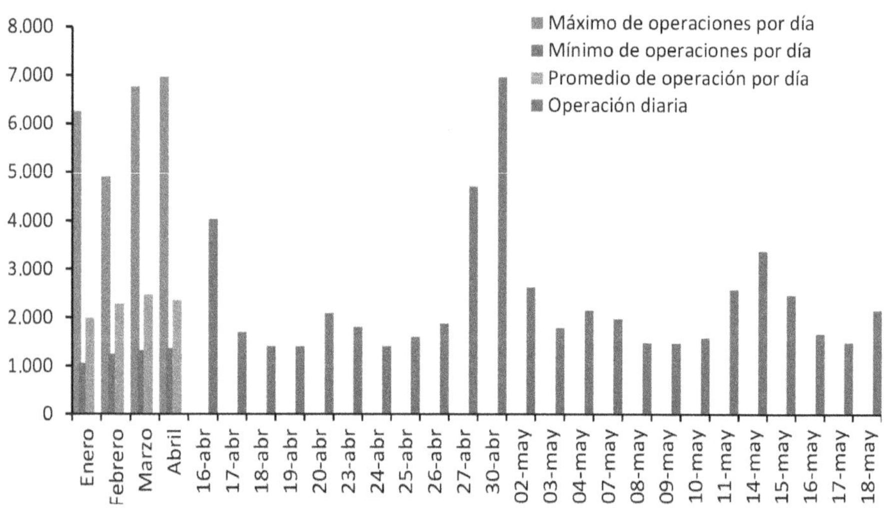

Fuente: Información sobre los ataques a participantes del Sistema de Pagos Electrónicos Interbancarios (SPEI) (Banco de México, 2018).

Si bien en ningún momento estuvieron comprometidos los sistemas del Banco de México, el objetivo del ciberataque fue realizar la inserción de operaciones apócrifas a través de cuentas beneficiarias válidas, eliminando las respectivas evidencias en el flujo de envío y recepción de una transferencia de fondos a través del SPEI.

Figura 2. **Diagrama de flujo de envío y recepción de una transferencia de fondos a través del SPEI**

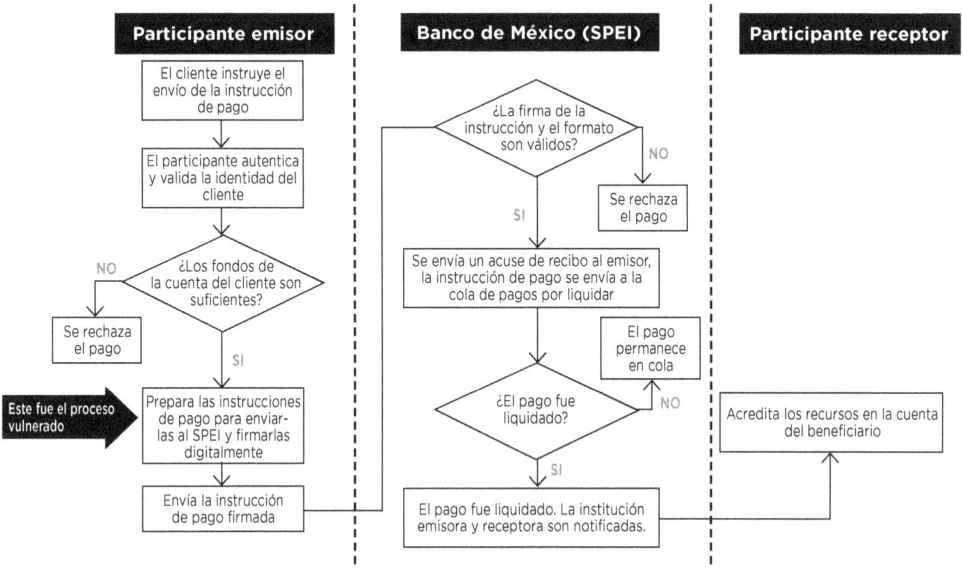

Fuente: Información sobre los ataques a participantes del Sistema de Pagos Electrónicos Interbancarios (SPEI) (Banco de México, 2018).

En estos ciberataques, el análisis forense detectó el uso de técnicas como el robo de credenciales, escalamiento de privilegios, movimientos laterales entre servidores, inserción de archivos o ejecución de instrucciones y borrado de bitácoras[3]. Como consecuencia se emitieron medidas tanto para el interior del Banco de México como para los participantes.

Al interior:

- Revisiones periódicas de código y funcionalidad.
- Esquemas de desarrollo seguro de *software*.

- Actualizaciones periódicas de la infraestructura conforme a mejores prácticas.
- Pruebas de penetración.
- Auditorías internas y externas.
- Protocolo de desconexión ante eventos de ciberseguridad.
- Continuidad operativa.
  - Esquemas de operación de alta disponibilidad.
  - Contar con una versión del SPEI que se ejecute en un sistema operativo diferente de aquel en el que opera cotidianamente.
  - Cliente de operación alterno (COA).

Para los participantes:

- Emisión de regulación en temas de ciberseguridad y continuidad operativa (Circular 14/2017).
- Supervisión continua del cumplimiento de la regulación.
- Continuidad operativa.
  - Contar con planes de recuperación de desastres (DRP).
  - Tener un centro de cómputo alterno y enlaces de telecomunicaciones.
  - Cumplir la certificación para operación en COA.

En resumen, el Banco de México estableció los siguientes requerimientos de seguridad tanto para el esquema principal como para el alterno:

- Procedimientos para evaluar los protocolos de comunicación y prescindir de aquellos que se consideren inseguros.
- Procedimientos para la gestión de las vulnerabilidades de seguridad informática en múltiples escenarios.
- Procedimientos para detectar y gestionar de inicio a fin los incidentes de seguridad informática en la infraestructura tecnológica.

- Procedimientos que aseguren que los componentes que brindan seguridad a sus sistemas informáticos se encuentren vigentes.
- Que todos los participantes del SPEI cumplan con los requerimientos estrictos en materia de ciberseguridad informática y continuidad operativa.
- Que todos los participantes sean evaluados por un auditor externo respecto al cumplimiento de los estándares técnicos.
- Requerimientos de seguridad para los aplicativos de conexión al SPEI y con el esquema de operación alterna COA:
  - Procedimientos para vigilar, auditar y rastrear todas las operaciones realizadas por los sistemas informáticos.
  - Procedimientos para la contratación y capacitación del personal para asegurar que cuenten con las habilidades, competencias y conocimientos requeridos para el puesto que desempeñan.
  - Acreditar que pueden continuar con su operación ante la activación tanto del cliente como del procedimiento de operación alterna (COA-SPEI) y (POA-SPEI).

Para la mitigación de riesgos, el Banco de México emitió acciones en áreas tecnológicas, operativas y regulatorias.

En las tecnológicas determinó que los participantes en los que se detectaron los incidentes operen por vías alternas y mantengan su capacidad para enviar órdenes de transferencias a la infraestructura del SPEI, así como establecer alertas en el SPEI central para detectar algunas anomalías en los mensajes y tener soporte técnico reforzado 24/7 para los participantes.

Además, se exigió a los proveedores de servicios de conexión al SPEI que incorporen controles adicionales en sus aplicativos y se solicitó a los participantes hacer un análisis profundo de sus infraestructuras para detectar *software* durmiente.

En las medidas operativas se requirió a los participantes, cuyos aplicativos e infraestructura de cómputo para conectarse al SPEI resultaron afectados, tomar medidas para renovar los elementos de seguridad de sus operadores para autenticarse en los sistemas de pagos operados por el Banco de México, al que se le pidió ampliar y fortalecer el esquema de soporte a todos los participantes del sistema y reforzar el monitoreo de su infraestructura y sistemas para detectar cualquier comportamiento anómalo.

En cuanto a la regulación, el Banco de México emitió disposiciones (Circular 4/2018 y Circular 5/2018) que otorgan a las instituciones de crédito, y demás entidades que prestan el servicio de transferencias de fondos, espacio para que estas implementen medidas de control adicionales encaminadas a fortalecer sus sistemas de detección de transferencias irregulares, verificar la integridad de sus operaciones y evitar posibles afectaciones a dichas instituciones, al resto de los participantes y al sistema en su conjunto.

1.1 Lecciones

El incidente demostró dos situaciones:

1. La sofisticación y coordinación de los atacantes para ingresar a la infraestructura tecnología y sistemas informáticos a pesar de una cantidad considerable de medidas de seguridad.
2. La capacidad de resiliencia del Sistema Financiero Mexicano, que en algunos casos ralentizó la operación, sin detenerla por completo, lo que quiere decir que la operación alterna funcionó.

Lo anterior reiteró la necesidad de reforzar permanentemente las políticas y controles enfocados en materia de seguridad de la información, ciberseguridad y controles tecnológicos, lo cual significa una fuerte llamada de advertencia a todo el sector, autoridades, instituciones reguladas, gremios y agremiados y terceros que prestan sus servicios a estas. No olvidando que la continua capacitación y permanente concientización de todos los involucrados es clave para prevenir y, en su caso, minimizar este tipo de incidentes.

2| LOS SIGUIENTES PASOS PARA EL REFORZAMIENTO DE LA REGULACIÓN EN CIBERSEGURIDAD

El ciberataque de 2018 obligó a las autoridades del Sector Financiero Mexicano a actuar de inmediato reforzando los controles en materia de seguridad de la información, ciberseguridad y control tecnológico, para lo cual tanto la CNBV como el Banco de México emitieron las siguientes regulaciones:

Cuadro 1. **Medidas regulatorias inmediatas al ciberataque**

	BANXICO	**CNBV**
Fecha	27 julio 2018	27 noviembre 2018
Regulación	Circular 11/2018 que modifica la Circular 14/2017 Reglas del sistema de pagos electrónicos interbancarios.	Resolución que modifica las *Disposiciones de carácter general aplicables a las instituciones de crédito* N° 116a.
CISO **(Oficial de Seguridad de la Información)**	Reglas 59a Bis Oficial de Seguridad de la Información del SPEI.	Art. 168 Bis 13 Oficial en Jefe de Seguridad de la Información.

Fuente: Elaboración propia.

En consecuencia, la premisa en los lineamientos que debe seguir tanto el Oficial en Jefe de Seguridad de la Información como el Oficial de Seguridad de la Información del SPEI es:

- Diseñar, junto con las áreas de tecnología, la estrategia de seguridad, cuyas políticas y controles brinden monitoreo y protección a la infraestructura tecnológica, tanto de la institución como de terceros involucrados.
- Documentar en manuales de políticas, procedimientos, guías operativas y anexos metodológicos las medidas de seguridad que brinden protección a la institución.
- Vigilar que las áreas designadas para implementar cada una de las medidas necesarias para el monitoreo y protección de la infraestructura, tengan un plan de trabajo que incluya fechas, responsables y actividades que se llevarán a cabo.
- Una vez implementadas las medidas de seguridad será de vital importancia vigilar que se cumplan de forma permanente ante cualquier cambio o remplazo de tecnología.

Esta actualización refuerza considerablemente los controles de seguridad de la información, incluyendo la participación de procesos de negocio como crédito, identificación de clientes (presencial y no presencial) y banca electrónica. También involucra a áreas de cumplimiento como los comités de riesgos y auditoría, administración por tipo de riesgos (cuantificables no discrecionales), Consejo de Administración, auditor interno, director general y Contraloría Interna. Con esto se da visibilidad a las instituciones de la relevancia que cobran las medidas de seguridad de la información, ciberseguridad y controles tecnológicos.

Seguridad de la información versus ciberseguridad

Conocer las diferencias que hay entre seguridad de la información y ciberseguridad es fundamental para abordar el tema de la regulación en la materia, por lo tanto, es indispensable repasar las definiciones que nos dan los elementos para medir su alcance.

La información requiere de medidas de protección adecuadas de acuerdo con su importancia y criticidad, y este es precisamente el ámbito de la seguridad de la información: «Protección de activos de información, a través del tratamiento de amenazas que ponen en riesgo la información que es procesada, almacenada y transportada por los sistemas de información que se encuentran interconectados».

La ciberseguridad busca proteger la información digital en los sistemas interconectados. Está comprendida dentro de la seguridad de la información (ISACA).

De acuerdo con las definiciones podemos ver que la seguridad de la información tiene un alcance mayor que la ciberseguridad, puesto que la primera busca proteger la información de riesgos que puedan afectarla, en sus diferentes formas y estados; por su parte, la ciberseguridad se enfoca principalmente en la información en formato digital y los sistemas interconectados que la procesan, almacenan o transmiten, por lo que tiene un mayor acercamiento con la seguridad informática.

Luego de revisar los conceptos, es posible identificar las principales diferencias y, por lo tanto, conocer cuándo aplicar un concepto u otro.

3| ANÁLISIS DE LA REGULACIÓN

3.1 Circular 14/2017

El 4 de julio de 2017 se publicó en el Diario Oficial de la Federación (DOF) la Circular 14/2017 en la que se refuerzan las medidas de seguridad que deben cumplir los participantes del sistema de pagos electrónicos interbancarios o SPEI. Posterior al ciberataque del 2018, se emitieron tres circulares que refuerzan los puntos presentados en la siguiente figura.

Figura 3. **Reforzamiento de la regulación**

Fuente: Elaboración propia con información de la Circular 14/2017 emitida por el Banco de México.

La circular 11/2018 emitida el 27 de julio del 2018, no solo reforzó las medidas de seguridad, también temas como contingencias, riesgos adicionales, atención de incidentes de seguridad y, principalmente, la designación del Oficial de Seguridad de la Información del SPEI, donde el participante del SPEI debe designar a una persona que deberá tener independencia respecto de las unidades de negocio y las áreas de sistemas informáticos y de auditoría de dicho sujeto, quedando a cargo y siendo responsable de las siguientes funciones:

I. Participar en la definición, verificar la implementación y continuo cumplimiento de las políticas y procedimientos de seguridad informática *(R58a f-I apartados a y b / 9 a Bis 4f-V)*.
II. Verificaciones trimestrales de la infraestructura tecnológica *(R46a)*, revisar los componentes y los usuarios privilegiados de forma preventiva en caso de presentarse algún incidente.
III. Aprobar y verificar el cumplimiento de las medidas para subsanar deficiencias, incluyendo los hallazgos realizados por auditoría interna y externa.

IV. Validar la gestión de eventos (*R 46 a)* (incidentes de seguridad), así como los aspectos de gobierno.
V. Informar a los órganos de gobierno *(R 46 a)* el plan de acciones y remediaciones para prevenir nuevos incidentes de seguridad.

En todo momento el Oficial de Seguridad de la Información debe tener a su disposición el listado actualizado (nivel de acceso, privilegios asociados) de las personas nacionales y extranjeras que cuenten con acceso a la infraestructura tecnológica (incluidos los de altos privilegios con acceso a sistemas operativos y bases de datos) e información relacionada con las operaciones del SPEI (incluidos los prestadores de servicios).

Dentro de la regla 58a, se establecen los requisitos para admisión como participante del SPEI y el Oficial de Seguridad de la Información del SPEI debe verificar la implementación y continuo cumplimiento de los requisitos de seguridad informática (en la infraestructura tecnológica, canales electrónicos y aplicaciones móviles), incluyendo los anexos a, b y c que se describen en el siguiente cuadro.

Cuadro 2. **Requisitos de seguridad informática**

Apéndice	**Descripción**
M	Requisitos de seguridad informática y gestión del riesgo operacional 1.1 Seguridad informática (54/294) a. En la infraestructura tecnológica (39/247) b. Canales electrónicos (7/10) c. En las aplicaciones móviles (8/37) 1.2 Gestión del riesgo operacional (12/32)
	Anexo A – procedimiento de notificación de alertas derivados de incidentes de seguridad

Apéndice	Descripción
	Anexo B - Comunicación para informar eventos que afecten la operación de SPEI o una circunstancia irregular
	Anexo C – Comunicación para solicitar la autorización de la implementación de mecanismos de control alternos a la infraestructura tecnológica
N	Lineamientos para documentar el cumplimiento de los requisitos de seguridad informática, gestión del riesgo operacional, de protección a los clientes emisores del participante, de riesgos adicionales y de interoperabilidad

Fuente: Elaboración propia con información de Circular 14/2017 emitida por el Banco de México.

De 2017 a 2023 se han publicado nueve circulares relacionadas con la circular 14/2017 Reglas del Sistema de Pagos Electrónicos Interbancarios o SPEI, cabe mencionar que durante 2020 y 2021 no se presentaron modificaciones a dicha circular, lo cual se puede apreciar en el cuadro siguiente.

Cuadro 3. **Circulares relacionadas con la circular 14/2017**

Autoridad	2017	2018	2019	2020	2021	2022	2023
BANXICO	C 14/2017	C 5/2018	C 3/2019			C 1/2022	C 12/2023
	martes 4 de julio de 2017	jueves 17 de mayo de 2018	jueves 7 de marzo de 2019			miércoles 23 de marzo de 2022	miércoles 22 de noviembre de 2023
		C 11/2018	C 8/2019			C 15/2022	
		viernes 27 de julio de 2018	lunes 20 de mayo de 2019			martes 13 de diciembre de 2022	

Autoridad	2017	2018	2019	2020	2021	2022	2023
BANXICO		C 18/2018				C 16/2022	
		lunes 24 de diciem-bre de 2018				martes 13 de diciembre de 2022	

Fuente: Elaboración propia la información de la Circular 14/2017 emitida por el Banco de México.

Tanto la circular 14/2017 como el manual operativo del SPEI (restringido solo para los participantes del SPEI) tienen actualizaciones periódicas con el fin de robustecer las medidas y controles de seguridad, lo cual era inminente no solo por el ciberataque, sino por la creciente transaccionalidad que se puede apreciar en la gráfica presentada a continuación.

Gráfica 2. **Evolución del número de transferencias en SPEI entre usuarios finales 2014-2023 (millones de operaciones)**

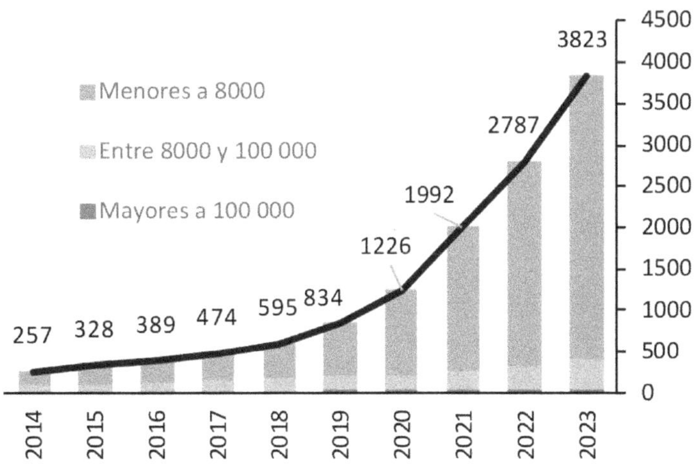

Fuente: Informe anual sobre las infraestructuras de los mercados financieros 2023 (Banco de México).

3.2 Resolución modificatoria 116 A

El 27 de noviembre de 2018, se publicó en el Diario Oficial de la Federación (DOF) la Resolución que Modifica las *Disposiciones de carácter general aplicables a las instituciones de crédito*. Con esta se reforman 16 artículos, se adicionan seis, se sustituyen dos y se derogan ocho, los cuales se detallan en el gráfico 1.

Gráfico 1. **Modificaciones a las *Disposiciones de carácter general aplicables a las instituciones de crédito***

Reforman	Adicionan	Sustituyen	Derogan
• Artículos 1, fracciones XIII, XXXIX y actual fracción LXXXI • 11, primer párrafo • 12, fracción III • 15 Bis, fracción V, primer párrafo • 51 Bis 3, fracción I y último párrafo • 51 Bis 5, fracción I • 51 Bis 9, fracción I • 86, fracción III, inciso b), numerales 1 a 3 • 141, fracción III • 160, fracción III • 164, fracción IV, incisos f) y h) • 164 Bis, fracción III • 166, fracción III • 169, primer párrafo, • 315 Bis, fracción I • 316 Bis 14, primer párrafo	• Artículo 1, fracciones LXXVI, LXXXIII, CXXXVI y CXCII • 160, fracción XIV • Título Segundo, Capítulo VI, Sección Octava Bis a denominarse «De la seguridad de la información» que comprende los artículos 168 Bis 11 a 168 Bis 17 • 316 Bis 10, fracción V • Anexo 64 Bis • Anexo 72	• Anexo 64 • Anexo 71	• Artículos 15 Bis, fracción V, incisos a) al e) • 71, fracción IX • 86, fracción III, inciso b), numeral 3, fracciones i. al vi. • 164, fracción V • 166, fracción V • 316 Bis 12 • 316 Bis 17 • 316 Bis 20

Fuente: Elaboración propia con información de la Resolución Modificatoria y las Disposiciones de carácter general aplicables a las instituciones de crédito, emitida por la CNBV.

El espíritu de dicha resolución modificatoria radica principalmente en la figura del Oficial en Jefe de Seguridad de la Información, las personas que apoyarán en la difusión y aplicación de la cultura de ciberseguridad, integrando el rol y las responsabilidades de dicha figura y, sobre todo, la trascendencia de las medidas que se deberán adoptar, de acuerdo con la Sección Octava Bis de la Seguridad de la Información del Artículo 168 Bis.

Desglose de la Sección Octava Bis de la Seguridad de la Información del Artículo 168 Bis

Art. 168 Bis 11

I. Que todos los componentes realicen las funciones para las que fueron diseñados, desarrollados o adquiridos.
II. Documentar los procesos de la infraestructura tecnológica.
III. Considerar la seguridad desde un inicio en todos los proyectos de la institución.
IV. Probar los componentes antes de su implementación.
V. Licenciamiento vigente.
VI. Medidas de seguridad para proteger la información.
VII. Mecanismos de respaldo y recuperación de información.
VIII. Conservar registros de auditoría íntegros por tres años.
IX. Atención de incidentes de seguridad de acuerdo con el protocolo establecido.
X. Revisión de capacidad soportada, obsolescencia y actualización de componentes.
XI. Controles automatizados y controles compensatorios preventivos.
XII. Controles para detectar la alteración o falsificación de libros, registros y documentos digitales relativos a las operaciones activas, pasivas y de servicios.
XIII. Procesos para medir y asegurar los niveles de disponibilidad y tiempos de respuesta, incluidos los prestados por proveedores.

XIV. Dispositivos o mecanismos automatizados para detectar, correlacionar y prevenir eventos e incidentes de seguridad y fuga de datos.
XV. Proteger la integridad, confidencialidad y disponibilidad de la información recibida, generada, procesada, almacenada y transmitida en la institución y documentar.

Art. 168 Bis 12

I. Aprobación del Plan Director de Seguridad (PDS), el director general debe informar el contenido de este al Consejo de Administración.
II. Revisiones de seguridad anuales a la infraestructura tecnológica con base en lo establecido.
III. Programar análisis de vulnerabilidades a todos los componentes.
IV. Contratar un tercero especializado para realizar pruebas de penetración (infraestructura y código).
V. Clasificar las vulnerabilidades con la metodología aprobada por el CAIR.
VI. Elaborar los planes de remediación – PDS.
VII. Seguimiento a los planes del punto anterior.
VIII. Implementar programas anuales de capacitación y concientización.
IX. Buscar permanentemente amenazas internas y externas (ciberpatrullaje).
X. Controles para asegurar la confidencialidad, integridad y disponibilidad.

Art. 168 Bis 13

Contar con Oficial en Jefe de Seguridad de la Información, conocido como CISO por sus siglas en inglés (Chief Information Security Officer). Este debe ser nombrado o designado por el director general y ocupar el nivel inmediato inferior al de este, reportándole directamente.

El CISO es responsable y deberá responder a los requerimientos formulados por las autoridades y al interior de la Institución en dicha materia.

El CISO no deberá tener conflictos de interés con áreas de tecnologías de la información, auditoría y unidades de negocio y no podrá realizar las funciones de las personas encargadas de la implementación y operación de la seguridad de la información.

Art. 168 Bis 14

I. Participar en la definición, verificar la implementación y continuo cumplimiento.
II. Elaborar el Plan Director de Seguridad.
III. Verificar anualmente los perfiles, segregación y correcta asignación.
IV. Autorizar accesos temporales.
V. Verificar y aprobar las medidas correctivas.
VI. Gestión de alertas e incidentes.
VII. Coordinar y presidir el Equipo de Detección y Respuesta a Incidentes de Seguridad (EDRISI).
VIII. Informar a los órganos de gobierno sobre la materialización de Incidentes de Seguridad.
IX. Validar los mecanismos de seguridad establecidos en el Anexo 71.
X. Proponer y coordinar los programas de capacitación y concientización.
XI. Presentar mensualmente al director general el informe de gestión del CISO.
XII. Presentar al Comité de Riesgos los Indicadores de Seguridad del Anexo 72.
XIII. Implementar la regulación en la materia de otras autoridades.

Art. 168 Bis 15

El CISO podrá apoyarse en las diferentes unidades de negocio, con los oficiales operativos de seguridad de la información o BISO, responsables de:

I. Verificar la aplicación de las políticas y procedimientos de seguridad de la información, reportando su gestión al CISO mensualmente.
II. Reportar al CISO cualquier riesgo o eventualidad que pudiera impactar.
III. Proponer al CISO la adopción de controles adicionales.
IV. Los BISO deben mantenerse actualizados respecto de la normatividad aplicable en la materia y podrán recomendar la adopción de medidas previamente autorizadas por el CISO.

Art. 168 Bis 16

1. Notificar inmediatamente a la CNBV los Incidentes de Seguridad de la Información, siguiendo el protocolo establecido.

I. Anexo 64
II. Anexo 64 Bis

Conservando la información por un periodo de diez años.

I. Investigar las causas del incidente, tomar acciones, crear un plan de remediaciones y notificar a la CNBV en los términos establecidos por esta.

Art. 168 Bis 17

Registro en base de datos de los incidentes, fallas o vulnerabilidades, detección de fallas, errores operativos, intentos de ataques informáticos y de aquellos efectivamente llevados a cabo, así como de pérdida, extracción, alteración, extravío o uso indebido de información de la infraestructura tecnológica, información que debe ser resguardada por diez años.

Como se puede observar, la Sección Octava Bis de la Seguridad de la Información abarca siete segmentos (del 11 al 17) que contienen 45 controles, esto puede observarse en el siguiente cuadro.

Cuadro 4. **Sección Octava Bis. De la Seguridad de la Información**

Art. 168 Bis	Resumen	Controles
11	Sistema de Control Interno en materia de Seguridad de la Información	15
12	El director general es responsable de cumplir con las obligaciones aplicables a la Infraestructura Tecnológica	10
13	El director general debe designar al Oficial en Jefe de Seguridad de la Información (CISO) y reportarle directamente	1
14	Las funciones del Oficial en Jefe de Seguridad de la Información	13
15	Las funciones de los oficiales operativos de seguridad de la información (BISO)	3
16	Protocolo ante la presentación de un incidente de seguridad de la información	2
17	Registro y resguardo del Reporte de Incidentes de Seguridad	1

Fuente: Elaboración propia con información de la Resolución Modificatoria y las Disposiciones de carácter general aplicables a las instituciones de crédito emitida por las CNBV.

4| ROL E IMPORTANCIA DEL OFICIAL EN JEFE DE SEGURIDAD DE LA INFORMACIÓN

En las páginas anteriores se documentó cómo el ciberataque de 2018 obligó a las autoridades del Sector Financiero Mexicano a actuar de inmediato, reforzando los controles en materia de seguridad de la información, ciberseguridad y control tecnológico. Para ello, la CNBV y el Banco de México emitieron regulaciones.

La circular 11/2018 del 27 de julio del 2018 no solo reforzó las medidas de seguridad, también temas como contingencias, riesgos adicionales, atención de incidentes de seguridad y, principalmente, la designación del CISO quien, como se puede observar en la Sección Octava Bis (Seguridad de la Información), tiene amplias funciones y responsabilidades que por su importancia se detallan en este capítulo.

4.1 La regulación, marco del desempeño del CISO

Las instituciones deben contar con el CISO, que debe ser designado por el director general y ocupar el nivel inmediato inferior a este, debiéndole reportar de manera directa.

Esta figura no debe tener conflictos de interés con áreas como tecnologías de la información, auditoría y unidades de negocio dentro de la institución, y no podrá realizar las funciones de las personas encargadas de la implementación y operación de la seguridad de la información de la propia institución.

Las funciones y responsabilidades del CISO, en el marco de la regulación concerniente, y con base en el Artículo 168 Bis, se pueden apreciar en el gráfico que a continuación se presenta.

Gráfico 2. **Funciones y responsabilidades del CISO**

CISO	BISO	Plan Director de Seguridad	Informes	Perfiles
Designación CISO 168 Bis 13	Verificar Art. 168 Bis 15 F - I	Elaboración / actualización 168 Bis 14 F-II	Gestión CISO 168 Bis 14 F-XI	Verificación anual 168 Bis 14 F-III
Regulación SI 168 Bis 14 F-XIII	Reportar Art. 168 Bis 15 F - II	Aprobación 168 Bis 12 F-I	Indicadores A72 168 Bis 14 F-XII	Correcta asignación 168 Bis 14 F-IV
OSI - SPEI C 14/2017 Regla 59ª Bis	Proponer Art. 168 Bis 15 F - III		Informe del contralor 167	Plan de acciones 168 Bis 14 F-V

Fuente: Elaboración propia con información de la Resolución Modificatoria y las Disposiciones de carácter general aplicables a las instituciones de crédito emitida por la CNBV.

Con base en esa distribución, el CISO debe diseñar, documentar, vigilar la implementación y continuo cumplimiento de la regulación en la materia (incluyendo la de otras autoridades), aunado a esto se debe contar con el apoyo de los BISO, personal designado para verificar, reportar y proponer el cumplimiento de medidas de seguridad aplicables a todas las áreas de la institución.

Una vez con el personal designado —entrenado y con sus roles y responsabilidades bien definidas—, es indispensable contar con un plan director, mismo que debe contemplar las siguientes fases.

Figura 4. **Etapas de un Plan Director**

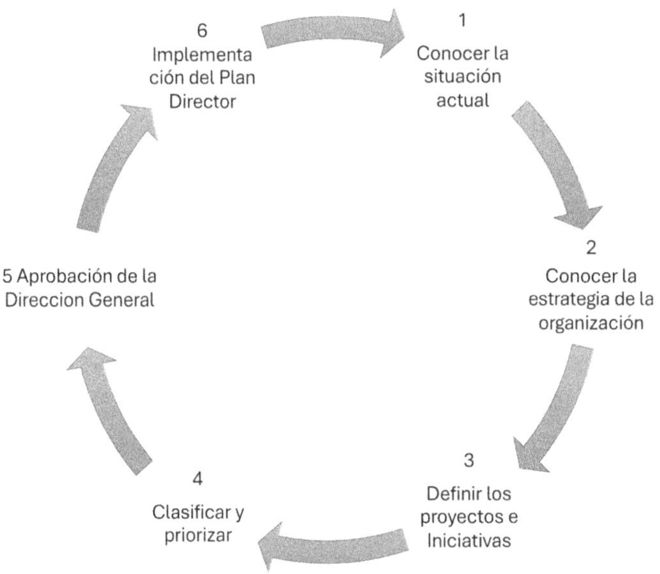

Fuente: Elaboración propia con información de la Resolución Modificatoria y las Disposiciones de carácter general aplicables a las instituciones de crédito emitida por las CNBV.

Una vez atendidas las etapas, es indispensable integrar al plan la siguiente información de forma obligatoria: identificador y nombre del proyecto; objetivo del proyecto, brecha que cubre, alcance y justificación; detalle del proyecto, áreas involucradas, personal asignado, riesgos que mitiga, riesgos del proyecto; así como tiempos (fecha inicio y fin), costo y prioridad. Esto sin olvidar que deberá ser presentado por el director general al Consejo de Administración.

4.2 Reportes e indicadores

Para dar seguimiento al plan director, el CISO debe presentar informes mensuales de su gestión al director general y al comité para la administración integral de riesgos. Los indicadores de seguridad de la información (KRI, por sus siglas en inglés) son en total treinta y se reportan de forma mensual, semestral o anual, según sea el caso.

Estos indicadores contemplan siete dominios (ataques lógicos, cumplimiento, incidentes, información, infraestructura, *malware* y *software*); periodos de entrega (mensual, trimestral y semestral); indicadores (preventivo, correctivo y reactivo); unidades de medición (cantidad, porcentual y promedio porcentual); y tipos de riesgos (bajo, medio y alto).

Los indicadores de seguridad de la información se agregan en el anexo 72 de las *Disposiciones de carácter general aplicables a las instituciones de crédito*; se encuentran claramente detallados, así como el cálculo para determinar la clasificación de riesgos (bajo, medio o alto). Para esto, el CISO debe:

1. Evaluar los indicadores. Deben ajustarse los umbrales señalados en dicho anexo, en caso de definir umbrales diferentes, debe documentar el motivo, el cual deberá estar alineado al nivel de tolerancia al riesgo de la institución.
2. Definir planes de remediación para aquellos riesgos que resulten en los umbrales medio y alto, los definidos por la institución o que por al menos dos periodos consecutivos se encuentren en un umbral alto.

3. Dar mantenimiento continuo (agregar, eliminar o actualizar) a los indicadores claves de riesgo, los cuales siempre deberán estar alineados a la estrategia de la institución y al plan director de seguridad.
4. Medir y evaluar periódicamente la evolución, o antes en caso de eventos inusuales.
5. En caso de que no apliquen todos los supuestos, indicar que no son aplicables y explicar el motivo.

La relevancia de los indicadores señalados proporciona una visibilidad que se debe presentar periódicamente en el Comité de Riesgos, con base en lo establecido en el Anexo 12-A, Sección II Categorías de Tipos de Riesgo Operacional. Esta iniciativa apoya el seguimiento hasta la mitigación de los riesgos que superan los límites establecidos por la propia institución. En el siguiente cuadro se muestran los KRI y su periodicidad. El nombre del KRI justifica su periodicidad y las acciones mencionadas en los cinco puntos anteriores.

Cuadro 5. **Indicadores de seguridad de la información (KRI) y su periodicidad**

KRI	Nombre	Periodicidad	KRI	Nombre	Periodicidad
KRI0001	Incidentes mediante ataques directos contra los sistemas internos	Trimestral	KRI0016	Vulnerabilidades críticas pendientes de corregir detectadas en los análisis de vulnerabilidades	Mensual
KRI0002	Casos de fraude en banca electrónica	Mensual	KRI0017	Casos de fraude reportados por los clientes de banca electrónica.	Mensual
KRI0003	Equipos de la infraestructura tecnológica de los que se gestiona su configuración de seguridad	Mensual	KRI0018	Infraestructura tecnológica obsoleta o sin soporte	Trimestral

KRI	Nombre	Periodicidad	KRI	Nombre	Periodicidad
KRI0004	Nivel de cumplimiento de configuración segura de servidores UNIX/Linux	Mensual	KRI0019	Servidores sin solución antimalware	Mensual
KRI0005	Usuarios con roles y perfiles inadecuados	Semestral	KRI0020	Servidores con firmas de antimalware desactualizadas	Mensual
KRI0006	Aplicaciones sin roles y perfiles	Trimestral	KRI0021	Workstations sin solución antimalware	Mensual
KRI0007	Incidentes de seguridad de la información en general	Mensual	KRI0022	Workstations con firmas de antimalware desactualizadas	Mensual
KRI0008	Plataformas tecnológicas obsoletas o desactualizadas	Semestral	KRI0023	Incidentes de seguridad atribuidos a personal de proveedores (terceros)	Mensual
KRI0009	Caídas de sistemas relacionados con la red de cajeros automáticos	Mensual	KRI0024	Servidores con versiones de sistema operativo obsoletas	Mensual
KRI0010	Incidentes de seguridad por vulnerabilidades de sistemas provistos por proveedores (terceros)	Mensual	KRI0025	Aplicaciones en producción con cumplimiento parcial o deficiente de los controles de seguridad	Trimestral
KRI0011	Vulnerabilidades críticas pendientes de corregir detectadas en las pruebas de hackeo ético	Mensual	KRI0026	Data base managers (DBM) con versiones de tecnología obsoletas o no soportadas	Trimestral

KRI	Nombre	Periodicidad	KRI	Nombre	Periodicidad
KRI0012	Indisponibilidad de los sistemas de TI.	Mensual	KRI0027	Aplicaciones obsoletas o no soportadas	Trimestral
KRI0013	Indisponibilidad de banca electrónica	Mensual	KRI0028	Servidores Windows y UNIX/ Linux sin cobertura de parches de seguridad	Mensual
KRI0014	Incidentes críticos y de alta prioridad en ambientes productivos	Mensual	KRI0029	Workstations sin cobertura de parches de seguridad	Mensual
KRI0015	Componentes de la infraestructura tecnológica expuestos a internet sin pruebas de hackeo ético o análisis de vulnerabilidades.	Trimestral	KRI0030	Data base managers (DBM) sin cobertura de parches de seguridad	Trimestral

Fuente: Elaboración propia con información de las Disposiciones de carácter general aplicables a las instituciones de crédito y el Anexo 72 emitida por la CNBV.

Como parte importante del proceso, el CISO debe realizar la verificación anual de los perfiles, por lo que requiere la información necesaria de las áreas involucradas para determinar la correcta asignación; en caso de presentarse un incidente, los perfiles deberán ser revisados y se aplicarán las medidas que se estimen necesarias para la corrección. Este control ayuda a tener una clara visión del personal que tienen acceso a la infraestructura tecnológica y a los sistemas informáticos de la institución. También sirve para establecer una función preventiva. Esta dinámica y la normatividad que la sustenta se puede ver en el gráfico siguiente.

Gráfico 3. **Dinámica y la normatividad que la sustenta**

Capacitación y concientización	Infraestructura tecnológica	AV y PP	Ciberseguridad	Incidentes de seguridad
Programas anuales 168 Bis 12 F-VIII	Participación CISO 168 Bis 14 F-I	Calendario anual 168 Bis 12 F-III	Búsqueda de alertas 168 Bis 12 F-IX	Coordinar el EDRI 168 Bis 14 F-VII
Coordinar programas 168 Bis 14 F-X	Evaluación IT 168 Bis 11 F-I a XV	Contratación tercero 168 Bis 12 F-IV	Gestión alertas 168 Bis 14 F-VI	Informe a OG 168 Bis 14 F-VIII
Capacitación gremial ABM - OSI	Revisiones de seguridad 168 Bis 12 F-II	Clasificación vulnerabilidades 168 Bis 12 F-V	Consultor externo independiente	Atención de incidentes 168 Bis 16 F- I y II
	Implementación controles 168 Bis 12 F-X	Plan de remediación 168 Bis 12 F-VI		Registro de incidentes 168 Bis 17
	Contratación de terceros Art. 168 Bis 11	Seguimiento 168 Bis 12 F-VII		
	Validar mecanismos A71 Art. 168 Bis 14 F- IX			

Fuente: Elaboración propia con información de la Resolución Modificatoria y las Disposiciones de carácter general aplicables a las instituciones de crédito emitida por las CNBV.

4.3 Capacitación y concientización, acciones coordinadas

Parte fundamental de las funciones del CISO es tener un plan anual de capacitación y concientización en la materia, coordinándolo en todo momento. El material deberá ser impartido a los colaboradores de la institución, a los terceros involucrados en la prestación de servicios relacionados y a los clientes a través de los medios disponibles para ello, midiendo en todo caso su efectividad.

Recordando que parte de la efectividad de las técnicas de ingeniería social es la explotación del recurso humano —el eslabón más débil—, se debe mantener informados a los colaboradores, al cuerpo directivo, a terceros y clientes sobre las amenazas existentes. Cabe mencionar que es relevante que los terceros que prestan servicios tecnológicos no están exentos de dichas revisiones, ya que el compromiso de mantener controles de seguridad robustos no solo es para las instituciones.

Las evaluaciones y revisiones a la infraestructura tecnológica, a las medidas de seguridad y a los controles que preservan la confidencialidad, integridad y disponibilidad de la información, se deben realizar de forma periódica, así como reportar a los órganos de gobierno y a la autoridad el cabal cumplimiento de estos.

4.4 Seguridad al exterior

En el Anexo 71 se contemplan las medidas de seguridad para la identificación presencial y no presencial a través de los requisitos técnicos biométricos para la captura de huellas dactilares e identificación facial. Se considera lo siguiente:

1. Captura de huella dactilar

a. Parámetros de operación de la plataforma (*software* y *hardware*) para la captura de huellas dactilares.

b. Excepción a la captura de huellas dactilares.

c. Autenticación utilizando la base de datos de huellas dactilares de las propias instituciones.

2. Lineamientos de operación para reconocimiento facial

Se deben registrar tanto los biométricos como el reconocimiento facial de los empleados de la institución, con lo cual se impide el uso de estos en sustitución de los del cliente.

4.5 Elementos y acciones para prevenir potenciales ataques

Se vuelve permanente el análisis de vulnerabilidades, código y pruebas de penetración; este último deberá ser realizado por un tercero independiente con la experiencia suficiente para el desarrollo de las pruebas. Se deberá tener un plan anual para la realización de análisis y pruebas, así como del plan de remediaciones y su respectivo seguimiento hasta su conclusión. Las vulnerabilidades deberán clasificarse y reportarse tanto en los indicadores de riesgos de seguridad de la información (Anexo 72) presentados al CAIR como los reportados en el plan director.

En temas de ciberseguridad, el CISO deberá gestionar algún servicio de búsqueda y gestión de alertas que le permita prevenir potenciales ataques. Aun cuando la CNBV emitan alertas, es importante contar con un servicio que facilite hacer alertamientos con base en la infraestructura y servicios informáticos con los que cuente cada institución; lo cual, aunado al punto de capacitación y concientización, puede ser una excelente opción preventiva.

En respuesta a los incidentes de seguridad, el CISO será responsable de coordinar y presidir el Equipo de Detección y Respuesta a Incidentes de la institución, el cual deberá contar no solo con la experiencia, sino con las herramientas y, sobre todo, con los protocolos que le permitan identificar situaciones anómalas. De acuerdo con los anexos 64 y 64 bis, los protocolos y tiempos de notificación a la CNBV son los que a continuación se muestran.

Gráfico 4. **Protocolos y tiempos de notificación a la CNBV (anexos 64 y 64 bis)**

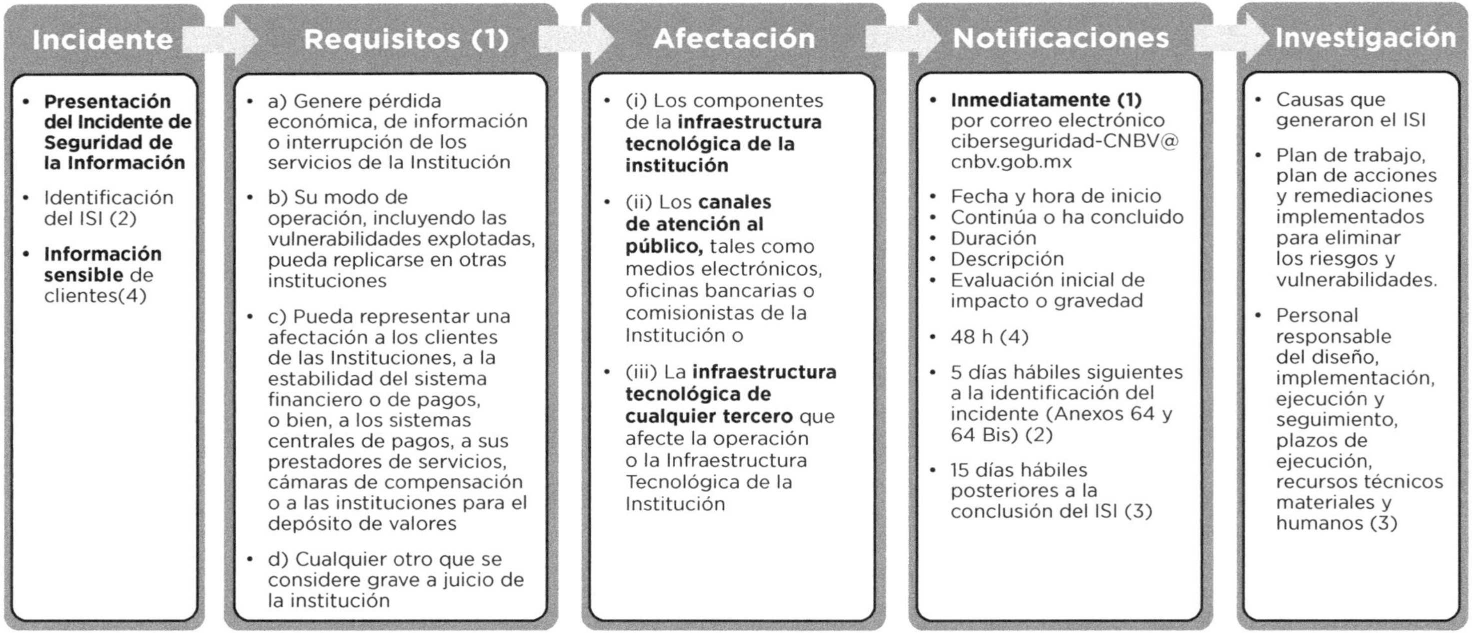

Fuente: Elaboración propia con información de la Resolución Modificatoria y las Disposiciones de carácter general aplicables a las instituciones de crédito emitida por las CNBV.

Aunado a lo establecido en el punto anterior, para proporcionar una adecuada rendición de cuentas y transparencia, es indispensable la participación de las áreas de negocio, soporte al negocio, cumplimiento, órganos sociales y terceros, y que estas se apeguen a la normatividad en tiempo y forma conforme se expresa en el siguiente cuadro, donde se resume qué hacer de acuerdo con la regulación.

Cuadro 6. **Acciones puntuales de acuerdo con la regulación vigente**

Origen	Artículo	Fracción	Resumen
Sección segunda de los fundamentos del ejercicio del crédito. Apartado B de la infraestructura de apoyo.	11	-	Etapas, procesos y personal adecuado e infraestructura tecnológica para la actividad crediticia.
	12	III	Mantener controles de confidencialidad, integridad y disponibilidad. Así como de recuperación ante contingencias operativas.
Sección tercera de las funciones del ejercicio de crédito. Apartado A de la originación del crédito. Sección segunda datos de los clientes. Apartado A de la identificación y realización de operaciones presenciales.	15 Bis	V	Mantener la confidencialidad, integridad y disponibilidad de la información en los sistemas administrados por la institución.
	51 Bis 3	I	Descripción detallada del mecanismo (Anexo 71) y la infraestructura empleada en el proceso, lo cual debe ser aprobado por el Consejo.
	51 Bis 5	I	Descripción detallada del mecanismo y la infraestructura empleada en el proceso, lo cual debe ser aprobado por el Consejo.

Origen	Artículo	Fracción	Resumen
Apartado B de la identificación no presencial.	51 Bis 9	I	Descripción detallada del mecanismo y la infraestructura empleada en el proceso, lo cual debe ser aprobado por el Consejo.
Apartado A del Comité de Riesgos.	71	IX	Aprobar la metodología para clasificar las vulnerabilidades de acuerdo con su criticidad, probabilidad de ocurrencia e impacto.
Sección cuarta de la administración por tipo de riesgo. Apartado B de los riesgos cuantificables no discrecionales.	86	III	Cumplir con la Sección Octava Bis. Controles para identificar y resolver eventos que puedan generar riesgos: fraudes y el uso inadecuado de la infraestructura tecnológica. Clasificación de la información y su tratamiento. Se debe incluir el manual de administración integral de riesgos. Evaluaciones de riesgo tecnológico que deben ser vigiladas de forma permanente.
Sección segunda del Consejo.	141	III	Los que regulen y controlen lo relativo a la infraestructura tecnológica, incluidos los sistemas automatizados de procesamiento de datos y redes de telecomunicaciones Art. 52 de la LIC.

Origen	Artículo	Fracción	Resumen
Sección quinta de la Auditoría Interna.	160	III	Verificar que la infraestructura tecnológica que soporta la operación y procesos internos de la institución, incluyendo los sistemas contables, operacionales de cartera crediticia, con valores o de cualquier otro tipo, cuenten con mecanismos para preservar la integridad, confidencialidad y disponibilidad de la información, que eviten su alteración y cumplan con los objetivos para los cuales fueron implementados o diseñados, en términos del Artículo 168 Bis 11 de estas disposiciones. Asimismo, vigilar periódicamente la infraestructura tecnológica a fin de identificar fallas potenciales y verificar que esta genere información suficiente, consistente y que fluya adecuadamente.
		XIV	Evaluar con base en el programa anual de trabajo el proceso de gestión de incidentes de seguridad de la información al que alude el Artículo 168 Bis 14 de estas disposiciones.

Origen	Artículo	Fracción	Resumen
Sección sexta de la Dirección General	164	IV	Proteger la integridad y mantenimiento de la infraestructura tecnológica y sistemas automatizados de procesamiento de datos y redes de telecomunicaciones (Art. 52 LIC), así como la integridad, confidencialidad y disponibilidad de la información recibida, generada, procesada, almacenada y transmitida Art. 168 Bis 11. Contar con procedimientos para que los clientes puedan reportar el robo o extravío de sus factores de autenticación, incluida la operación con comisionistas. Contar con procedimientos, estructuras organizacionales y políticas de seguridad de la información acordes con la institución.
	164 Bis	III	Notificar a la CNBV las contingencias operativas (investigación de incidentes de seguridad).
Sección séptima de las funciones de Contraloría Interna.	166	III	Correcto funcionamiento de la Infraestructura Tecnológica Art. 168 Bis 11 y 14.
Sección novena. Disposiciones finales.	169	-	Documentación del Sistema de Control Interno aplicable a TI.

Origen	Artículo	Fracción	Resumen
Capítulo X del uso del servicio de banca electrónica. Sección tercera de la operación del servicio de banca electrónica.	315 Bis	I	Registro de instrucciones.
Sección cuarta de la seguridad, confidencialidad e integridad de la información transmitida, almacenada o procesada a través de medios electrónicos.	316 Bis 10	V	Certificación PCI-DSS, PA-DSS y en su caso PTS. TDD y TDC EMV 1 y 2.
	316 Bis 12	-	Derogado
Sección quinta del monitoreo, control y continuidad de las operaciones y servicios de banca electrónica.	316 Bis 14	-	Conservación de las bases de datos de operaciones.
	316 Bis 17	-	Derogado
	316 Bis 20	-	Derogado

Fuente: Elaboración propia con información de la Resolución Modificatoria y las Disposiciones de carácter general aplicables a las instituciones de crédit emitida por la CNBV.

Certificación PCI-DSS

Un cambio relevante que implica a una entidad certificadora, así como un arduo trabajo para las instituciones, es la certificación PCI-DSS, la cual es un Estándar de Seguridad de Datos de Payment Card Industry (PCI DSS) que se desarrolló para fomentar y mejorar la seguridad de los datos del tarjetahabiente y para facilitar la adopción generalizada de medidas de seguridad de datos consistentes a nivel mundial.

PCI DSS proporciona una base de requisitos técnicos y operativos diseñados para proteger los datos del tarjetahabiente. Si bien está diseñado específicamente para enfocarse en entornos con datos de cuentas de tarjetas de pago, PCI DSS también se puede utilizar para proteger de amenazas y asegurar otros elementos en el ecosistema de pagos.

El cumplimiento con PCI DSS es responsabilidad de todas las entidades que de alguna manera almacenan, procesan o transmiten datos de tarjetahabientes (Cardholder Data o CHD) y datos de autenticación sensibles (Sensitive Authentication Data o SAD) o que podrían impactar la seguridad del entorno de datos del tarjetahabiente (Cardholder Data Environment o CDE). Esto incluye todas las entidades que se dediquen al procesamiento de cuentas de pago con tarjetas: comercios, procesadores, adquirentes, emisores y otros proveedores de servicios.

Tabla 2. **Requisitos principales PCI DSS**

Estándar de seguridad de datos PCI: descripción general de alto nivel	
Construya y mantenga redes y sistemas protegidos	1. Instale y mantenga controles de seguridad en la red. 2. Aplique configuraciones protegidas para todos los componentes del sistema
Proteja los datos del tarjetahabiente	3. Proteja los datos de cuenta almacenados. 4. Proteja los datos del titular de la tarjeta con una sólida criptografía durante la transmisión a través de redes públicas abiertas.
Mantenga un programa de gestión de vulnerabilidades	5. Proteja todos los sistemas y redes de *software* malintencionado. 6. Desarrolle y mantenga sistemas y *softwares* protegidos.
Implemente medidas sólidas de control de acceso	7. Restrinja el acceso a los componentes del sistema y a los datos del titular de la tarjeta según las necesidades comerciales. 8. Identifique a los usuarios y autentique el acceso a los componentes del sistema. 9. Restrinja el acceso físico a los datos del titular de la tarjeta.
Monitorear y verificar las redes regularmente	10. Registre y monitoree todo el acceso a los componentes del sistema y a los datos del titular de la tarjeta. 11. Verifique la seguridad de los sistemas y redes regularmente.
Mantenga una política de protección informática	12. Respalde la protección informática con políticas y programas organizacionales.

Fuente: Estándar de Seguridad de Datos. Requisitos y Procedimientos de Evaluación. Versión 4.0 (Payment Card Industry, 2022); PCI Security Standards Council, Asegurar Juntos el Futuro de los Pagos.

5 | REPASO OBLIGATORIO

El ciberataque entre abril y mayo de 2018 en México —que afectó a cinco instituciones financieras y dejó un daño de aproximadamente 300 millones de pesos— destacó la necesidad urgente de revisar y fortalecer las prácticas de seguridad cibernética en el sector financiero a través de controles y políticas de seguridad más estrictos, cuyo periodo de entrada en vigor fue noviembre del 2018, y la última fecha para cumplir noviembre de 2021, tiempo suficiente para que todas las instituciones de banca múltiple reunieran los requisitos; no obstante, aún se presentan informes y reportes que se deberán entregar a la CNBV de forma periódica, como los que enseguida se enlistan.

1. Plan Director de Seguridad de la Información.
2. Informe de gestión del CISO.
3. Reporte de Incidentes de Seguridad (Anexo 64 y 64 Bis), en caso de presentarse.
4. Indicadores de Riesgo de Seguridad (Anexo 72), el cual se debe reportar al Comité Riesgos mensualmente.
5. Resultado de los análisis de vulnerabilidades y pruebas de penetración que se deben incluir en el informe del punto anterior.

La regulación actual tiene anexos que permiten registrar y llevar un control de las políticas y controles que procura dicha modificación a las disposiciones que, si bien lo hemos mencionado, será importante dar un repaso a los anexos con el fin de establecer su relevancia.

Cuadro 7. **Anexos de registro y control de las políticas**

Anexo	Descripción
64	Incidentes de afectación en materia de seguridad de la información (formato)
	I. Información de la institución II. Información detallada del Incidente de Seguridad de la Información III. Clasificar el Incidente de Seguridad de la Información con base en las siguientes definiciones: IV. Señalar en las tablas siguientes la clasificación en las que se ubica el incidente mediante los conceptos del catálogo siguiente:
64 Bis	Informe de Incidentes de Seguridad de la Información (formato)
	I. Información de la institución II. Información detallada del Incidente de Seguridad de la Información
71	Requerimientos técnicos para la captura de huellas dactilares e identificación facial como datos biométricos
	I. Captura de huella dactilar II. Lineamientos de operación para reconocimiento facial III. Glosario
72	Indicadores de Seguridad de la Información
	I. Anexo 12-A (Categorías de tipos de Riesgo Operacional) II. 30 Indicadores Clave de Riesgo

Fuente: Elaboración propia.

Para finalizar, es importante mencionar las fechas en las cuales se debieron atender cada una de modificaciones a las disposiciones; pero, como todo cambio mayor, es indispensable dar tiempo a que se implementen dichas medidas.

Cuadro 8. **Fechas para la modificación de las disposiciones**

Plazo	Fecha	Número de requisitos
Día siguiente	28 de noviembre de 2018	Todos los requisitos no mencionados en los transitorios
6 meses	27 de mayo de 2019	12
9 meses	27 de agosto de 2019	16

Plazo	Fecha	Número de requisitos
12 meses	27 de noviembre de 2019	17
18 meses	27 de noviembre de 2020	1
36 meses	27 de noviembre de 2021	1

Fuente: Elaboración propia.

En resumen, las iniciativas emitidas por las autoridades han permitido robustecer las áreas de seguridad de la información no solo a través de la figura del CISO que reporta a la Dirección General, sino presentando información clara y precisa a los miembros de los comités de Auditoría y Riesgos en cuanto a las acciones que se están tomando, por ejemplo, los riesgos en la materia, los recursos humanos, materiales y económicos necesarios para atender la regulación y para remediar los puntos débiles al interior de esta.

Por ello, es importante recalcar que el esfuerzo no es de una sola persona o área, sino institucional; que debe ser apoyado por todos y cada uno de los integrantes de la organización y las autoridades, quienes también deberán actualizarse en lo que respecta a la regulación y tecnología para combatir ataques derivados de las nuevas tecnologías que avanzan a pasos agigantados.

NOTAS

1. «Estimación del riesgo cibernético en el sector financiero», Fondo Monetario Internacional, 22 de junio de 2018, https://www.imf.org/es/Blogs/Articles/2018/06/22/blog-estimating-cyber-risk-for-the-financial-sector

2. «Ciberataques en el 2018 superarán cifras del 2017», *El Economista*, 18 de julio de 2018, https://www.eleconomista.com.mx/sectorfinanciero/Ciberataques-en-el-2018-superaran-cifras-del-2017-20180718-0103.html

3. **Robo de credenciales.** Los ciberdelincuentes utilizan credenciales de inicio de sesión comprometidas para obtener acceso a cuentas y datos.
Escalamiento de privilegios. Explotan una vulnerabilidad o fallo de una aplicación o sistema, obteniendo permisos de acceso más amplios de los que inicialmente debería tener. Estos permisos permiten acceder a ciertas áreas reservadas en las que se podría almacenar información sensible susceptible de ser robada.
Movimientos laterales entre servidores. Se navega a través de una red o sistema comprometido, moviéndose sigilosamente de un *host* a otro; el movimiento lateral permite a los atacantes extender y ampliar su control y acceder a activos valiosos dentro de la red.
Inserción de archivos o ejecución de instrucciones. Es la técnica utilizada para alterar o modificar archivos y que sean ejecutados con el contenido alterado.
Borrado de bitácoras. Las bitácoras se refieren al registro y grabación secuencial en un archivo o en una base de datos de todos los eventos o acciones que afectan a un proceso particular (aplicación, actividad de una red informática, etc.). De esta forma constituye una evidencia del comportamiento del sistema.

FUENTES CONSULTADAS

- «Ciberataques en el 2018 superarán cifras del 2017». *El Economista*. 18 de julio de 2018. https://www.eleconomista.com.mx/sectorfinanciero/Ciberataques-en-el-2018-superaran-cifras-del-2017-20180718-0103.html
- Banco de México. *Ciberseguridad*. https://www.banxico.org.mx/sistema-financiero/seguridad-informacion-banco.html
- Banco de México. *Circular 14/2017*. https://www.banxico.org.mx/marco-normativo/normativa-emitida-por-el-banco-de-mexico/circular-14-2017/%7BA06FBFEE-06BB-F249-32FC-25B334B2A744%7D.pdf

- Banco de México. *Informe Anual sobre las Infraestructuras de los Mercados Financieros 2023*. https://www.banxico.org.mx/publicaciones-y-prensa/informe-anual-sobre-las-infraestructuras-de-los-me/%7BC0033C9D-4821-F3F2-1F71-79BB7EDAE1AA%7D.pdf
- Banco de México. *Informe Trimestral Enero – Marzo 2018*. Recuadro 6, «Información sobre los Ataques a Participantes del Sistema de Pagos Electrónicos Interbancarios (SPEI)». Mayo de 2018, pp. 51-53
- Banco de México. *Normatividad agrupada por años*. https://www.banxico.org.mx/marco-normativo/normativa-agrupada-por-ano-cr.html
- Comisión Nacional Bancaria y de Valores. *Disposiciones de carácter general aplicables a las instituciones de crédito: Anexos 64, 64 Bis, 71 y 72*.
- Comisión Nacional Bancaria y de Valores. *Normatividad*. https://www.cnbv.gob.mx/Paginas/Normatividad.aspx
- Fondo Monetario Internacional. *Estimación del riesgo cibernético en el sector financiero*. 22 de junio de 2018. https://www.imf.org/es/Blogs/Articles/2018/06/22/blog-estimating-cyber-risk-for-the-financial-sector
- Payment Card Industry. *Estándar de Seguridad de Datos Versión 4.0*. Marzo 2022. https://listings.pcisecuritystandards.org/documents/PCI-DSS-v4_0-LA.pdf
- PCI Security Standards Council. *Asegurar Juntos el Futuro de los Pagos*. https://www.pcisecuritystandards.org/lang/es-es/
- Resolución Modificatoria 116ª.

SEMBLANZA DEL AUTOR

Rafael Ulises Lozano Argueta es ingeniero en Sistemas Computacionales con una maestría en Administración de las Telecomunicaciones. Posee diversas certificaciones y cursos especializados, entre los que destacan CISM, CISSP, ISO 22301, CRISC y Ethical Hacking.

Su experiencia abarca áreas como Tecnologías de la Información, Contraloría y Gestión de Riesgos de TI, Continuidad de Negocio, Protección de Datos Personales, Seguridad de la Información y Ciberseguridad. Actualmente es responsable de Seguridad de la Información, Continuidad de Negocio y Ciberseguridad en Fincomún Servicios Financieros.

A lo largo de su carrera, ha participado activamente en organizaciones como la Asociación de Bancos de México (ABM) y la Asociación Mexicana de SOFIPO (AMSOFIPO), además de contribuir en los foros de participantes del SPEI.

CAPÍTULO 05

SEGURIDAD FINANCIERA A TRAVÉS DEL BLINDAJE DIGITAL

José Mendoza

INTRODUCCIÓN

El avance tecnológico en el sector bancario ha transformado radicalmente la manera en que los usuarios realizan sus transacciones financieras. La digitalización ha permitido una mayor eficiencia y accesibilidad facilitando pagos, transferencias y operaciones que anteriormente requerían tiempo y trámites complejos. Sin embargo, este progreso ha abierto la puerta a nuevas vulnerabilidades que son aprovechadas por grupos y actores maliciosos especializados en fraudes, que han evolucionado en paralelo con los sistemas bancarios.

En particular, las instituciones se enfrentan a una creciente sofisticación en los métodos de suplantación de identidad, hackeo y acceso no autorizado. Ante este panorama, los bancos han respondido con el desarrollo e implementación de herramientas avanzadas de seguridad destinadas a mitigar estos riesgos y garantizar que únicamente el titular legítimo de la cuenta pueda realizar movimientos financieros.

Uno de los principales avances en materia de ciberseguridad financiera es la adopción de la autenticación en dos pasos (2FA), mecanismo que exige —como una barrera crítica contra accesos indebidos— verificar la identidad del usuario a través de dos métodos diferentes, generalmente una combinación de algo que el usuario sabe (contraseña), algo que posee (un dispositivo como un teléfono) y algo que es (biometría). De esta forma se dificulta que un atacante pueda superar ambos niveles de seguridad.

Además de la doble autenticación, las instituciones bancarias han recurrido a controles biométricos como un estándar de seguridad superior. En México, estos controles se introdujeron inicialmente en las Administradoras de Fondos para el Retiro (Afores) en 2015, extendiéndose al sector bancario en 2020 como parte de una regulación obligatoria.

Instituciones como Banco Azteca y BanCoppel adoptaron la biometría desde el inicio de sus operaciones en 2002 y 2006, respectivamente, mientras que otras implementaron estas tecnologías poco antes de la entrada en vigor de los requisitos regulatorios, que incluyen el reconocimiento de huellas dactilares, el escaneo facial y la identificación por iris que ofrecen un nivel adicional de seguridad al vincular directamente la identidad física del usuario con su acceso digital.

En el panorama internacional, las instituciones financieras enfrentan una creciente sofisticación de las amenazas cibernéticas, con un enfoque particular en el fraude de identidad. Los delincuentes han comenzado a emplear tecnologías emergentes como la inteligencia artificial (IA) para perfeccionar sus métodos de ataque. Herramientas impulsadas por IA pueden replicar voces, falsificar documentos, incluso generar imágenes faciales ultra realistas, lo que pone a prueba los sistemas tradicionales de seguridad.

Este escenario ha impulsado a las instituciones financieras a adoptar enfoques proactivos, invirtiendo en tecnologías como la detección de anomalías mediante aprendizaje automático, análisis en tiempo real y algoritmos predictivos que identifican patrones sospechosos antes de que ocurra un incidente. La colaboración entre instituciones también ha ganado relevancia, especialmente a través de la creación de redes de información compartida para combatir amenazas comunes.

En este contexto, el concepto de blindaje digital va más allá de la simple implementación de herramientas tecnológicas, implica un enfoque estratégico y dinámico que abarca múltiples frentes: inversión en infraestructura tecnológica, capacitación continua del personal y educación al usuario final. Este último aspecto es particularmente crítico, ya que los fraudes más exitosos a menudo explotan el error humano, como la entrega inadvertida de información confidencial o el acceso a enlaces fraudulentos.

Además, el blindaje digital no se limita al combate del fraude, también busca garantizar la confianza del cliente, un activo invaluable en el sector financiero en un entorno donde las amenazas son cada vez más sofisticadas, por lo que las instituciones que demuestran un compromiso sólido con la seguridad adoptan herramientas como la autenticación multifactorial, la biometría y el análisis avanzado impulsado por IA.

No obstante, la tecnología por sí sola no es suficiente: requiere una visión integral que contemple regulación, educación y colaboración entre los actores del sector para construir un ecosistema financiero seguro y resiliente frente a los desafíos del futuro.

1| EL INCREMENTO DEL FRAUDE Y LA NECESIDAD DE AUTENTICACIÓN SEGURA

En los últimos años, el fraude financiero ha alcanzado niveles alarmantes en México, que se intensificaron por la aceleración de la transformación digital que trajo consigo la pandemia de COVID-19, permitiendo a millones de personas acceder a servicios financieros de manera remota, pero también dejando expuestas vulnerabilidades que los estafadores aprovecharon rápidamente.

Para 2023, las pérdidas derivadas de fraudes bancarios y financieros en México alcanzaron cifras récord, impactando severamente tanto a los consumidores como a las instituciones financieras. Este panorama refleja no solo una evolución en las técnicas empleadas por los delincuentes, sino un desafío creciente para los sistemas de seguridad tradicionales. Métodos como contraseñas, PIN o incluso tarjetas de coordenadas, han demostrado ser insuficientes frente a amenazas cada vez más sofisticadas.

Ante esta situación, la biometría ha emergido como una solución robusta y confiable, posicionándose como el futuro de la autenticación segura. Basada en características únicas e intransferibles de los usuarios, como huellas dactilares, reconocimiento facial, patrones de iris y voz, la autenticación biométrica ofrece una capacidad inequívoca de verificación de identidad, porque a diferencia de las contraseñas o tókenes, los datos biométricos no pueden ser olvidados, robados o duplicados fácilmente, lo que los convierte en una herramienta clave para combatir el fraude.

Por un lado, este enfoque le permite al usuario mejorar la experiencia al eliminar la necesidad de recordar complejas claves de acceso, por el otro, a las instituciones financieras reducir la probabilidad de accesos no autorizados, y a ambos evitar la suplantación de identidad, el principal motor del incremento en reclamaciones en el Sistema Financiero Mexicano.

La suplantación de identidad ocurre cuando una persona utiliza datos personales de un tercero, ya sea a través de documentos falsificados, ingeniería social o vulneraciones tecnológicas para acceder a cuentas bancarias o realizar transacciones no autorizadas.

Los datos son contundentes: en los últimos diez años, el número de reclamaciones relacionadas con operaciones no reconocidas en México creció 89 %. Sin embargo, dentro de este aumento general, las reclamaciones específicas por suplantación de identidad han experimentado un crecimiento más acelerado al aumentar 106 % en el mismo periodo. Este comportamiento contrasta marcadamente con el modesto incremento del 39 % en la emisión de tarjetas de crédito en el mismo lapso, incluso con la disminución en su número entre 2017 y 2022, como se aprecia en la siguiente gráfica.

Gráfica 1. **Histórico de universo de reclamaciones de las instituciones bancarias en México comparado con el histórico de tarjetas de crédito en circulación**

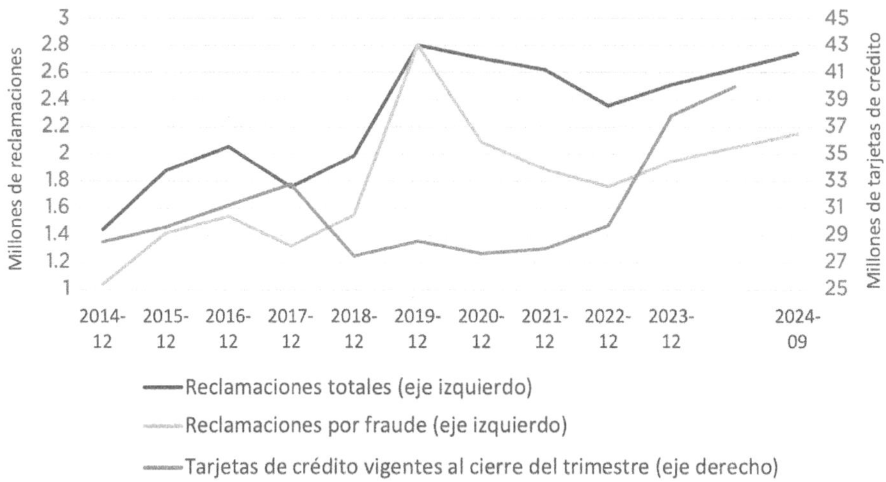

Fuente: Elaboración propia con datos del Banco de México (2024) y CNBV (s. f.).

Esta discrepancia pone de manifiesto una vulnerabilidad estructural en el sistema financiero mexicano frente a este tipo de delitos: mientras el número de tarjetas activas no crece al mismo ritmo que las reclamaciones, el aumento desproporcionado de los fraudes sugiere que los delincuentes están explotando lagunas de seguridad existentes, especialmente en sistemas de autenticación tradicionales, generando una pérdida de confianza en el sistema y un aumento en los costos operativos asociados a la resolución de estas reclamaciones.

Ante este panorama, la implementación de biometría representa un cambio de paradigma en la seguridad financiera, porque mientras los métodos tradicionales dependen de información que puede ser compartida o robada, los datos biométricos se basan en características físicas únicas, lo que dificulta enormemente su manipulación o duplicación. Esto no solo reduce las tasas de fraude, también mejora la confianza del cliente al demostrar un compromiso sólido con la seguridad.

Por estas ventajas, y para tener una detección más eficiente de actividades sospechosas en tiempo real, desde 2020 los bancos en México están obligados, por normatividad, a utilizar controles biométricos para autenticar a sus usuarios porque, si bien la biometría no es infalible, ofrece una mayor protección a los clientes y fortalece la infraestructura de seguridad bancaria, elementos esenciales para garantizar la resiliencia del sistema financiero frente a amenazas futuras.

2| FRAUDES Y RECLAMACIONES, RAZONES SUFICIENTES PARA EL USO DE BIOMÉTRICOS

El crecimiento en las reclamaciones totales, particularmente aquellas relacionadas con suplantación de identidad[1], ha superado significativamente el ritmo de crecimiento del número de tarjetas de crédito activas en el mercado, como se observa en la gráfica.

Gráfica 2. **Reclamaciones por suplantación de identidad y tipo de resolución reportado por entidades bancarias ante la CNBV**

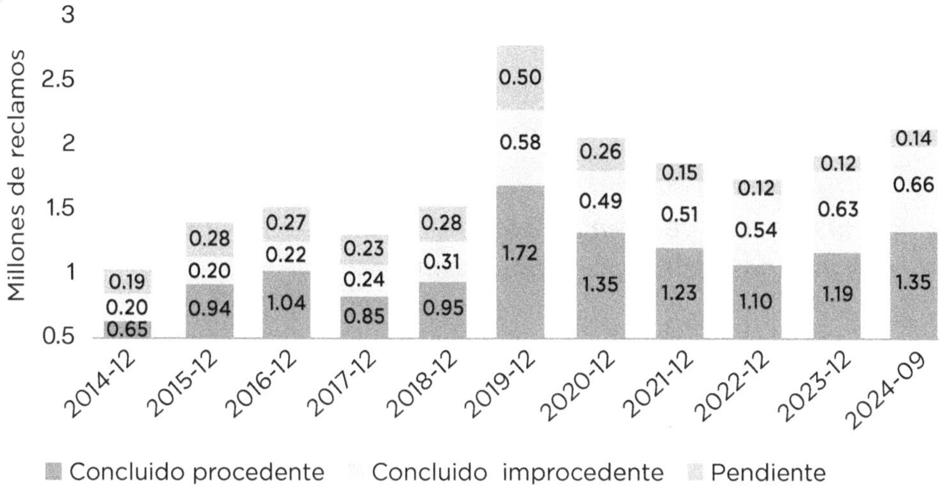

Fuente: Elaboración propia con datos de la CNBV (s. f.).

Mientras el número de tarjetas de crédito experimentó un aumento moderado en los últimos años, los casos de suplantación de identidad se triplicaron proporcionalmente, lo que pone en evidencia un cambio sustancial tanto en la naturaleza como en el volumen de las reclamaciones.

El pico observado en 2019 marca un momento crítico en esta tendencia, ya que las reclamaciones totales alcanzaron su máximo histórico. De manera paradójica, este aumento ocurre en paralelo con una contracción en el número de tarjetas de crédito activas, lo que indica que la proliferación de fraudes y el aumento en las reclamaciones no están directamente correlacionados con el tamaño del mercado de tarjetas, sino con otros factores estructurales que incluyen:

1. Sofisticación de los delincuentes.
2. Uso de tecnologías emergentes para perpetrar fraudes.

3. Posibles vulnerabilidades en los sistemas de autenticación tradicionales.
4. Adopción masiva de servicios digitales de parte de los usuarios, sobre todo a raíz de la pandemia de COVID-19, dejando a muchas instituciones financieras en una posición reactiva frente a amenazas que evolucionaron rápidamente.

2.1 El impacto de los nuevos controles y un enfoque para atender los desafíos persistentes

Entre 2020 y 2024, las estadísticas reflejan un cambio interesante: mientras que las reclamaciones por suplantación de identidad continuaron creciendo, el 50 % de los casos reportados fueron resueltos a favor de los bancos. Este resultado es atribuido en gran medida a la efectividad de los nuevos controles de doble autenticación implementados en este periodo, que han obligado a las instituciones financieras a reforzar significativamente sus mecanismos de seguridad, reduciendo las brechas que previamente facilitaban el fraude.

Sin embargo, a pesar de los avances en la resolución a favor de las instituciones, los clientes continúan enfrentándose a las consecuencias económicas y emocionales de los fraudes. Esto subraya un desafío pendiente: aunque los controles actuales dificultan la realización de fraudes en etapas avanzadas, no han sido suficientes para prevenir completamente la suplantación de identidad desde sus etapas iniciales, de ahí que se requiera un enfoque centrado en el cliente que incluye:

1. **Prevención temprana del fraude.** Implica desarrollar sistemas que identifiquen patrones sospechosos desde los primeros indicios de actividad irregular, utilizando tecnologías como inteligencia artificial y análisis predictivo.
2. **Educación al cliente.** Para atender este tema es necesario diseñar campañas que informen a los usuarios sobre cómo

identificar intentos de suplantación de identidad, como correos de *phishing*, llamadas fraudulentas o sitios web apócrifos.

3. **Mejoras en los procesos de resolución.** Podrían incluir medidas para garantizar que los mecanismos para reportar fraudes sean rápidos, accesibles y centrados en el cliente, minimizando el impacto económico y emocional para los afectados.
4. **Fortalecer la cooperación entre instituciones financieras, reguladores y actores tecnológicos.** Compartir información sobre amenazas emergentes y mejores prácticas es un acción obligada para aprender, en su caso, de errores ajenos y prevenir acciones futuras.

2.2 Evolución del fraude por canal de operación: una década de transformaciones (2014-2024)

El aumento desproporcionado en las reclamaciones por suplantación de identidad en México refleja no solo una mayor actividad fraudulenta, sino también la necesidad urgente de abordar vulnerabilidades estructurales en el sistema financiero. Si bien los nuevos controles de autenticación han demostrado ser efectivos para las instituciones bancarias, es esencial que estas también centren sus esfuerzos en prevenir el fraude y proteger proactivamente a sus clientes. La adopción de estrategias integrales será clave para enfrentar este desafío y fortalecer la confianza en el sistema financiero.

En el periodo 2014-2024, los canales de operación involucrados en los casos de suplantación de identidad han sufrido transformaciones significativas, reflejando los cambios en los hábitos de consumo y las dinámicas tecnológicas. La gráfica 3 destaca cómo los patrones de fraude se han desplazado con un aumento notable en el comercio por internet y la banca móvil, mientras que el fraude en terminales punto de venta (TPV) ha mostrado una tendencia decreciente.

Tabla 1. **Porcentaje de reclamaciones de suplantación de identidad por canal de operación (2014-2024)**

Canal de operación	2014-12	2015-12	2016-12	2017-12	2018-12	2019-12	2020-12	2021-12	2022-12	2023-12	2024-09
Terminal punto de venta	68.7 %	59.7 %	43.8 %	27.1 %	21.0 %	23.7 %	17.7 %	31.1 %	25.1 %	22.6 %	22.0 %
Comercio por internet	15.4 %	18.3 %	35.3 %	51.9 %	55.3 %	57.8 %	64.6 %	51.1 %	55.3 %	63.1 %	66.6 %
Comercio por teléfono	8.2 %	10.3 %	12.9 %	13.1 %	14.4 %	11.0 %	8.1 %	8.3 %	7.8 %	1.9 %	1.9 %
Cajeros automáticos	4.7 %	4.3 %	3.8 %	4.3 %	4.0 %	3.1 %	2.6 %	2.9 %	3.1 %	2.8 %	2.7 %
Sucursales	2.1 %	1.3 %	0.7 %	0.8 %	0.7 %	0.7 %	1.5 %	1.9 %	0.4 %	0.2 %	0.2 %
Pagos por celular	0.5 %	0.1 %	0.0 %	0.0 %	0.0 %	0.0 %	0.0 %	0.0 %	0.0 %	0.0 %	0.0 %
Operaciones por internet personas físicas	0.2 %	5.9 %	2.2 %	0.7 %	1.2 %	0.9 %	1.3 %	2.6 %	3.6 %	1.8 %	2.0 %
Por definir	0.1 %	0.0 %	0.2 %	0.4 %	1.0 %	0.0 %	0.0 %	0.0 %	0.0 %	0.0 %	0.0 %
Banca móvil	0.0 %	0.0 %	0.5 %	1.6 %	2.4 %	2.7 %	3.9 %	2.0 %	4.6 %	6.7 %	4.4 %
Operaciones por internet personas morales	0.0 %	0.1 %	0.2 %	0.0 %	0.0 %	0.1 %	0.2 %	0.0 %	0.1 %	0.2 %	0.1 %
Corresponsales	0.0 %	0.0 %	0.0 %	0.0 %	0.0 %	0.0 %	0.0 %	0.0 %	0.0 %	0.0 %	0.0 %
Movimiento generado por el banco	0.0 %	0.0 %	0.4 %	0.0 %	0.0 %	0.0 %	0.0 %	0.0 %	0.1 %	0.6 %	0.2 %
Banca por teléfono	0.0 %	0.0 %	0.0 %	0.0 %	0.0 %	0.0 %	0.0 %	0.0 %	0.0 %	0.0 %	0.0 %
Otros bancos	0.0 %	0.0 %	0.0 %	0.0 %	0.0 %	0.0 %	0.0 %	0.0 %	0.0 %	0.0 %	0.0 %
Total	100.0 %	100.0 %	100.0 %	100.0 %	100.0 %	100.0 %	100.0 %	100.0 %	100.0 %	100.0 %	100.0 %

Fuente: Elaboración propia con datos de la CNBV (s. f.).

En 2014, las TPV representaban el canal más común para fraudes por suplantación de identidad, abarcando el 69 % de las reclamaciones. Esto se debía principalmente a la vulnerabilidad de las tarjetas con banda magnética, que facilitaban la clonación y el uso fraudulento en comercios físicos.

A partir de la implementación de tarjetas con tecnología de chip EMV y la obligatoriedad de solicitar un PIN para autenticar transacciones, el fraude en TPV comenzó a disminuir drásticamente. Para 2024, este tipo de reclamaciones representan solo el 22 %, lo que confirma la efectividad de estas medidas. Sin embargo, este éxito ha llevado a los delincuentes a trasladar sus esfuerzos hacia canales digitales, donde las barreras de seguridad no estaban inicialmente tan desarrolladas.

Así, podemos ver que el fraude a las TPV dejó espacio al fraude en el comercio por internet que pasó del 15 % al 67 % impulsado por la comodidad de las compras en línea, la expansión de las plataformas digitales y, como mencionaba, por los efectos de la pandemia de COVID-19. Este aumento puede atribuirse a varios factores como ya se ha expuesto (debilidades en la autenticación, ingeniería social y *phishing*, así como falta de educación financiera).

En respuesta, las instituciones financieras y los comercios han comenzado a implementar medidas como la autenticación multifactorial (MFA), los sistemas de detección de anomalías y la tokenización de datos para reducir el impacto del fraude en este canal. Sin embargo, el problema persiste y los usuarios continúan siendo un eslabón débil en la cadena de seguridad.

Las instituciones financieras, los comercios y los usuarios deben adaptarse a esta nueva realidad mediante la implementación de medidas de seguridad más robustas, el fortalecimiento de las políticas regulatorias y una educación financiera que capacite a los usuarios para identificar y prevenir intentos de fraude. Solo con un esfuerzo conjunto será posible mitigar el impacto del fraude en la economía y en la confianza de los consumidores en los sistemas financieros.

3| IDENTIDAD DIGITAL

En los últimos años, el término identidad digital ha cobrado relevancia, consolidándose como un componente esencial en nuestra interacción con el mundo digital. Este concepto no solo define quiénes somos en el ámbito virtual, también influye en aspectos clave de nuestra vida, desde la privacidad y la seguridad hasta nuestra reputación personal y profesional, por lo tanto, la identidad digital se refiere a la suma de la información que representa a una persona en el entorno digital. Esta información abarca datos básicos como nombre, fecha de nacimiento, dirección e información más detallada y contextual, como historial de navegación, transacciones de compras en línea, interacciones en redes sociales y actividad profesional en plataformas laborales como LinkedIn.

En esencia, la identidad digital es una representación fragmentada y acumulativa de nuestra actividad en línea, formando una versión virtual de nuestra persona que tiene un impacto profundo en la privacidad y seguridad de las personas, ya que, por ejemplo, el acceso no autorizado a credenciales digitales puede resultar en:

- Pérdida económica a través del uso fraudulento de cuentas bancarias o tarjetas de crédito.
- Daño reputacional por el uso indebido de redes sociales o plataformas laborales.
- Impacto profesional, en caso de que información comprometida afecte la percepción de empleadores o socios comerciales.

3.1 El futuro de la identidad digital: tecnología y acciones

El futuro de la identidad digital es un tema de intenso debate y desarrollo impulsado por tecnologías emergentes que prometen transformar la manera en que gestionamos nuestra presencia en línea. Entre las más destacadas se encuentran *blockchain*, IA e Identidades Auto-Soberanas (SSI).

La tecnología *blockchain* ofrece soluciones descentralizadas para el almacenamiento y verificación de identidades, reduciendo la dependencia de intermediarios y aumentando la transparencia y la seguridad. Identidades digitales basadas en *blockchain* podrían permitir a los usuarios tener control total sobre sus datos, compartiéndolos solo cuando sea necesario.

La IA permite desarrollar sistemas avanzados de monitoreo y detección de amenazas, identificando patrones sospechosos en tiempo real, además de personalizar medidas de protección basadas en el comportamiento individual del usuario. El SSI tiene un enfoque que plantea que los individuos tienen control absoluto sobre su identidad digital, gestionándola a través de plataformas seguras que permiten verificar datos sin exponer información innecesaria.

Con esta tecnología —y en el entendido de que la protección de la identidad digital no recae únicamente en los usuarios—, las instituciones financieras, las empresas tecnológicas y los gobiernos tienen una responsabilidad compartida en su desarrollo y protección a partir de acciones clave que para las instituciones serían, aparte de implementar tecnologías avanzadas para la autenticación y el almacenamiento seguro de datos, diseñar políticas claras y accesibles para el manejo de incidentes de seguridad, así como fomentar la educación digital entre los usuarios cuyas acciones clave son adoptar buenas prácticas de seguridad —como el uso de contraseñas robustas y la habilitación de MFA—, supervisar regularmente su actividad digital para detectar posibles anomalías y mantener una reputación digital positiva al gestionar cuidadosamente su presencia en línea.

A medida que avanzamos hacia un mundo cada vez más interconectado, la adopción de tecnologías innovadoras y la colaboración entre instituciones y usuarios serán esenciales para construir un futuro donde la identidad digital sea sinónimo de confianza y seguridad.

4 | EL FRAUDE DE IDENTIDAD: UN DESAFÍO GLOBAL EN ASCENSO

El fraude de identidad no es un problema exclusivo de México, sino un fenómeno global que afecta a instituciones financieras en todas las regiones del mundo. En este apartado revisaremos tres casos para saber cómo se encuentran América Latina, Estados Unidos y México en relación con el tema.

4.1 Tres casos

América Latina

En América Latina el fraude de identidad ha mostrado un crecimiento alarmante. En los últimos cinco años los incidentes reportados han aumentado en promedio 137 %, posicionando a la región como una de las más afectadas a nivel global. Este incremento se debe a varios factores, entre ellos la creciente digitalización de los servicios financieros, las brechas en los sistemas de seguridad de las instituciones locales y el bajo nivel de educación financiera entre los usuarios, además de la falta de normativas robustas en algunos países, así como la fragmentación en las iniciativas de cooperación regional.

Estados Unidos

A pesar de contar con sistemas de seguridad avanzados y una regulación financiera más estricta, este país también ha enfrentado un incremento significativo en los reportes de suplantación de identidad en tarjetas de crédito y débito en los últimos años.

En 2022, el número de reportes alcanzó un pico de 596 818 casos, marcando el punto más alto en el periodo 2020-2024. Sin embargo, a partir de 2023, los reportes comenzaron a descender, situándose en 412 652 casos en 2024. Este caída puede atribuirse a la implementación de tecnologías más avanzadas de autenticación, como la biometría y la tokenización, además de un enfoque más agresivo por parte de los reguladores y las instituciones financieras en la lucha contra el fraude.

En Estados Unidos, la Comisión Federal de Comercio (FTC, por sus siglas en inglés) es la principal agencia responsable de recopilar y publicar datos sobre fraudes y robos de identidad, incluyendo casos relacionados con instituciones financieras.

La FTC mantiene una base de datos pública, conocida como Consumer Sentinel Network, que permite a los consumidores registrar quejas sobre fraudes para proporcionar estadísticas detalladas sobre los tipos de fraude más comunes, las tendencias por región y las instituciones afectadas, fomentando una mayor transparencia en el sector financiero.

Además, las normativas estadounidenses exigen que las instituciones financieras implementen medidas preventivas bajo el Gramm-Leach-Bliley Act (GLBA), que establece estrictos requisitos de seguridad para proteger la información personal de los clientes. A diferencia de México, Estados Unidos cuenta con un enfoque más estructurado en cuanto a la aplicación de sanciones y la responsabilidad de las instituciones financieras frente al fraude.

México

En México, regulaciones como la Norma Oficial Mexicana NOM-151 y las disposiciones emitidas por la CNBV, buscan establecer estándares para proteger la información y prevenir fraudes en el sector financiero. Estas normativas incluyen requisitos para la protección de datos personales, la validación de transacciones electrónicas y la implementación de sistemas de autenticación robustos.

No obstante, los resultados observados reflejan que estas medidas carecen del alcance necesario para enfrentar la creciente sofisticación de los ataques de suplantación de identidad, debido a limitaciones en el marco regulatorio que incluyen, entre otras, la falta de flexibilidad que impide que las normativas no siempre se actualizan al ritmo de las innovaciones tecnológicas y las nuevas modalidades de fraude; una cobertura incompleta de la normatividad porque, aunque se han implementado controles biométricos y de autenticación, muchas instituciones pequeñas o regionales no cuentan con los recursos para adoptarlos adecuadamente; y una débil aplicación de las sanciones por incumplimiento de las disposiciones que puede desincentivar su adopción por parte de algunas instituciones.

Las limitaciones en el marco regulatorio recaen en el aumento de las reclamaciones por suplantación de identidad, que no solo afecta a los consumidores, sino que también representan una carga considerable para los bancos al enfrentar un impacto económico directo por los gastos operativos que implican gestionar reclamaciones, reembolsos y auditorías, así como el riesgo reputacional por la pérdida de la confianza de los usuarios. Las consecuencias legales y regulatorias, tanto por las sanciones impuestas por la CNBV como por el riesgo de demandas colectivas por parte de usuarios afectados, puede aumentar aún más los costos asociados al fraude.

4.2 Un problema de escala global

Como se ha podido observar, a nivel global las instituciones financieras enfrentan desafíos similares como la evolución de las amenazas, la fragmentación regulatoria y los desafíos tecnológicos. El fraude de identidad es un desafío global que exige un enfoque igualmente global.

La experiencia de América Latina y Estados Unidos subraya la necesidad de desarrollar estrategias integrales que combinen innovación tecnológica, regulación internacional y educación financiera, ya que solo a través de una colaboración multinacional y multisectorial será posible mitigar el impacto de este problema en la economía global y en la confianza de los usuarios en los sistemas financieros, cuyo marco regulatorio juega un papel crucial en la prevención y mitigación del fraude, particularmente en casos de suplantación de identidad.

Sin embargo, aunque se cuenta con un marco regulatorio robusto, la rápida evolución de las técnicas utilizadas por los delincuentes plantea desafíos significativos para las normativas existentes, de ahí que sea necesario adoptar un enfoque más integral en la regulación financiera en el que las normas se actualicen regularmente para incorporar nuevas tecnologías y prácticas que puedan mitigar las amenazas emergentes.

Lo anterior implica colaboración internacional, es decir, que las entidades regulatorias trabajen en conjunto para desarrollar estándares globales que permitan una mayor cooperación y el intercambio de información entre países. Para ello, es de utilidad publicar estadísticas claras y actualizadas, al estilo de la FTC, las cuales pueden ayudar a los consumidores a tomar decisiones informadas y presionar a las instituciones para mejorar sus prácticas de seguridad. También es útil ofrecer incentivos financieros o fiscales a las instituciones que adopten tecnologías avanzadas de ciberseguridad y autentificación.

5| TRANSACCIONALIDAD DIGITAL: LA NUEVA ERA DE LAS INTERACCIONES

La transaccionalidad digital ha revolucionado la manera en que las personas y las empresas interactúan, realizan negocios y gestionan sus finanzas. Este concepto abarca un amplio rango de operaciones realizadas a través de plataformas digitales, incluyendo pagos en línea, transferencias bancarias, compras electrónicas y la firma digital de contratos y documentos.

Una de las principales ventajas de la transaccionalidad digital es la comodidad que ofrece. Las operaciones financieras y comerciales se pueden realizar desde cualquier lugar y en cualquier momento, eliminando la necesidad de desplazarse físicamente a una sucursal bancaria o una tienda. Este nivel de accesibilidad no solo ahorra tiempo a los usuarios, sino que también reduce costos operativos tanto para los consumidores como para las empresas.

En particular, las empresas han encontrado en la transaccionalidad digital una manera de agilizar procesos como gestión de pagos y facturación, automatización de cobros y reducción de gastos administrativos asociados con procesos manuales.

En regiones con infraestructura bancaria limitada, la transaccionalidad digital ha abierto nuevas posibilidades para personas tradicionalmente excluidas del sistema financiero. El acceso a billeteras electrónicas y plataformas de pago móvil ha permitido a millones de personas integrarse a la economía digital, fomentando la inclusión financiera y el desarrollo económico local. Por ejemplo, pequeñas empresas y emprendedores en áreas rurales ahora pueden aceptar pagos digitales, acceder a microcréditos y participar en mercados más amplios, mejorando sus oportunidades económicas.

5.1 Seguridad y desafíos

La expansión de la transaccionalidad digital ha impulsado importantes avances en seguridad, como la autenticación multifactorial y el uso de tecnologías como la encriptación y la tokenización, así como el monitoreo en tiempo real. Estas medidas buscan garantizar que las transacciones sean seguras y que la información personal y financiera de los usuarios esté protegida.

Sin embargo, a pesar de estos avances, el aumento de las transacciones digitales ha traído consigo nuevos riesgos alrededor de los ataques cibernéticos por medio de la captura de credenciales mediante correos electrónicos o sitios web fraudulentos (*phishing*), el bloqueo de sistemas a cambio de un rescate (*ransomware*) y los ataques Man-in-the-Middle (MITM) o interceptación de datos durante su transmisión, por solo mencionar algunos.

Para mitigar estos riesgos, es fundamental que tanto las organizaciones como los usuarios adopten medidas preventivas sólidas como mantener *software* actualizado, utilizar contraseñas robustas y evitar compartir información confidencial en plataformas no seguras, lo que se vuelve complejo porque la transaccionalidad digital ha fomentado la innovación en el sector financiero, un ejemplo de ello son las *fintechs* y *startups* que simplifican las transacciones digitales, mejoran la experiencia del usuario con interfaces intuitivas y procesos ágiles y ofrecen servicios financieros personalizados, como préstamos instantáneos y análisis financieros en tiempo real.

Las *fintechs* están desafiando a los bancos tradicionales a adaptarse y evolucionar para mantenerse competitivos, y las *startups* están contribuyendo al crecimiento del comercio electrónico, permitiendo a las empresas expandir sus operaciones a nivel global. Plataformas como PayPal, Stripe y Mercado Pago han facilitado el acceso a métodos de pago digitales, haciendo más inclusiva la participación en mercados internacionales.

El futuro de la transaccionalidad digital promete avances aún más significativos, impulsados por tecnologías emergentes como *blockchain*, IA e internet de la cosas (IoT, por sus siglas en inglés). Además, el crecimiento del metaverso plantea un nuevo paradigma para la transaccionalidad digital, donde las interacciones económicas podrían trasladarse a entornos virtuales inmersivos.

La transaccionalidad digital representa una revolución en la manera en que las personas y las empresas interactúan y realizan negocios. Su impacto positivo en términos de comodidad, eficiencia, seguridad e inclusión financiera es innegable. A medida que la tecnología continúa avanzando, es probable que veamos más innovaciones que transformarán y ampliarán las posibilidades de la transaccionalidad digital, creando un futuro más accesible, conectado y dinámico para todos, pero también con los riesgos inminentes de la aparición de una nueva tecnología o la aplicación en nuevos entornos con funcionalidades agregadas.

5.2 La solución biométrica y su aplicación en la industria financiera

La industria financiera, una de las más afectadas por el fraude, también ha sido pionera en la adopción de tecnologías biométricas para mitigar riesgos y garantizar la seguridad de las transacciones. Estas tecnologías han revolucionado los sistemas de autenticación al ofrecer métodos robustos que combinan precisión, rapidez y confiabilidad.

En México, las instituciones bancarias han comenzado a implementar soluciones biométricas tanto para el enrolamiento de nuevos clientes como para la verificación de identidad en transacciones sensibles, como transferencias de alto valor o aperturas de cuentas. Estas medidas no solo fortalecen la seguridad, sino que también mejoran la experiencia del cliente al eliminar la necesidad de recordar contraseñas o utilizar métodos de autenticación más tradicionales y menos seguros.

Los sistemas biométricos empleados en la industria financiera funcionan mediante dos procesos clave: a) verificación (uno a uno), que implica la comparación entre los datos biométricos del cliente proporcionados en tiempo real y un registro único previamente almacenado; b) identificación (uno a muchos), que es la comparación de los datos biométricos del cliente con una base de datos que contiene múltiples registros para identificar coincidencias.

Estos procesos se aplican a una variedad de métodos biométricos, entre los cuales destacan las huellas dactilares y el reconocimiento facial, dos de las tecnologías más utilizadas en el sector financiero.

Huellas dactilares

El uso de sistemas de huellas dactilares en sucursales bancarias es un ejemplo ilustrativo del impacto de estas tecnologías. El proceso comienza con el enrolamiento del cliente, donde se capturan múltiples imágenes de su huella dactilar para crear un templete biométrico único que se almacena en una base de datos centralizada.

A partir de este registro inicial, cualquier operación relevante, como una transferencia de alto valor o la apertura de una cuenta, requiere que el cliente valide su identidad mediante una nueva captura de huella dactilar. Este nuevo escaneo se compara en tiempo real con el templete almacenado, asegurando que la persona que realiza la operación es efectivamente quien dice ser.

Reconocimiento facial

El registro de biometría facial sigue un procedimiento similar al de las huellas dactilares, pero utiliza varias fotografías del rostro del cliente para generar un templete biométrico único. En situaciones donde se requiere verificar la identidad, una imagen tomada en tiempo real se compara con el *templete* almacenado en la base de datos. El reconocimiento facial es especialmente útil en entornos donde la autenticación debe realizarse de manera remota o sin contacto, como en aplicaciones móviles o cajeros automáticos avanzados.

¿Verificación local o remota?

La verificación biométrica puede llevarse a cabo de dos maneras principales: local o remota, dependiendo de las necesidades operativas y del nivel de seguridad requerido. La primera se realiza directamente en el dispositivo del usuario; por ejemplo un teléfono móvil con autenticación de huella dactilar o reconocimiento facial procesa y compara los datos biométricos localmente. Este método es rápido y no requiere conectividad constante, pero su seguridad está limitada al entorno del dispositivo, lo que lo hace más vulnerable en caso de que el *hardware* sea comprometido.

En el caso del modo remoto, los datos biométricos capturados por el usuario se envían a un servidor para su verificación. Esto ofrece ventajas como comparar la información con una base de datos centralizada, lo que incrementa la precisión y seguridad, y reduce el riesgo de manipulación, ya que los datos almacenados no están accesibles directamente desde el dispositivo del usuario. Este modo es ideal para escenarios donde la autenticación debe realizarse de manera independiente al dispositivo, como en redes interbancarias o sistemas multiusuario.

Los dos enfoques tienen sus fortalezas y limitaciones y, en muchos casos, las instituciones financieras emplean una combinación de ambos para optimizar la experiencia del usuario y ofrecer beneficios como mayor seguridad, prevención del fraude y eficiencia operativa.

No obstante, a pesar de sus ventajas, el uso de biometría también plantea desafíos como interoperabilidad y accesibilidad, ya que los sistemas biométricos deben ser compatibles con diversas plataformas y dispositivos para garantizar su adopción masiva, y no todos los usuarios tienen acceso a dispositivos avanzados capaces de capturar datos biométricos de manera eficiente, lo que podría excluir a ciertos segmentos de la población o afectar la privacidad de los datos.

Es un hecho que la implementación de soluciones biométricas en la industria financiera está transformando la manera en que las instituciones bancarias mitigan riesgos y mejoran la experiencia del usuario, por lo que, ya sea mediante huellas dactilares, reconocimiento facial u otras tecnologías emergentes, la biometría se perfila como un pilar fundamental en la seguridad y la eficiencia del sector. Sin embargo, para maximizar sus beneficios, las instituciones deben equilibrar la innovación tecnológica con el respeto a la privacidad y la accesibilidad, garantizando que estas soluciones sean inclusivas y seguras para todos los usuarios.

6 | ESTÁNDARES Y HOMOLOGACIÓN PARA UNA SOLUCIÓN CONSISTENTE

Para que los sistemas de autenticación biométrica alcancen su máximo potencial en términos de seguridad y confiabilidad, es indispensable que existan estándares claros y procesos homologados que permitan la interoperabilidad entre diferentes instituciones y tecnologías. Este enfoque asegura que los datos biométricos puedan ser compartidos y utilizados de manera eficiente entre organizaciones, como sucede en México con la relación entre los bancos y el Instituto Nacional Electoral (INE), al tiempo que fomenta una verificación cruzada confiable entre diversas entidades.

Uno de los documentos clave en este ámbito es el conocido como Apéndice F, desarrollado por el Instituto Nacional de Estándares y Tecnología (NIST) en Estados Unidos. Este documento establece estándares técnicos y operativos para garantizar la calidad, precisión y consistencia en los sistemas de reconocimiento biométrico.

Los lineamientos del Apéndice F son ampliamente utilizados en la industria financiera y en otras áreas donde la biometría desempeña un papel crucial, como la seguridad fronteriza y las aplicaciones gubernamentales, ya que permiten la interoperabilidad, es decir, que diferentes instituciones puedan compartir y verificar datos biométricos de manera efectiva, independientemente de las tecnologías empleadas.

Estos lineamientos también permiten mejorar la seguridad al garantizar que los datos biométricos cumplan con criterios de calidad y precisión que reducen los riesgos de falsos positivos o negativos. También dan confiabilidad regulatoria al facilitar el cumplimiento de normativas locales e internacionales relacionadas con la protección de datos y la ciberseguridad.

En México, por ejemplo, una verificación común consiste en comparar los datos biométricos, como una imagen facial con la fotografía de un documento oficial, como un pasaporte o la credencial del INE, capturados con el móvil. Si bien este proceso tiene ventajas en términos de accesibilidad, presenta varios puntos débiles: documentos falsificados, errores en la comparación y falta de control externo. El primero tiene que ver con los delincuentes, el segundo con las instituciones y el tercero con el dispositivo y el entorno del usuario.

Por lo anterior, la solución más confiable para la autenticación biométrica radica en la integración con bases de datos externas controladas por agentes imparciales, como autoridades gubernamentales o entidades reguladoras. Este enfoque ofrece varias ventajas clave:

- **Verificación independiente.** La autenticación se realiza comparando los datos biométricos del usuario con registros centralizados y seguros, reduciendo la posibilidad de manipulaciones.
- **Control centralizado.** Las bases de datos externas están sujetas a estrictos protocolos de seguridad y auditoría, garantizando la integridad de los datos.
- **Interoperabilidad multicanal.** Facilita la autenticación en diferentes plataformas y dispositivos, aumentando la consistencia en los procesos.

La autenticación biométrica es una herramienta poderosa para mejorar la seguridad y la experiencia del usuario en el mundo digital, pero su efectividad depende en gran medida de la adopción de estándares claros y procesos homologados.

Mientras que las soluciones locales pueden ofrecer comodidad y rapidez, su confiabilidad es limitada frente a los riesgos de manipulación o falsificación. Por ello, la integración con bases de datos externas y el cumplimiento de estándares internacionales, como los descritos en el Apéndice F del NIST, son esenciales para garantizar una solución consistente, segura y escalable en la industria financiera.

A medida que estas tecnologías continúan evolucionando, la colaboración entre instituciones financieras, reguladores y desarrolladores tecnológicos será crucial para superar los desafíos actuales y construir un ecosistema digital más confiable y eficiente.

7| BLINDAJE BIOMÉTRICO: UNA SOLUCIÓN INTEGRAL PARA MITIGAR LA SUPLANTACIÓN DE IDENTIDAD

De acuerdo con la información presentada en la gráfica 3, el crecimiento del fraude por suplantación de identidad en el comercio electrónico, que pasó del 15 % al 67 % en los últimos años, subraya la necesidad urgente de fortalecer los controles en este canal. Aunque la banca móvil y la banca por internet representan un menor porcentaje (alrededor del 6 % del total de casos), también requieren mejoras significativas para garantizar la seguridad de las operaciones.

Una medida efectiva para reducir los riesgos de suplantación de identidad sería la introducción de un paso adicional de autenticación biométrica con verificación remota en los procesos de confirmación de transacciones digitales. Este paso complementario ofrecería una capa adicional de seguridad, ya que la biometría no se puede dictar, copiar ni prestar, garantizando que la identidad registrada es la que realiza la operación y, además, da protección contra técnicas de fraude.

La implementación de controles adicionales siempre implica costos, tanto para las instituciones financieras como para los usuarios. Sin embargo, el beneficio de mitigar el fraude y proteger la confianza en el sistema financiero justifica esta inversión que se verá apuntalada con la actualización de la regulación.

En ese sentido es esencial que la CNBV actúe como un ente regulador ágil, incorporando nuevas medidas en su normatividad. Las actualizaciones regulatorias deben incluir:

1. Establecimiento de estándares obligatorios, como la implementación de autenticación biométrica, con verificación remota como requisito para todas las transacciones críticas en plataformas de comercio electrónico, banca móvil e internet, así como sistemas para detectar registros duplicados de clientes bajo diferentes nombres o identidades.
2. Auditorías y Supervisión. La CNBV debe garantizar que las instituciones financieras cumplan con los estándares mediante auditorías regulares y mecanismos de seguimiento.
3. Normas de interoperabilidad para que los sistemas biométricos utilizados por diferentes bancos sean compatibles entre sí para facilitar verificaciones cruzadas.

Un aspecto clave para mejorar la seguridad a nivel nacional es la centralización de la información biométrica, que actualmente se encuentra fragmentada entre diferentes instituciones y organizaciones. Este enfoque unificado permitiría:

1. **Prevención del registro duplicado.** Al consolidar los datos biométricos, se evitaría que una misma persona registre múltiples cuentas bajo diferentes nombres o identidades en distintos bancos.
2. **Colaboración multisectorial.** Entidades como el Instituto Mexicano del Seguro Social (IMSS), los bancos, Procesar (empresa operadora de la base de datos nacional del Sistema de Ahorro para el Retiro), la Secretaría de Relaciones Exteriores (pasaportes), el INE y empresas privadas con sistemas biométricos podrían compartir información para crear un registro nacional único.
3. **Eficiencia operativa.** La centralización evitaría duplicidad de esfuerzos y recursos en la captura y mantenimiento de datos biométricos.

En este apartado hemos hablado de la centralización de datos biométricos que, si bien ofrece múltiples ventajas, también plantea desafíos, como la protección de datos personales y la gobernanza del sistema, por lo que es necesario establecer un marco legal claro para definir quién tendrá acceso a los datos y cómo se utilizarán, pero fundamentalmente para garantizar que la información biométrica sea manejada bajo estrictos estándares de privacidad y seguridad, evitando usos indebidos.

En este contexto, la implementación de controles biométricos mejorados y centralizados, junto con una regulación más estricta y actualizada, representa una solución efectiva para mitigar el creciente problema de la suplantación de identidad.

A través de medidas como la verificación biométrica remota, la centralización de datos y la detección de registros duplicados, México podría fortalecer significativamente la seguridad de su sistema financiero, ya que estas acciones no solo contribuirían a reducir el fraude, sino que también mejorarían la confianza de los usuarios y la competitividad del sector financiero en un entorno digital cada vez más exigente.

8 | SOLUCIONES EFECTIVAS

Los reportes de fraude del sistema financiero mexicano muestran que los mecanismos implementados para la prevención del fraude bancario han generado resultados positivos, pero todavía son insuficientes para contener el crecimiento de los que suceden por suplantación de identidad. Aunque se han adoptado herramientas como la autenticación multifactorial y controles biométricos, el impacto de estos delitos sigue siendo significativo, con un costo que se ha trasladado en gran medida al cliente.

En este sentido, es crucial incorporar medidas adicionales para proteger a los usuarios y reducir el número total de fraudes, especialmente en los canales que concentran la mayoría de los casos. Actualmente, las compras vía electrónica, la banca móvil y la banca por internet representan el 73 % de los fraudes reportados por suplantación de identidad.

Una solución efectiva para mitigar este problema es la implementación de biometría facial como un paso obligatorio en los procesos de autenticación y verificación de transacciones digitales. Esta tecnología no solo incrementa la seguridad, sino que también proporciona una experiencia más confiable para los usuarios, al garantizar que la identidad registrada en el sistema financiero sea la que efectivamente realiza la operación.

Reducir los fraudes por suplantación es un objetivo alcanzable mediante un enfoque integral que combine innovación tecnológica —como la verificación biométrica remota—, actualización y fortalecimiento de la regulación y compromiso conjunto entre instituciones financieras, reguladores y los propios clientes para adoptar mejores prácticas de seguridad.

De esta manera, el sistema financiero no solo podrá mitigar los riesgos asociados a los fraudes, sino también fortalecer la confianza en las transacciones digitales, promoviendo un entorno financiero más seguro y eficiente para todos.

NOTAS

1. Las categorías de reclamaciones que se consideran fraude de identidad de acuerdo con nuestro criterio son:

    a. Cargo no reconocido por consumos no efectuados. Cargos a tarjetas de crédito, débito o prepagadas por pagos a comercios que no son reconocidos por el cliente.
    b. Cobro no reconocido por disposiciones de efectivo. Cobro de comisiones por disposiciones de tarjetas de crédito, débito o prepagadas no aceptadas por el cliente.
    c. Inconformidad por alteración de pagarés. Diferencia entre los pagarés de tarjetas de débito, crédito o prepagadas y los cargos realizados a la cuenta.

d. Transferencia no reconocida. Cargos a cuentas de cheques o inversiones, por transferencias no reconocidas por el cliente.
e. Retiro no reconocido. Cargos a cuentas de cheques o inversiones, por retiros en efectivo no reconocidos por el cliente.
f. Producto no reconocido. Productos que el cliente no reconoce.

FUENTES CONSULTADAS

- Banco de México. *Reporte Número de tarjetas de crédito y débito - (CF256). Período: Ene-Mar 2006 –Abr-Jun 2024.* 2024. https://www.banxico.org.mx/SieInternet/consultarDirectorioInternetAction.do?accion=consultarCuadro&idCuadro=CF256&sector=21&locale=es
- Biometría Aplicada. *Bancos y afores, ejemplos de cómo enfrentar el robo de identidad con el uso de biométricos.* s. f. https://biometriaaplicada.com/quien-es-biometria-aplicada/
- Comisión Nacional Bancaria y de Valores (CNBV). *Reportes Financieros. 040-27A-R3 Reclamaciones por: producto financiero, canal, motivo de reclamación, causa de resolución y estatus de la reclamación.* s. f. https://portafolioinfo.cnbv.gob.mx/Paginas/Reporte.aspx?s=40&t=32&st=0&ti=0&sti=0&n=0&tp=0
- Centro Nacional de Consultoría. *Transacciones en línea y bienestar financiero.* 2020. https://www.repository.fedesarrollo.org.co/handle/11445/4354
- Centro Nacional de Consultoría. *Explora el impacto de las transacciones digitales en el bienestar financiero.* 2022. https://www.repository.fedesarrollo.org.co/bitstream/handle/11445/4354/Co_Eco_Diciembre_2022_Castro_Londoño_y_Medina.pdf?sequence=1&isAllowed=y
- Comisión Nacional del Sistema de Ahorro para el Retiro (CONSAR). *Se consolida la autenticación biométrica en el*

SAR. 2018. https://www.gob.mx/consar/prensa/se-consolida-la-autenticacion-biometrica-en-el-sar?form=MG0AV3

- Federal Bureau of Investigation (FBI). *Electronic Biometric Transmission Specification (EBTS), ver 11.0, Appendix F.* s. f. https://fbibiospecs.fbi.gov/file-repository/master-ebts-v11-0.pdf
- EY México. *Panorama de las transacciones financieras digitales en México.* 2020. https://www.ey.com/es_mx/industries/financial-services/transacciones-financieras-digitales-mexico
- EY México. *Análisis detallado sobre el crecimiento y los desafíos de las transacciones financieras digitales en México.* s. f. https://www.ey.com/es_mx/industries/financial-services/transacciones-financieras-digitales-mexico
- National Institute of Standards and Technology (NIST). *Biometric Specifications for Personal Identity Verification. Special Publication 800-76-2.* 2013. https://csrc.nist.gov/pubs/sp/800/76/2/final
- Programa de las Naciones Unidas para el Medio Ambiente (PNUMA). *Fintech and Sustainable Development: Assessing the Implications.* 2020. https://documents.un.org/doc/undoc/gen/k23/039/14/pdf/k2303914.pdf
- Schneier, Bruce. *Cómo la tecnología ha transformado nuestra concepción de la privacidad y la identidad.* 2015a. https://www.schneier.com/news/archives/2018/05/data-and-goliath-the-hidden-battles-to-collect-your-data-and-control-your-world.html
- Schneier, Bruce. *Data and Goliath: The Hidden Battles to Collect Your Data and Control Your World.* W. W. Norton & Company, 2015b. https://www.schneier.com/news/archives/2018/05/data-and-goliath-the-hidden-battles-to-collect-your-data-and-control-your-world.html
- Stefanini Group. *Digital Finance: Evolución de la transaccionalidad financiera en un periodo de crisis.* 2022. https://stefanini.com/es/tendencias/articulos/digital-finance-evolucion-de-la-transaccionalidad-financiera

- Solove, Daniel J. *Informe sobre cómo las finanzas digitales contribuyen al desarrollo sostenible.* 2004. https://scholarship.law.gwu.edu/cgi/viewcontent.cgi?article=2501&context=faculty_publications

SEMBLANZA DEL AUTOR

José Mendoza es un profesional destacado en los sectores tecnológico y financiero, con más de tres décadas de experiencia en liderazgo y desarrollo de sistemas. Se distingue por su habilidad excepcional para integrar soluciones tecnológicas en operaciones empresariales de alta complejidad.

A lo largo de su trayectoria, ha liderado proyectos innovadores, sobresaliendo en la implementación de sistemas biométricos y plataformas de identificación de clientes que han transformado las operaciones bancarias y del comercio minorista (*retail*) en diversos países. Su compromiso con la actualización tecnológica constante y su capacidad para adaptar nuevas herramientas a las necesidades del negocio reflejan su visión estratégica y su sólida competencia ejecutiva.

Su profundo conocimiento técnico aporta una valiosa experiencia práctica en la optimización de procesos y la aplicación de tecnologías estratégicas. Su contribución es clave para las empresas del sector tecnológico y financiero que buscan destacar en un mercado altamente competitivo.

CAPÍTULO 06

BLINDAJE DIGITAL: UN ESTUDIO DE CASO PARA LA AUTENTICACIÓN

Jaime González-Gasque

INTRODUCCIÓN

La autenticación biométrica comenzó a ganar relevancia en México a partir del año 2000 por tres razones entrelazadas: el crecimiento exponencial de los servicios digitales, garantizar seguridad en las transacciones por la creciente sofisticación de los fraudes y cumplir con regulaciones más estrictas ante la evolución que se registraba en las instituciones bancarias.

En sus primeras etapas, el Sistema Financiero Mexicano se enfocó en métodos simples como la huella digital, especialmente en sucursales físicas. Este enfoque fue impulsado por la Ley de Instituciones de Crédito y normas como la Circular 22/2017 de la Comisión Nacional Bancaria y de Valores (CNBV) que estableció lineamientos específicos para la identificación y validación de clientes mediante tecnologías biométricas, que inicialmente estuvieron limitadas a la apertura de cuentas y a la validación de operaciones de alto valor.

Este primer acercamiento hizo que la biometría contribuyera a la inclusión financiera, ya que permitió que personas que no contaban con identificaciones tradicionales, tuvieran acceso a servicios bancarios mediante métodos como la captura de huellas digitales, simplificando así los procesos de verificación.

Con la entrada de bancos internacionales como Citi, BBVA y Santander, México experimentó un cambio significativo en la adopción de tecnologías avanzadas. Estas instituciones trajeron estándares globales en seguridad, lo que aceleró la transición de los métodos tradicionales hacia soluciones más innovadoras.

Bajo su influencia, el Sistema Financiero Mexicano adoptó prácticas como el reconocimiento facial y la autenticación multifactor, integrando la biometría en plataformas digitales. Esto marcó un punto de inflexión, ya que los bancos locales comenzaron a modernizar sus sistemas para competir en un mercado altamente dinámico.

Regulatoriamente, la CNBV ajustó su marco normativo para incluir requisitos más estrictos relacionados con la autenticación biométrica, como los lineamientos emitidos en 2018 para la prevención de fraudes en banca digital, lo que no solo aumentó la seguridad, sino también la confianza del usuario en los servicios digitales.

La competencia generada por la presencia extranjera aceleró la innovación. Por ejemplo, BBVA México fue pionero en introducir el reconocimiento facial para abrir cuentas desde aplicaciones móviles, mientras que Citibanamex avanzó en el uso de la biometría de voz en su servicio telefónico.

En México, actualmente la biometría no solo se utiliza para validar la identidad en sucursales, sino que se ha expandido hacia servicios digitales como banca móvil y pagos electrónicos. Los métodos predominantes incluyen la huella digital, el reconocimiento facial y, en menor medida, la biometría de voz.

La Circular Única de Bancos y otros lineamientos regulatorios, han permitido que las instituciones financieras adopten estas tecnologías bajo marcos estandarizados, mejorando la seguridad y reduciendo el fraude. Sin embargo, aún persisten desafíos, como los altos costos tecnológicos para instituciones más pequeñas, la resistencia cultural hacia nuevas tecnologías y la necesidad de un mayor alineamiento normativo.

Los avances en la infraestructura tecnológica, combinados con el crecimiento de la conectividad móvil, han permitido que la biometría sea un elemento central de la banca digital en México. Sin embargo, el país aún enfrenta retos para garantizar que estas soluciones sean accesibles y efectivas para todos los segmentos de la población.

Por estas razones, este capítulo aborda el uso de la biometría en la banca mexicana a través de dos soluciones concretas que se alinean a las exigencias regulatorias, ayudando a mitigar el riesgo de suplantación de identidad mediante el uso de tecnologías que garantizan que el usuario es quien dice ser.

1| EXPERIENCIA DEL USUARIO Y SEGURIDAD EN LAS TRANSACCIONES. EL CAMINO PARA OPTIMIZAR LA AUTENTICACIÓN

El uso de la biometría en la banca mexicana ha evolucionado significativamente al pasar de métodos básicos como la huella digital a soluciones más avanzadas como el reconocimiento facial. La influencia de los bancos extranjeros ha sido crucial en este desarrollo, promoviendo estándares de seguridad más altos y fomentando la adopción de tecnologías innovadoras.

En este contexto, la biometría de voz se presenta como una oportunidad estratégica para mejorar la experiencia del usuario y aumentar la seguridad en las transacciones. Su implementación en pagos con tarjeta de crédito o débito no solo optimizaría la autenticación, también impulsaría la modernización del Sistema Financiero Mexicano en un contexto globalizado.

En el escenario de pagos con tarjeta de crédito o débito, la biometría de voz podría integrarse en sistemas de pago por voz, especialmente en plataformas como WhatsApp o asistentes virtuales. Por ejemplo, un cliente podría autorizar un pago simplemente confirmando su identidad verbalmente, eliminando la necesidad de contraseñas o autenticaciones basadas en dispositivos físicos.

Desde el punto de vista normativo, es necesario actualizar las regulaciones para incluir la biometría de voz como un método estándar de autenticación, lo que fortalecería la seguridad de las transacciones y fomentaría su adopción. Esto también alinearía a México con las mejores prácticas internacionales en seguridad bancaria.

El potencial de la biometría de voz es especialmente relevante en el contexto de la creciente demanda del usuario de experiencias más amigables y personalizadas. Además, podría desempeñar un papel clave en la inclusión financiera, permitiendo que personas con dificultades para usar dispositivos móviles tradicionales accedan a servicios de pago.

Tomando en cuenta lo anterior, la biometría de voz representa una oportunidad única para revolucionar la autenticación en la banca mexicana. Este método no solo permite identificar a los usuarios con un alto grado de precisión, también ofrece una experiencia más natural y conveniente.

1.1 La ruta del biométrico

El uso de biometría como forma de autenticación y validación en los procesos de pago está cambiando radicalmente la interacción entre bancos y usuarios, lo que ha propiciado que se implementen nuevas normativas para proteger tanto a las instituciones financieras como a los usuarios.

La normatividad se extiende a la biometría de voz, que se presenta como una barrera robusta contra el fraude, ya que las características físicas de cada persona son únicas e irrepetibles. Esta tecnología elimina la dependencia de las contraseñas tradicionales, que son susceptibles de ser robadas o replicadas, y minimiza errores humanos al aprovechar la autenticación basada en la fisiología única de la cavidad bucal y las fosas nasales del usuario, que no tienen nada qué ver con lo que la persona dice o el idioma en el que habla.

Las características de la biometría de voz atienden a los requerimientos del Capítulo X de la Circular Única de Bancos (CUO), que establece la necesidad de mecanismos avanzados para la autenticidad y confidencialidad de las transacciones financieras.

1.2 SocialCashier y VoicePay: casos concretos

Ante las necesidades comentadas, soluciones como SocialCashier y VoicePay[1] ofrecen mecanismos robustos para enfrentar estos retos y alinearse con la regulación vigente. Su tecnología se basa en el reconocimiento biométrico de la voz, ofreciendo una forma de autenticación única y casi imposible de replicar. Estas soluciones permiten no solo su integración a plataformas de mensajería como WhatsApp, sino también un entorno seguro y transparente para cada transacción.

VoicePay ayuda a mitigar el riesgo de suplantación de identidad mediante el uso de tecnologías que garantizan que el usuario es quien dice ser. SocialCashier aprovecha la tecnología *blockchain* para asegurar la trazabilidad completa de las operaciones, como lo exige el Capítulo X de la CUO. Las transacciones se registran de manera inmutable, lo que proporciona evidencia clara en caso de disputas como los contracargos, uno de los mayores desafíos en el sector bancario en México. Según la Comisión Nacional para la Protección y Defensa de los Usuarios de Servicios Financieros (CONDUSEF), en 2023 se registraron más de 4.8 millones de contracargos.

El cómo es importante

La autenticación es necesaria para evitar contracargos de acuerdo con las regulaciones PCI[2] y los procedimientos actualizados de 3D Secure[3], que contemplan aspectos clave como la prevención del fraude y la recopilación de pruebas para las disputas.

Las devoluciones de cargo o contracargos ocurren cuando el titular de una tarjeta disputa una transacción a menudo alegando fraude, uso no autorizado o insatisfacción con un producto/servicio. Para evitar contracargos, los comerciantes deben proporcionar pruebas convincentes de que la transacción fue autorizada por el titular de la tarjeta.

Para ello, pueden hacer uso del estándar de seguridad de datos de la industria de tarjetas de pago o PCI DSS, que sirve para proteger los datos de los titulares de tarjetas y minimizar los riesgos de fraude. El cumplimiento de PCI DSS implica garantizar que los datos de pago confidenciales, como los números de tarjeta, estén protegidos y que la identidad del titular de la tarjeta se autentique correctamente durante las transacciones.

También es útil el protocolo de autenticación 3D Secure 2.0 (3DS2) que ha sido adoptado a nivel mundial por su papel en la reducción de los contracargos, ya que agrega una capa adicional de seguridad a las transacciones en línea al verificar la identidad del titular de la tarjeta antes de aprobar la transacción.

En 3D Secure 2.0 se pide al titular de la tarjeta que autentique su identidad mediante datos biométricos, contraseñas de un solo uso (OTP) u otros factores de autenticación antes de que se realice la transacción. Si se autentican con éxito, la responsabilidad por fraude pasa del comerciante al emisor de la tarjeta.

Con esta tecnología, las devoluciones de cargo relacionadas con el fraude se reducen significativamente porque el titular de la tarjeta se verifica antes de completar la transacción.

El papel de SocialCashier y VoicePay en la autenticación

SocialCashier y VoicePay ofrecen tecnologías de autenticación únicas que van más allá de los mecanismos tradicionales de PIN/contraseña, aprovechando el reconocimiento biométrico de la voz para la autenticación del titular de la tarjeta.

Este método es altamente seguro y proporciona pruebas sólidas y convincentes de que el titular legítimo de la tarjeta autorizó la transacción específica con el PIN de Voz, en el que el usuario debe repetir (voz) los números que se le proporcionaron en el mensaje de cobro.

Es importante agregar que los comerciantes que utilizan la plataforma SocialCashier están obligados por contrato, previo al envío del mensaje de cobro, a conocer a sus clientes (KYC) realizando procesos de autenticación y vigencia de la credencial del INE, así como con autenticación facial, además de realizar pruebas de vida, que son servicios que ofrece SocialCashier al comercio, en caso de no contar con ellos.

La autenticación biométrica de voz que utiliza VoicePay es una forma de identificación única e imposible de replicar, ya que se basa en la curva matemática de la onda que se genera por el aire que se expele de la nariz y boca, que es única para cada persona, pues depende de su propia fisiología (cavidad bucal, fosas nasales, dientes, lengua, etc.).

Cuando se autoriza una transacción utilizando este método, la probabilidad de cargos fraudulentos se reduce drásticamente, porque el sistema puede verificar que el titular de la tarjeta participó físicamente en la transacción.

En el caso de disputas, los datos biométricos de la transacción pueden proporcionarse como evidencia convincente para el emisor de la tarjeta, demostrando que fue autorizada por el titular legítimo utilizando un método altamente seguro.

La importancia de los protocolos

SocialCashier y VoicePay se integran con los protocolos 3D Secure 2.0, lo que significa que durante una transacción en línea, el titular de la tarjeta debe autenticarse utilizando una combinación de factores (como su voz y el código de cuatro dígitos que debe mencionar en el mensaje de pago) como parte del flujo 3DS2.

Al combinar la autenticación biométrica con 3DS2, SocialCashier y VoicePay ayudan a trasladar la responsabilidad de las devoluciones de cargo relacionadas con transacciones no autorizadas del comerciante al banco emisor, porque la autenticación biométrica es una prueba sólida según PCI DSS, debido a que este protocolo utiliza mecanismos de autenticación contundentes para proteger los datos de los titulares de tarjetas.

Por ejemplo, si surge una disputa con respecto a una transacción, SocialCashier y VoicePay pueden proporcionar registros de la autenticación biométrica y los datos de la transacción, lo que demuestra el cumplimiento de los protocolos 3DS2 y la autenticación segura del titular de la tarjeta. El comerciante puede presentar los tres audios del enrolamiento y el audio de pago, así como sus procesos de enrolamiento de KYC como evidencia convincente en el proceso de devolución de cargo, lo que ayuda a demostrar que el titular legítimo de la tarjeta aprobó la transacción.

Un paso en el blindaje

Los procedimientos 3DSecure 2.0 crean una sólida defensa contra las devoluciones de cargo al ofrecer una prueba de autenticación del titular de la tarjeta que se alinea con PCI DSS y los estándares de la industria.

La combinación de autenticación multifactorial, detección de fraude en tiempo real y la capacidad de proporcionar evidencia biométrica se han convertido en una herramienta poderosa para minimizar las devoluciones de cargos y proteger a los comerciantes de disputas, ya que al aprovechar tanto la autenticación conforme a PCI como los estándares 3D Secure, se proporciona a los comerciantes pruebas convincentes de que las transacciones son legítimas, lo que reduce significativamente el riesgo de contracargos.

2| IDENTIDAD DIGITAL

En un entorno donde la Circular 12/2023 ha reforzado la ciberresiliencia de los participantes del Sistema de Pagos Electrónicos Interbancarios (SPEI), las instituciones financieras deben implementar tecnologías robustas para evitar la suplantación de identidad y proteger las transacciones de fraudes.

La creación de una identidad digital sólida es fundamental para la banca del futuro. En México, las instituciones financieras están obligadas a implementar medidas rigurosas para la verificación de identidad como parte de las regulaciones contra el lavado de dinero y la financiación del terrorismo. Por ello se requieren soluciones que combinen autenticación biométrica, enrolamiento KYC y verificación ante el INE, esto en cumpliendo con las disposiciones del Capítulo X de la CUO.

Las soluciones con esas características deben ayudar a blindarnos de la suplantación de identidad, uno de los mayores retos de la banca digital que afecta tanto a usuarios como a instituciones financieras. Tecnologías como las mencionadas, junto con la implementación de la Circular 11/2023 del Sistema de Pagos Interbancarios en Dólares (SPID), que exige la presencia de un director de Seguridad de la Información (CISO, por sus siglas en inglés), garantizan que las instituciones financieras adopten una postura proactiva frente a las amenazas digitales.

Por su parte, la Circular 12/2023 del SPEI, enfocada en mejorar la ciberresiliencia, también impone mayores exigencias a las instituciones financieras, las cuales deben estar preparadas para detectar y mitigar los riesgos en tiempo real.

Las características de la Circular 13/2023 del SPID, que busca robustecer los esquemas de seguridad del Sistema de Pagos Interbancarios en Dólares, también se cumplen con la implementación de estas tecnologías. La trazabilidad y la seguridad de las transacciones se alinean con los requerimientos establecidos, lo que brinda mayor confianza y seguridad en las operaciones interbancarias.

3| POR UN ECOSISTEMA BANCARIO MÁS SEGURO

La implementación de las tecnologías mencionadas, junto con el cumplimiento del Capítulo X *Disposiciones de carácter general aplicables a las instituciones de crédito*, publicadas en el Diario Oficial de la Federación el 2 de diciembre de 2005 y las circulares 11/2023, 12/2023, y 13/2023, establecen un nuevo estándar de seguridad y eficiencia en el sistema financiero mexicano.

La autenticación biométrica, la trazabilidad mediante *blockchain* y el monitoreo constante de riesgos que permite la inteligencia artificial no solo cumplen con las exigencias regulatorias, sino que también crean un ecosistema digital robusto que protege tanto a los usuarios como a las instituciones, permitiendo una evolución segura de la banca digital hacia el futuro.

NOTAS

1. Esta tecnología es desarrollada por Reimagination Technologies Inc.

2. Normas de seguridad polifacéticas que incluyen requisitos para la gestión de la seguridad, políticas, procedimientos, arquitectura de redes, diseño de *software* y otras medidas de protección fundamentales. Estas normas integrales están pensadas para facilitar a las organizaciones la protección proactiva de los datos de cuentas de clientes.

3. Es un protocolo de capa de seguridad para las compras en línea con tarjeta de crédito y débito. Su nombre se debe a que a través de él interactúan tres dominios, cada uno de los cuales se mantiene «seguro»: el dominio del comerciante/adquirente, el del emisor y el de la interoperabilidad.

FUENTES CONSULTADAS

- Reimagination Technologies. https://www.campus-reimagination.com/

SEMBLANZA DEL AUTOR

Jaime González-Gasque es un experto en *software* bancario y soluciones de pago, con más de treinta años de experiencia impulsando innovaciones tecnológicas en el sector *fintech*. Es licenciado en Administración de Empresas por la Universidad Iberoamericana, y ha ocupado posiciones clave en empresas globales como Sperry Rand Corporation (hoy UNISYS), Stratus Computers Inc. y Moneta Technologies.

Pionero en el desarrollo de sistemas bancarios esenciales, creó soluciones de Core Banking para HSBC México y lideró la expansión de un sistema de nómina implementado en 22 países. En América Latina, impulsó el comercio electrónico con plataformas para empresas como Sony, OfficeMax y Allied Domecq.

Como cofundador de Reimagination Technologies, ha desarrollado innovaciones patentadas como SocialCashier® y VoicePay, integrando *blockchain*, tokenización e inteligencia artificial. Su liderazgo en ciberseguridad y autenticación biométrica sigue marcando el futuro del ecosistema *fintech*, fortaleciendo la seguridad y accesibilidad del sistema financiero global.

CAPÍTULO 07

REGULACIÓN DE LOS CRIPTOACTIVOS

Eduardo Rodríguez Venegas
Luis A. Hernández Arámburo

INTRODUCCIÓN

Los criptoactivos surgieron como una respuesta al rescate de los bancos a raíz de la crisis financiera hipotecaria de 2008; se buscaba eliminar la necesidad de intermediarios financieros tradicionales y desarrollar un sistema paralelo basado en un modelo no inflacionario.

Inicialmente concebidos como una alternativa descentralizada, el bitcoin, como primer criptoactivo, prometía revolucionar al sector financiero; sin embargo, a medida que los criptoactivos pasaron de ser un medio de pago a un activo alternativo, la necesidad de un marco regulatorio se ha hecho evidente. La gran liquidez, alta volatilidad y complejidad de estos activos digitales han disrumpido los flujos de capital internacional, creando alertas con relación al significativo riesgo para la estabilidad de los mercados de capitales y los inversionistas, lo cual ha hecho necesaria la intervención regulatoria como se evidenció en la cadena de quebrantos relacionados con las criptodivisas durante 2022.

La regulación no solo busca mitigar los riesgos, sino permitir un crecimiento ordenado del mercado, protegiendo tanto la integridad del sistema financiero como la de los inversionistas menos sofisticados. La regulación de los criptoactivos varía entre países y regiones, pero tiene un objetivo común: proporcionar estabilidad y confianza para la integración de las tecnologías financieras dentro de un entorno para fomentar la innovación mitigando los riesgos de la disrupción.

Partiendo de lo anterior, este capítulo se divide en tres secciones. La primera presenta un resumen general de la evolución de los criptoactivos o activos digitales que utiliza la tecnología *blockchain*. Este apartado permite ilustrar el énfasis que al inicio se ponía en temas como la prevención del uso de estos canales para actividades delictivas. Recientemente, al ser adoptado como un legítimo componente dentro de la clase de activos alternativos en los portafolios de inversión, el enfoque regulatorio se avocó a cuidar las formas apegándose a los estándares para la emisión de valores y la arquitectura de la infraestructura financiera del mercado (IMF) de capitales.

La segunda parte identifica algunas de las principales iniciativas regulatorias en los mercados financieros del mundo occidental: Estados Unidos, Canadá, Unión Europea, Reino Unido y México. En los primeros cuatro países los autores hemos colaborado en el proceso de gestión.

En la parte final se presentan algunas reflexiones sobre los posible escenarios y tendencias globales que venimos monitoreando relacionadas con Estados Unidos desde que se ratificó la candidatura del ahora presidente electo Donald Trump, quien desde un principio puso al bitcoin en su boleta de campaña. También abordamos las tendencias regulatorias para el uso de los criptoactivos en el marco del desarrollo de las tecnologías basadas en la inteligencia artificial.

1| EVOLUCIÓN DE LOS CRIPTOACTIVOS

Los criptoactivos surgieron tras la crisis financiera del 2008, como una respuesta ante la toma de riesgos desmedidos por las grandes instituciones financieras y la percepción de conflictos de interés de los gobiernos para rescatar al sector financiero, mientras la población quedaba expuesta a perder su patrimonio.

Desde esta perspectiva, analizar el marco regulatorio de los criptoactivos parece contradictorio porque, precisamente, el objetivo de desarrollar los criptomercados era desregular las actividades financieras utilizando las ventajas tecnológicas de *blockchain*. En particular, el bitcoin se diseñó para contar con un medio alternativo para el ahorro que evitara depender excesivamente de instituciones financieras, así como para impedir la erosión inflacionaria causada por el gobierno.

La clave para entender la necesidad de un marco regulatorio está en la transformación que han experimentado los criptoactivos al pasar de un medio de pago a un activo financiero. Las ventajas de utilizar un criptoactivo como medio de pago son muy claras cuando se considera que permite la implementación del pago contra la entrega removiendo al intermediario, porque al removerlos la fricción monetaria disminuye y los costos de transacción se recortan de manera significativa.

La escalabilidad de los criptoactivos se vuelve mucho más atractiva en términos de la democratización de los servicios financieros, facilitando la inclusión financiera. Naturalmente, autoridades monetarias como el Banco Internacional de Pagos (BIS, por sus siglas en inglés) fueron muy prontas al equiparar la alta volatilidad del bitcoin con un medio de pago poco eficaz.

Lo que las autoridades aparentemente perdieron de vista fue que la innovación financiera de las criptodivisas es una evolución natural de los medios de pago interbancarios utilizados desde 1971, año en el que se fundó la Sociedad de Telecomunicaciones Financieras Interbancarias Mundiales (SWIFT, por sus siglas en inglés). Lo que se presentaba como una desventaja desde la perspectiva de medio de pago, su alta volatilidad, representaba un gran atractivo como un activo de inversión. En esa época la alta volatilidad de precios permitía obtener altos rendimientos con bajos niveles de inversión.

En un entorno de bajas tasas de interés y de un cambio demográfico donde los *baby boomer* pasan de conductores del mercado a pasajeros en su retiro, y las decisiones de inversión quedan en manos de generaciones nativamente digitales y con gran aversión a las instituciones financieras tradicionales, la tasa de adopción de las criptomonedas se fue acelerando como se puede apreciar en el siguiente gráfico.

Gráfico 1. **El caso para los tókenes de seguridad (*security tokens*)**

Se estima que para 2030 se transfieran 15 trillones de dólares en riqueza a las generaciones más jóvenes, lo que implica mayor relevancia en sus preferencias como grupo.

Cripto desbancó a los bienes raíces como «activo preferido dentro de la clase de activos alternativos»

JP Morgan, mayo 18, 2022.

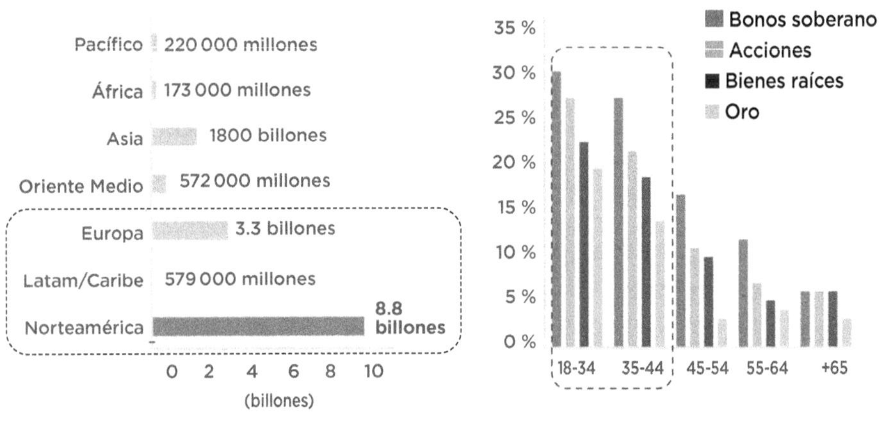

EE. UU., Latinoamérica / America del Norte 12.57 billones

Porcentaje de individuos por edad que prefieren tener $1000 en bitcoin que en otros activos.

Fuente: Wealth-X, Blockchain Capital JP Morgan & FlatStone Capital Advisors Inc.

El énfasis en las ventajas de los criptoactivos dejó de ponerse en su *antiestablishment* y, en cambio, se subrayó su potencial de optimizar la función riesgo-retorno para finalmente ofrecer acceso a nuevos mercados y modelos de negocios con gran potencial de retorno y diversificación como parte de los activos alternativos.

Después de todo, en un portafolio de inversión la medida de riesgo apropiada de un activo no es la volatilidad, sino su correlación con el resto del portafolio. Los *drivers* de retorno de los criptoactivos en esa época eran muy distintos de los activos tradicionales como los bonos o las acciones. Los primeros estaban más influidos por variables como la tasa de adopción de nuevos modelos de negocios y tecnologías, creando disrupción dentro del marco regulatorio y no por variables macroeconómicas como el crecimiento económico o la tasa de interés.

Cabe mencionar que, desde finales de 2019, el equipo de FlatStone catalogó a los activos digitales como parte de la categoría de los «alternativos». En nuestro análisis, proyectamos el potencial del cripto como componente de los alternativos bajo el modelo de los rangos permitidos dentro de los portafolios institucionales, donde históricamente el máximo porcentaje aceptado era de entre 20 % y 40 %.

Asumiendo que los alternativos duplicarían su valor en cinco años, que cripto podría tener una captación del 30 % y que la adopción de dicha tecnología sería más acelerada que las anteriores, proyectamos una curva S con tendencia parabólica y una capitalización del mercado potencial de tres billones de dólares (trillones ingleses) dentro de los 36 meses posteriores (gráfico 2).

Gráfico 2. **No hay límite para el valor de los activos alternativos**

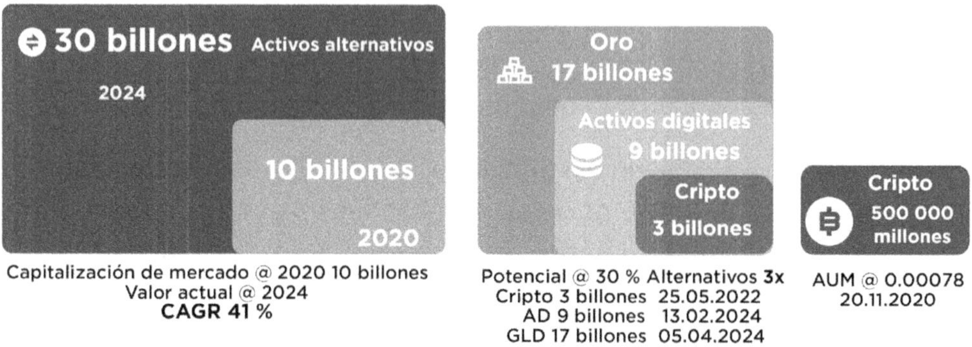

Nota: La asignación institucional a activos alternativos aumentó entre un 30 % y un 50 % (volúmenes no a escala solo con fines ilustrativos).
Fuente: FlatStone Capital Advisors Inc. Data Preqin (2022).

Para facilitar la negociación (*trading*) de criptoactivos aparecieron las llamadas *stablecoins*. Como lo mostraría el caso de bancarrota de Signature Bank, para los participantes en criptoactivos es muy complicado estar alternando entre criptoactivos y dinero FIAT (es decir, medios de pago en el sector financiero tradicional) cada vez que se realiza una compra o una venta, por lo que resulta mucho más eficiente contar con un activo líquido con un valor estable que permita «estacionar» los recursos dentro del ecosistema cripto.

Las *stablecoins* buscaban resarcir el mecanismo de último recurso al estar colateralizadas, puesto que son una representación digital o tokenización de los depósitos de los clientes en los bancos, donde el argumento central del papel moneda era su convertibilidad al oro previa a 1971, y porque ofrece una garantía contra la erosión inflacionaria y mínima volatilidad.

Estas *stablecoins* vinieron a competir directamente con el dinero de curso legal (M1) tradicional, ya que no sufrían de una alta volatilidad. Ante este embate, los bancos centrales empezaron a desarrollar sus propias monedas digitales conocidas como Central Bank Digital Currencies (CBDC, por sus siglas en inglés), las cuales resultan como contraparte de la emisión de deuda soberana colateralizando el FIAT y, como resultado, limitando el desarrollo de monedas privadas sin respaldo de activos subyacentes no regulados. Muy emblemático fue el caso de Libra, un proyecto de moneda digital impulsado por Meta (Facebook) que, a pesar del inmenso respaldo corporativo, no llegó desarrollarse por la oposición de la tesorería de los Estados Unidos.

Ahora bien, dentro del mundo de las inversiones, un *driver* fundamental es la capacidad de apalancamiento. Poder pedir prestado, tomando como colateral el mismo activo, permite amplificar (al alza o a la baja) los rendimientos. En este sentido es ilustrativo que rápidamente se desarrollara un mercado de futuros –recordemos que los futuros son instrumentos altamente apalancados– que rápidamente alcanzó una alta tasa de adopción por la aceptación de los especuladores.

Desde el punto de vista regulatorio, la solidez de los mercados de futuros en el tema de administración de riesgos y la existencia de mecanismos como las llamadas de margen para mitigar el riesgo de contraparte, facilitaron que se autorizarán los Exchange Traded Funds (ETF) sobre futuros de bitcoin mucho antes que se autorizarán sobre el *spot* de bitcoin.

Una parte significativa de los futuros sobre bitcoin no se realiza a través de los mercados reconocidos como el Chicago Mercantile Exchange (CME); el volumen total de las transacciones se lleva a cabo en los mercados especializados en criptoactivos como Binance, que ofrecen acceso directo y liquidez inmediata, además de contratos con apalancamiento alto, entra otras cosas. De hecho, surgió una plétora de empresas que empezaron a enfocarse en el negocio de intermediación, es decir, a captar recursos y otorgar préstamos en criptomonedas. El surgimiento de las finanzas descentralizadas (DeFi) se dio en mercados *offshore* o poco regulados para enfrentar este rápido crecimiento sin encarar los lastres regulatorios.

Es muy claro que en este punto, la historia y la teoría financiera muestran un sin número de ejemplos de asimetría de información que desembocan en conflictos de interés y corridas financieras, porque mientras los criptoactivos experimentaran un mercado alcista, estos problemas serían fáciles de ocultar, pero con el alza en las tasas de interés partir de 2022, las grietas regulatorias se convirtieron en verdaderos agujeros, lo cual se pudo ver en el efecto dominó que inicio con la *stablecoin* Terra-Luna y finalizó con el escándalo financiero de FTX, una de las bancarrotas más grandes que afectó a millones de clientes.

Eso se debió a que no existía un banco central que funcionara como prestamista de última instancia, no había un seguro a los depósitos que frenara una corrida y no existían los mecanismos de supervisión que asegurarán la estricta separación de los recursos de la empresa y de los depositantes.

De hecho, una de las tesis del proyecto FlatStone es cerrar brechas de asimetría de datos, donde la integración de datos en tiempo real puede ser no solo monitoreada, sino pronosticada con la ayuda del aprendizaje de las máquinas que ahora se conoce como inteligencia artificial (IA).

Si bien el bitcoin causa temor por su gran volatilidad en el corto plazo, su tendencia en el largo plazo compensa el riesgo por ser el activo con mejor retorno en la historia moderna. La trayectoria descendente de las tasas de interés, junto con una perspectiva de una iniciativa de ley que resulte en una legislación que permita la regulación de los activos digitales auspiciada por Donald Trump en su segundo mandato, ha impulsado al alza el precio del bitcoin —el mejor barómetro de la industria— de un valor mínimo de cerca de 2000 dólares durante 2019 a un máximo histórico cercano a los 100 000 dólares en 2024.

De forma paralela, la transformación de los instrumentos de criptodivisas como medios de pago a instrumentos de inversión, está gestando un cambio de fondo en la infraestructura del mercado, que consiste en utilizar las ventajas de los criptoactivos como un mecanismo para automatizar complejos procesos de la infraestructura del mercado de capitales. Un ejemplo significativo en términos regulatorios es la *tokenización* de activos, es decir, la transformación de un activo tradicional en un activo digital. Este proceso del gemelo digital ofrece tres grandes ventajas:

1. Automatización de procesos complejos con significativos ahorros a través de la cadena de valor, cuantificados en costos y tiempos para la emisión y ejecución de las transacciones al contar con un contrato auto ejecutable como instrumento digital.
2. Transparencia de la información, permitiendo la trazabilidad y verificación de los datos de la fuente para validar el cumplimiento de los hitos (KPI), garantizando la integridad de los datos a través de la encriptación de estos por medio de dispositivos o sensores especializados (internet de las cosas).
3. Compostabilidad (habilidad con la que se pueden combinar diferentes elementos de un sistema para crear nuevos componentes en conjunto), incluso en ausencia de la tecnología *blockchain*. Un buen ejemplo es un fondo de inversión, que es un envoltorio o estructura basado en las inversiones y el flujo de capital hacia otros activos, que permite la innovación financiera para democratizar el acceso de emisores e inversionistas mediante la fraccionalización y negociación digital, es decir, abriendo las puertas a un mayor número de inversionistas.

La *tokenización* de activos puede seguir dos rutas: la primera consiste en digitalizar los ya existentes de manera híbrida, es decir tomando bonos, acciones u otros valores ya emitidos para representarlos en un formato digital que pueda negociarse en una plataforma, lo que se conoce como un *wrapper.* Muchas de las grandes instituciones financieras han favorecido esta ruta para pruebas de concepto (POC) dentro del manejo de colaterales o activos financieros como acciones o *commodities*.

La segunda estriba en la emisión directa de activos puramente digitales, que desde su colocación primaria sean registrados de manera criptográfica digitalmente para que puedan ser negociados únicamente en un mercado digital secundario. Siendo que los activos tradicionales exceden un cuatrillón de dólares (billón español) sería imposible que dichos activos no completaran un proceso de migración gradual y ordenada bajo un modelo híbrido. Asumiendo un escenario donde la legislación y gasto de capital tienen una intersección dentro de los próximos cinco años, el proceso de *tokenización* puede completar su transición en la próxima década con una conversión de 10 % por año.

Gráfico 3. **Un cuatrillón en capitalización de mercado**

Fuente: Elaboración propia.

Los antecedentes directos de la segunda ruta fueron las ofertas iniciales de monedas (ICO, por sus siglas en inglés) que en el periodo 2014-2018 fueron populares para recaudar capital, permitiendo a las empresas levantarlo sin supervisión regulatoria. Sin embargo, la falta de gobierno corporativo y no seguir las mejores prácticas de la industria, además de la ausencia de protección a los inversionistas derivaron en que casi 80 % de las ICO se declararan insolventes durante las primeras cuatro semanas, luego de completar el levantamiento del capital, resultando en la intervención regulatoria.

En contraste, las ofertas de valores tokenizadas (STO, por sus siglas en inglés) se apegan a las prácticas y modelos de las colocaciones primarias tradicionales a través de procesos tókenes en cumplimiento con las leyes de valores del país de emisión, proporcionando salvaguardias legales para los inversionistas. Las ofertas de valores tokenizadas deben estar respaldadas por activos del mundo real (RWA) o demás contratos derivados como son los flujos de efectivo de activos reales (regalías), o los proyectos de una empresa minera o de bienes inmuebles. De esta forma, las STO conectan a las finanzas tradicionales con los activos digitales, alineándose con las leyes de valores existentes para ofrecer protección, transparencia y liquidez al inversor.

Las STO presentan varias ventajas clave sobre los métodos tradicionales de recaudación de capital y otras opciones de financiamiento basadas en *blockchain*, como las ICO. Estas ventajas incluyen:

1. **Cumplimiento regulatorio.** Las STO cumplen con las regulaciones de valores, lo que brinda una mayor certeza legal, tanto para los emisores como para los inversores. Este cumplimiento asegura que las STO están sujetas a las leyes financieras establecidas, aumentando la confianza del inversor al mitigar el riesgo de fraude y proporcionar las salvaguardias legales necesarias.
2. **Propiedad fraccionada.** Las STO permiten fraccionar los activos reales como bienes inmuebles o acciones de

empresas, lo que facilita a los inversores poseer porciones más pequeñas y divisibles de activos de alto valor, esto ayuda a democratizar las oportunidades de inversión al hacer que los activos tradicionalmente ilíquidos y costosos estén disponibles para un público más amplio.

3. **Transparencia y seguridad.** Al aprovechar la tecnología *blockchain*, las STO ofrecen una mayor transparencia y seguridad. Todas las transacciones se registran en un libro mayor inmutable, lo que permite rastreos auditables y reduce las posibilidades de actividades fraudulentas. Esta transparencia fomenta la confianza entre los emisores y los inversores.
4. **Accesibilidad global y liquidez.** Las STO proporcionan a los emisores acceso a nuevos segmentos poblacionales (*millenials*) y grupos globales de inversores, lo que puede aumentar significativamente la liquidez. Los valores tokenizados pueden negociarse en mercados secundarios regulados, permitiendo transacciones más fluidas, en comparación con los valores tradicionales. Esta liquidez es particularmente beneficiosa para los activos que, de otro modo serían difíciles de negociar como los bienes inmuebles o el capital privado.
5. **Reducción de costos y eficiencia.** Al eliminar intermediarios como corredores o auditores, las STO pueden reducir el costo de emisión primaria y mercado secundario considerablemente. El uso de contratos inteligentes automatiza múltiples procesos; entre los más simples se encuentra la verificación de cumplimiento normativo como es la identidad, origen y procedencia de activos para prevenir el lavado de dinero (AML, por sus siglas en inglés), así como la distribución de dividendos, lo que aumenta la eficiencia operativa y reduce los costos administrativos (gráfico 4).

Gráfico 4. **Ventajas competitivas STO versus IPO**

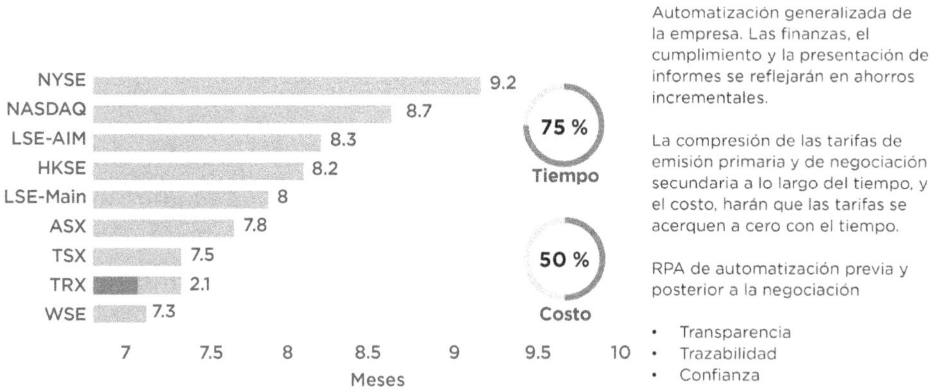

Fuente: FlatStone Capital Advisors Inc. Data Baker McKenzie.

6. **Protección mejorada para los inversores.** A diferencia de las ICO, las STO operan bajo un marco regulatorio que incluye requisitos de conozca a su cliente (KYC) y AML. Estas medidas ayudan a proteger a los inversores y reducen el riesgo de actividades ilícitas, alineando a las STO con las mejores prácticas en los mercados financieros.
7. **Opcionalidad e innovación.** Las STO dan mayor flexibilidad y personalización, lo que permite a los emisores incorporar la automatización del gobierno corporativo y múltiples aspectos y procesos, incluyendo derechos de voto, pagos de dividendos o mecanismos de reporte y cumplimiento para los activos regulados. Esta flexibilidad facilita que los productos financieros puedan ofrecer opciones para que después de la emisión se presente en condiciones de mercado o transacciones preestablecidas desde el inicio del contrato.
8. **Nuevos mercados y desintermediación para los activos digitales.** Las STO representan un puente entre las finanzas tradicionales y las finanzas descentralizadas al permitir un entorno regulado para la integración de la tecnología web 3.0 en los mercados de capital, lo cual es fundamental para atraer el interés de nuevos segmentos de inversionistas no

representados como los institucionales, así como para la adopción generalizada de los activos digitales.

2| MARCO REGULATORIO

La regulación de los criptoactivos varía significativamente entre las diferentes jurisdicciones con enfoques que van desde una supervisión rigurosa hasta marcos más favorables a la innovación. A continuación, se presenta un resumen de la regulación de criptoactivos en Estados Unidos, Reino Unido, Canadá, Unión Europea y México.

2.1 Estados Unidos

El enfoque regulatorio en Estados Unidos se caracteriza por ser fragmentado y complejo con múltiples agencias involucradas, lo cual ha generado incertidumbre para las empresas de criptomonedas. La regulación de los criptoactivos está marcada por la interacción de múltiples organismos reguladores, principalmente la Comisión de Bolsa y Valores (SEC, por sus siglas en inglés), la Comisión de Negociación de Futuros de Productos Básicos de Estados Unidos (CFTC, por sus siglas en inglés), el Tesoro y la Red de Control de Delitos Financieros (FinCEN, por sus siglas en inglés).

La SEC generalmente clasifica a todos los criptoactivos, con excepción del bitcoin, como «valores» según la Prueba Howey, lo que significa que deben cumplir con las leyes federales de valores. Esto implica obligaciones de registro, divulgación y cumplimiento de las normas de protección del inversionista.

La prueba Howey se originó en un caso de la Corte Suprema de Estados Unidos en 1946, y establece que un activo es un valor si implica: (1) una inversión de dinero, (2) en una empresa común, (3) con una expectativa de ganancia, (4) principalmente por los esfuerzos de otros. Si un activo reúne estos criterios, debe cumplir con las regulaciones de valores, asegurando que se implementen protecciones para los inversores.

La SEC ha intervenido activamente con empresas estadounidenses, afirmando que prácticamente todos los criptoactivos, con excepción del bitcoin, califican como valores bajo la ley federal. Esta postura ha llevado a la SEC a emprender acciones contra empresas de alto perfil como:

- **Ripple Labs.** En diciembre de 2020, la SEC presentó una demanda contra Ripple Labs Inc., su director general, Brad Garlinghouse, y el cofundador Chris Larsen, alegando que recaudaron más de 1300 millones de dólares mediante una oferta de valores no registrada al vender tókenes XRP. La SEC argumentó que XRP debía clasificarse como un valor, quedando sujeta a las leyes federales de valores. En julio de 2023, un juez de distrito de Estados Unidos dictaminó que XRP no es un valor cuando se vende en intercambios públicos, lo cual representó una victoria significativa para Ripple Labs y la industria de criptomonedas en general.

  Cabe mencionar que tanto Ripple Labs como la fundación Stellar son protocolos desarrollados por equipos que salieron del SWIFT, tanto en su arquitectura tecnológica como su modelo de negocio y operaciones; el ADN de su predecesor es evidente, de manera que los argumentos lanzados por la SEC contra Ripple Labs no solo parecen infundados, sino motivados por ciertos conflictos de interés.
- **Genesis y Gemini.** En enero de 2023, la SEC acusó a Genesis Global Capital, LLC y Gemini Trust Company, LLC por la oferta y venta no registrada de valores a través del programa de préstamo de criptoactivos Gemini Earn. La SEC argumentó que el programa recaudó miles de millones de dólares en criptoactivos de cientos de miles de inversores sin la debida autorización. Dijo que existía intención de fraude en este esquema donde de los activos digitales de los inversionistas no eran separados de las cuentas operativas de la empresa fiduciaria.

- **Binance.** En junio de 2023, la SEC presentó cargos contra Binance Holdings Ltd., su filial en Estados Unidos BAM Trading Services Inc. y el fundador, Changpeng Zhao. La SEC argumentó que Binance operaba en *exchanges* de valores nacionales no registrados, corredores y agencias de compensación, y engañó a los inversores sobre los controles de riesgo y los volúmenes de negociación. La denuncia también afirmó que Binance permitió a los clientes de Estados Unidos operar en su plataforma a pesar de declaraciones públicas en sentido contrario.
- **Coinbase.** En marzo de 2024, un tribunal federal de Nueva York respaldó la ejecución de la SEC contra Coinbase, rechazando los desafíos de la empresa y permitiendo que el caso avanzara. Los cargos de la SEC se centraron en las actividades de criptoactivos de Coinbase en el sentido de que la plataforma facilitó la negociación de valores no registrados.

Estos casos subrayan la postura de la SEC de no aclarar las características que demarcan los criptoactivos sin eximirles de que cumplan con los criterios de valores, lo que requiere cumplir con las leyes de valores existentes para garantizar la protección de los inversores y la integridad del mercado. Cabe mencionar que la industria ha caracterizado la postura de la SEC como arbitraria y caprichosa, acusándola de ser selectiva en la aplicación de las normas para el cumplimiento.

La CFTC se centra en la prevención del fraude y la manipulación. Su postura ha generado apoyo en la industria de las criptomonedas donde muchos actores la ven como una agencia más favorable para la innovación por su labor principal de evitar el fraude y la manipulación del mercado, en lugar de imponer estrictas obligaciones de registro.

El conflicto entre la SEC y la CFTC ha fomentado incertidumbre porque no existe claridad en el ámbito regulatorio, la cual ha dificultado la salida al mercado americano de muchas empresas de criptoactivos al no poder demarcar la regulación para administrar los riesgos.

Adicionalmente, la Oficina para el Control de Activos Foráneos (OFAC, por sus siglas en inglés) de la Tesorería Americana sancionó a varios *cripto exchanges* por lavado de dinero, entre ellos Kraken (Payward) por haber participado en el blanqueo de cientos de miles de dólares para el régimen revolucionario de la República Islámica de Irán.

Cabe mencionar que dentro del marco transitorio creado por los reguladores del mercado de valores en Canadá, las sanciones de la OFAC deberían haber condicionado la expedición de las licencias a las plataformas de cripto corretaje (CTP) que fueran sujetas a sanciones. Sin embargo en el caso de Kraken y otras no se impusieron condiciones, aun cuando estaban sancionadas por una autoridad equivalente y pudieron obtener su licencia permanente sin retrasos o condiciones, incluso cuando fueron sancionadas numerosamente durante el periodo transitorio.

Dentro del Congreso norteamericano, las Senadoras Cynthia Lummis (R-Wyoming) y Kirsten Gillibrand (D-Nueva York) han presentado iniciativas de ley primarias para delimitar el marco regulatorio y definir reglas y competencias claras, pero hasta ahora no se ha llegado a un consenso definitivo. La aplicación selectiva de las normas por parte de la SEC ha orillado a múltiples empresas a reorganizarse en jurisdicciones con marcos regulatorios más favorables. Al mismo tiempo, la postura más abierta de la CFTC ha sido bien recibida por aquellos que buscan promover la innovación y el desarrollo en el sector.

Los legisladores han propuesto que los criptoactivos que califican como valores sean regulados por la SEC, mientras que aquellos que no lo son sean supervisados por la CFTC. Esta solución híbrida buscaría aprovechar la experiencia de ambas agencias en sus respectivas áreas de competencia. La incertidumbre regulatoria, incluso, llevó a los legisladores a discutir la posibilidad de crear un nuevo organismo regulador dedicado específicamente a los criptoactivos, opción que no es plausible dentro de la administración Trump 2.0.

La falta de un marco regulatorio claro ha generado incertidumbre y desafíos para los actores de la industria de criptoactivos en Estados Unidos. La incertidumbre regulatoria ha tenido un impacto directo en los inversionistas, quienes enfrentan riesgos adicionales debido a la incertidumbre en torno a la regulación y a la posibilidad de acciones legales imprevistas de parte de las dos agencias.

Esta situación destaca la necesidad urgente de un marco regulatorio coherente y uniforme para proporcionar certeza, tanto a los actores del mercado como a los inversores. En este sentido, la elección de Donald Trump para un segundo mandato ha removido la incertidumbre acerca de un marco regulatorio más favorable.

2.2 Reino Unido

En el Reino Unido, la Autoridad de Conducta Financiera (FCA, por sus siglas en inglés) es la principal agencia encargada de supervisar los criptoactivos. La FCA exige que todos los proveedores de servicios de criptoactivos se registren y cumplan con los requisitos de Anti Lavado de Dinero. En 2021, la FCA comenzó a exigir a las empresas de criptomonedas que se registraran bajo su supervisión y demostraran su capacidad para gestionar los riesgos financieros y proteger a los consumidores.

La FCA clasifica los tókenes en Security Tokens y Utility Tokens. Los primeros están sujetos a las leyes de valores del Reino Unido, mientras que los segundos no tienen las mismas obligaciones regulatorias, a menos que se utilicen como medio de pago.

La FCA también ha promovido un *sandbox* regulatorio, conocido como el Sandbox de Valores Digitales (DSS, por sus siglas en inglés), para permitir a las empresas innovar y probar sus servicios financieros con la supervisión del regulador. Esta iniciativa tiene como objetivo fomentar la innovación mientras se protege a los consumidores.

Como era de esperarse, el régimen transitorio del Reino Unido hereda el DNA de Londres, haciendo alarde de los mejores estándares y prácticas de la industria financiera, con el potencial de convertirse en el modelo ganador para la plataforma regulatoria que conecte las finanzas tradicionales (TradFi) con las descentralizadas (DeFi).

Es relevante mencionar que FlatStone Capital Markets Inc., fue la única entidad canadiense de las empresas globales que presentaron comentarios a la Tesorería de la corona inglesa con relación a la consulta de infraestructura de mercado financiero (FMI por sus siglas en inglés), y la subsecuente consulta donde el Banco de Inglaterra extendió una invitación verbal a FlatStone para recibir el comentario con relación al Sandbox de Valores Digitales (DSS por sus siglas en inglés). Como resultado de esta colaboración, el Banco de Inglaterra invitó a nuestro equipo a una audiencia presencial en Londres, que resultó en ser referidos al FCA como candidatos precalificados para el DSS.

2.3 Canadá

En Canadá, la regulación de los criptoactivos está a cargo de las Autoridades de Valores Canadienses (CSA, por sus siglas en inglés) y la Organización Reguladora de Inversiones Canadiense (CIRO, por sus siglas en inglés), donde CSA es un organismo colectivo de reguladores de valores que engloba a trece provinciales y territorios canadienses y CIRO una organización autorregulada paralela a la Financial Industry Regulatory Authority (FINRA) en Estados Unidos.

En este país, las STO y otros criptoactivos que califican como valores están sujetos a un régimen de valores similar al de los mercados de capitales tradicionales. Los emisores deben cumplir con una serie de requisitos para su registro que incluyen limitada divulgación, y los Security Tokens deben registrarse como valores o acogerse a una exención del requisito de prospecto, como la exención de colocación privada.

Los *exchanges* de criptoactivos también están regulados y deben registrarse como corredores o acogerse a una exención adecuada. Los reguladores canadienses han proporcionado escueta orientación sobre los requisitos para operar legalmente, por lo que varios *exchanges* se han registrado con CIRO para cumplir con las leyes de valores.

Canadá implementó un *sandbox* regulatorio que fue lanzado para promover la innovación en el ámbito de las tecnologías financieras; se presentó como un marco regulatorio transitorio que, supuestamente, permitiría a las empresas operar bajo un marco regulatorio acotado más flexible, mientras se garantiza la protección del inversor. Sin embargo, después de múltiples intentos fallidos por proyectos, este *sandbox* ha sido clausurado para ser remplazado por un nuevo régimen permanente, el cual está actualmente por definirse con base en el modelo europeo y canadiense.

A finales del 2023, FlatStone recibió los términos y condiciones para la operación de una casa de bolsa y mercado. Desde entonces, nuestro equipo se ha abocado a renegociar los términos para permitir la formación de mercado y expansión a Estados Unidos. Dentro de un escenario donde el senado americano apruebe la ley del mercado de activos digitales, el marco canadiense podría volverse más relevante o totalmente obsoleto, entre otras de las ventajas competitivas que ofrecería el mercado americano.

2.4 Unión Europea

En la Unión Europea, la regulación de los criptoactivos está siendo estandarizada bajo el Reglamento de Mercados en Criptoactivos

(MiCA) que opera bajo el principio de mismas reglas para el mismo riesgo. Tiene como objetivo crear un marco regulatorio homologado para todos los estados miembros de la Unión Europea.

Este reglamento abarca la emisión y negociación de criptoactivos y establece normas claras para los emisores de tókenes y los proveedores de servicios relacionados como operadores de mercados, infraestructura de mercado y carteras. MiCA también aborda cuestiones como la protección de los inversores y la estabilidad financiera, obligando a los emisores a publicar un documento (*white paper*) que contenga detalles clave sobre los criptoactivos, incluidos los riesgos asociados.

Bajo MiCA, las empresas de criptoactivos deberán obtener licencia para operar bajo una serie de modalidades dentro de la Unión Europea. Esto incluye el cumplimiento de requisitos primarios como KYC y AML.

Además, la regulación MiCA incluye disposiciones para abordar las preocupaciones ambientales asociadas con la minería de criptomonedas, exigiendo a los emisores de tókenes que proporcionen información sobre la sostenibilidad de sus operaciones. Esto es parte del esfuerzo de la Unión Europea por promover prácticas financieras más responsables tipo ASG (Ambientales, Sociales y de Gobernanza).

El enfoque europeo está diseñado para armonizar la regulación de los criptoactivos en toda la región, facilitando la operación transfronteriza y creando un mercado único para los servicios de criptoactivos. El proceso de calificación para MiCA contempla un marco transitorio de tipo *sandbox* denominado Piloto DLT, lanzado para promover la innovación en el ámbito de las tecnologías financieras.

DLT es un marco regulatorio transitorio que supuestamente permitiría a las empresas operar bajo un marco acotado y más flexible, mientras se garantiza la protección del inversor. La legislación también prevé la migración al marco permanente después de verificar que los normas para la reserva de capital y la gestión de riesgos estén diseñadas para garantizar la estabilidad del mercado y la protección de los consumidores.

Cabe mencionar que FlatStone Capital Markets Inc. fue la única entidad canadiense de 35 empresas globales que presentó comentarios al regulador europeo para el programa Piloto DLT de MiCA. Como resultado de este ejercicio, el regulador europeo agendó dos conferencias con los ejecutivos de FlatStone para integrar sugerencias que fueron hechas por nuestro equipo. Esto facilitó una audiencia con los reguladores del mercado en España, donde FlatStone recibió la invitación para operar una casa de bolsa y operación multilateral de transacción (MTF).

2.5 México

En México, la regulación de los criptoactivos ha evolucionado para adaptarse al crecimiento y adopción de estas tecnologías. La Ley para Regular las Instituciones de Tecnología Financiera —Ley Fintech, promulgada en 2018— establece el marco legal para las empresas que operan con activos virtuales en el país. Esta ley define a los activos virtuales como «la representación de un valor digital verificable que no está respaldado por ninguna entidad financiera oficial».

El Banco de México desempeña un papel central en la regulación de los criptoactivos. Según la Ley Fintech, tiene la facultad de determinar cuáles activos virtuales pueden ser utilizados por las instituciones financieras y las empresas *fintech*. Sin embargo, al cierre de 2024, ha adoptado una postura cautelosa, limitando el uso de criptoactivos por parte de las instituciones financieras para operaciones internas y prohibiendo su oferta directa al público.

Además, la Ley Federal para la Prevención e Identificación de Operaciones con Recursos de Procedencia Ilícita (LFPIORPI) considera como actividades vulnerables el ofrecimiento habitual y profesional de intercambio de activos virtuales por parte de terceros que no sean entidades financieras. Esto implica que las plataformas de intercambio o *exchanges* de criptomonedas deben cumplir con obligaciones como la identificación de clientes y reportar ciertas operaciones a la Unidad de Inteligencia Financiera de la Secretaría de Hacienda y Crédito Público.

En noviembre de 2023, México se unió al Compromiso Colectivo para la Implementación del Marco para el Reporte de Criptoactivos (CARF, por sus siglas en inglés) junto con más de cuarenta países. Este acuerdo busca establecer un frente global unido para monitorear la dinámica del mercado de criptoactivos a través del intercambio automático de información, con el objetivo de combatir la evasión fiscal y asegurar el cumplimiento de las obligaciones tributarias.

A pesar de estos avances, la regulación de los criptoactivos en México aún enfrenta desafíos. La falta de claridad en ciertas áreas y la ausencia de una regulación tributaria específica para las criptomonedas generan incertidumbre tanto para las empresas como para los usuarios. Expertos señalan la necesidad de un marco regulatorio más integral que proporcione certeza jurídica y fomente la innovación en el sector.

En resumen, México ha dado pasos significativos hacia la regulación de los criptoactivos, pero aún existen áreas que requieren mayor definición y adaptación para enfrentar los desafíos que presenta este dinámico mercado. De hecho el *sandbox* mexicano ha sufrido de problemas similares a los del modelo canadiense, donde aparentemente ninguna de las entidades ha podido graduarse para obtener una licencia en el manejo de criptoactivos dentro del régimen permanente de la regulación financiera.

3| PERSPECTIVAS

La elección Donald Trump para un segundo mandato representa un hito por su posición con relación a los activos digitales encabezados por el bitcoin. La elección de 205 miembros del congreso y

14 senadores comprometidos con la promoción de la innovación tecnológica a través de una iniciativa de ley para regular los activos digitales es otro elemento que augura la tendencia procripto. Tomando esto en cuenta, es crucial entender cómo afectará la política Trump a México y a América Latina en las siguientes fases de la transformación digital de la economía mundial. En este contexto analizamos las oportunidades y riesgos de los activos alternativos.

Como hemos mencionado, el momento histórico es similar al comienzo de la revolución industrial, 1750-1850, cuando el emblemático banquero John Pierpont Morgan financió toda la infraestructura que permitió la explosión industrial de Estados Unidos durante el comienzo de la cuarta transformación digital a través de la curva de ingresos que se conoce como el Hockey Stick.

3.1 Tendencias e implicaciones en los mercados financieros

De manera general, enumeraremos las tendencias que venimos rastreando y su implicación dentro de los mercados financieros, así como las políticas monetarias y regulatorias a nivel global que podrían ser afectadas.

El primer factor que hemos discutido recientemente en foros industriales de Canadá y Estados Unidos son las expectativas en tiempo y forma de la aprobación de una muy necesaria legislación para regular los activos digitales, que permita proteger a los inversionistas sin desinhibir la innovación e inversión en estas tecnologías.

Es relevante mencionar que formalmente FlatStone sigue desde 2020 la inversión de los Bancos Globales Sistemáticamente Importantes (GSIB), los cuales han colocado casi 100 000 millones de dólares en modernizar su infraestructura para mantener su posición y garantizar su liderazgo dentro la siguiente fase de la digitalización de nuestra economía, lo que se puede apreciar en el siguiente gráfico.

Gráfico 5. **Tsunami financiero digital**

Fuente: FlatStone Capital Advisors Inc. Data Bloomberg IDB; Capital IQ, Oficina de Análisis Económico de EE. UU. Análisis del Atlántico.

No obstante, aun contando con la mayoría del congreso y el senado, existe una larga lista de temas prioritarios que se tendrán que negociar en las dos cámaras en Estados Unidos. De manera que parece imposible que la iniciativa para regular los activos digitales sea aprobada dentro los primeros seis o doce meses del mandato de Donald Trump.

Dentro del escenario más optimista, asumiendo que la ley primaria fuera aprobada durante los primeros doce meses —no obstante que desde un principio los bancos centrales han argumentado que las criptodivisas introducen un riesgo sistemático para la estabilidad monetaria— es probable que el Departamento del Tesoro y la Reserva Federal (Fed) se opongan a la implementación inmediata de medidas generales con relación a la desregulación de los activos digitales basados en las nuevas reglamentación bancaria Basilea III.

Es importante mencionar que los BRIC (Brasil, Rusia, India y China) han lanzado una criptodivisa como alternativa de pago al dólar que no ha sido bien recibida en los círculos financieros de occidente porque permite el desarrollo paralelo e independiente de las economías emergentes sin la injerencia de los bancos occidentales. Sin embargo, incluso si las leyes son efectivas, cuando el presidente o el Congreso las aprueba, los reguladores federales podrían introducir un periodo transitorio para la implementación, empujándola dentro del segundo calendario de la nueva administración.

Adicionalmente, el comisionado del SEC, Gary Gensler, se retirará, puesto que su posición ha sido criticada desde hace tiempo por miembros del Congreso, particularmente de la bancada republicana, y recientemente por el ahora presidente Donald Trump. Bajo estos supuestos planteamos los siguientes escenarios:

1. **Inversión en el sector energético y tecnológico.** Para fines prácticos, la nueva posición del partido en el poder significaría una reversión del éxodo de proyectos con la fuga de capital y talento que resultó de la posición totalmente antagónica contra del sector por parte de la administración demócrata.

   El presidente Trump ha planteado una serie de propuestas como la eliminación de impuestos a las ganancias de capital para las inversiones en criptodivisas que sean ofertadas dentro del mercado de Estados Unidos. Entre dichas ideas se han planteado una serie de incentivos financieros y fiscales en estados como Florida, Texas y Wyoming, donde se busca atraer inversión.

   De acuerdo con Goldman Sachs, la demanda eléctrica por concepto de centros de datos espera un crecimiento anual compuesto de 15 % (CAGR, por sus siglas en inglés) que representará un incremento de 165 % o 47 Giga watts (GW) en la capacidad de producción durante el periodo 2024-2030 para satisfacer la demanda de los centros de datos. La inversión en Gasto de Capital (CAPEX, por sus siglas en inglés) requerida para la construcción de los centros de datos será de 50 000 millones de dólares (USD 50 billones ingleses) y 740 000 millones para la infraestructura eléctrica como líneas de interconexión etc., durante el mismo periodo.

Cabe mencionar que los incrementos dados no contemplan el aumento en la capacidad demandada por concepto de una acelerada transición dentro de la electromovilidad. Particularmente, en Texas existe una gran concentración de inversiones asiáticas de Corea del Sur y Taiwán en el segmento de manufactura de microprocesadores para inteligencia artificial y de centros de datos para el procesamiento AI, con un gran incremento en la demanda de poder generado con el gas natural vía generación combinada.

Nuestro análisis en la intersección del sector energético tecnológico, el área de especialidad de FlatStone, revela una serie de tendencias que representan riesgos significativos para la estabilidad económica de México.

Dichos riesgos se derivan de políticas fallidas y regulaciones anticuadas, reflejadas en déficits históricos de inversión en la inversión en industrias y sectores. Esta situación se ha acentuado por el retorno a las políticas restrictivas durante la última administración, lo que ha frenado la inversión privada en el sector energético, tanto en los hidrocarburos como en energías renovables.

Siendo que México no es autosuficiente en términos energéticos y nuestro modelo de desarrollo económico nacional está anclado en la manufactura tipo recolocación (*nearshoring*), las proyecciones de incremento en consumo interno del 10 % para los centros de datos en Estados Unidos, combinado con los planes para aumentar las exportación a Europa con la finalidad de reemplazar el Gas Natural Ruso representando el 15 % del mercado y otros factores, podrían reflejarse en un aumento entre 30 % y 50 % en el precio del gas natural exportado a México en los próximos cinco años.

Asimismo, dentro del segmento de renovables, las restricciones para el desarrollo de redes de distribución e interconexión, que facilitan los contratos de compraventa entre redes distribuidas de privados y calificados para el autoconsumo, representan un riesgo significativo para nuestra industria.

La única opción para mitigar dichos riesgos para el país durante la presente administración será desarrollar políticas y modelos para promover la inversión con tipo asociaciones público-privadas (PPP o P3, por sus siglas en inglés) en múltiples sectores, partiendo del energético, del cual dependen todas las industrias.

2. **Precio de las criptodivisas.** Si bien anticipábamos un mercado alcista con relación al bitcoin por la adopción dentro de los portafolios institucionales, y después de la aprobación de los contratos de indexados (ETF) por parte del SEC, conociendo el modelo de inclusión de los diferentes componentes de los índices en Estados Unidos bajo la proyección actual, es posible que algunas de estas emisoras puedan ser incluidas dentro del índice de cotizaciones S&P.

   En su evolución, el mercado de criptoactivos ha mantenido un 50 % representado por el bitcoin. Actualmente, visualizamos que las criptodivisas pueden alcanzar una capitalización de hasta seis trillones de dólares. Dicha proyección tendría un impacto dentro de las otras criptodivisas, las cuales podrían crecer entre tres y seis veces su valor actual.

   Los llamados activos alternativos han tenido un crecimiento acelerado de 41 CAGR. En un escenario donde los portafolios institucionales tuvieran una exposición mínima del 1 %, pudiéramos ver al bitcoin apreciarse entre tres y siete veces el valor actual presente de 100 000 dólares por unidad.

3. **Estandarización y homologación.** Históricamente, el establecimiento de estándares globales y la homologación de las leyes han favorecido el comercio internacional. Siendo así, el advenimiento de estándares y leyes en Estados

Unidos podría ser de gran impacto. Entre las iniciativas más interesantes se encuentran Basilea III, FASB e ISO 20022.

4 | TENDENCIAS REGULATORIAS

4.1 Basilea III

Basilea III es una serie de normas acordadas internacionalmente y desarrolladas por el Comité de Supervisión Bancaria de Basilea en respuesta a la crisis financiera de 2007-2009. Las medidas, que tienen como objetivo fortalecer la regulación, supervisión y gestión de riesgos de los bancos, fueron introducidas en 2010.

Como todas las medidas del Comité de Basilea, las normas de Basilea III son requisitos mínimos que se aplican a los bancos con actividad internacional. Los Bancos miembros se comprometen a implementar y aplicar normas en sus jurisdicciones dentro del plazo establecido por el Comité.

El Aviso de Reglamentación Propuesta (NPR) de Estados Unidos para el final de Basilea III (B3E), incluye una serie de actualizaciones a las reservas de capital requerido que impactarán significativamente en el marco de capital basado en riesgo de Estados Unidos. El NPR B3E fue publicado en julio de 2023 por la Reserva Federal de Estados Unidos, la Oficina del Contralor de Moneda (OCC, por sus siglas en inglés) y la Corporación Federal de Seguro de Depósitos (FDIC, por sus siglas en inglés).

El B3E NPR se considera el cambio más importante en la regulación bancaria de Estados Unidos desde la Ley Dodd-Frank de Reforma de Wall Street y Protección al Consumidor de 2010. La fecha de cumplimiento propuesta para el B3E NPR es el 1 de julio de 2025, contemplando un periodo de transición gradual de tres años y un análisis de impacto a las tazas de capital hasta el 30 de junio de 2028.

El B3E alterará fundamentalmente cómo los bancos de la Categoría IV (CIV) –que incluye a instituciones de más de 100 000 millones de dólares en activos— implementan un enfoque basado en monitorear la exposición de las reservas de capital regulatorio al riesgo, y la gestión eficiente de dicha exposición para preservar el capital. La descripción se puede ver en el siguiente cuadro.

Cuadro 1. **Enfoque del B3E NPR**

Categorías	Categoría I	Categoría II	Categoría III	Categoría IV
Criterio de la organización bancaria	Bancos sistemáticamente importantes (GSIB)	Activos totales por más de $700 B o $75 B en múltiples jurisdicciones	Activos totales por más de $2500 B o $75 B o más en no bancos, ponderados a fondeo de corto plazo o financiamiento fuera de balanza	Activos por más de $100 B

Fuente: Elaboración propia.

El B3E introduce una visión expandida basada en el riesgo, la cual seguramente incrementará la cantidad de capital en activos ponderados por riesgo para los bancos del grupo IV, específicamente cuando se combinan con los impactos en el colchón de capital de tensión (SCB, por sus siglas en inglés), y se sugiere a los bancos centrarse en la colocación de capital y eficientar las carteras para su liquidación estratificada.

B3E buscará que los bancos puedan gestionar la liquidez de la cartera para optimizar la función de riesgo-retorno, cuantificando exposición a contrapartes en tiempo real y valuación al riesgo. Esta norma será particularmente relevante para los bancos de categoría III y categoría IV, que tendrán que invertir en modernizar sus plataformas tecnológicas y sean similares a nuestra plataforma en FlatStone para estructurar datos en torno a su gestión de riesgo, tomas de decisiones y registro de datos financieros para cumplimiento y divulgación regulatoria.

El B3E como marco regulatorio impulsado por datos, representará un incremento a la sensibilidad de riesgo y requerirá implementar los procesos y sistemas que ofrece FlatStone para automatizar e integrar múltiples capas de datos para el monitoreo de los activos en cartera y la gestión de riesgos en tiempo real.

4.2 FASB SAB 121

El 13 de diciembre de 2023, la Junta de Normas de Contabilidad Financiera (FASB, por sus siglas en inglés) emitió el boletín de Actualización de Normas Contables (ASU) 2023-08 para el reporte y divulgación de criptoactivos. El origen de esta norma fue el boletín de normas contables para el Staff (SAB, por sus siglas en inglés) SAB 121[1] Normas para el registro contable y custodia de criptoactivos, emitido en marzo 2022 por la División de Finanzas Corporativas y la oficina del contralor general del SEC.

La nueva norma FASB y SEC requiere que las entidades comiencen a valuar ciertos criptoactivos en su *fair value,* y que la variación de los valores se registre en los ingresos (egresos) netos en cada periodo de informe. Adicionalmente, las entidades con exposición a criptoactivos deberán proporcionar información suplementaria con relación a estos dentro de sus estados financieros. Las modificaciones del boletín serían efectivas para los años fiscales después del 15 de diciembre de 2024, incluidos los periodos intermedios.

Sin embargo, la industria argumentó que dichas normas afectarían particularmente a los *neobanks,* puesto que los activos bajo custodia serían registrados como pasivos dentro de los balances de los operadores, incrementando los costos operativos y financieros, al reflejarse en reservas de capital mayores y gastos de capital por concepto de infraestructura financiera de mercado de nivel militar para salvaguardar los activos digitales contra riesgos específicos.

Los riesgos incluyen complejos aspectos a través de múltiples dominios como los financieros, contables, legales, regulatorios y tecnológicos. Irónicamente, bajo la administración Biden, la innovación se reflejó en un incremento de costos y mayor incertidumbre sobre el tratamiento regulatorio para la operación de los activos digitales. Dicha incertidumbre generó gran revuelo dentro de la industria por diversas razones, entre ellas excepciones a la norma para los bancos más grandes, los cuales han sido exhibidos por el Comité de Banca y Servicios Financieros lidereado por la Senadora Lummis[2] (R-WY) y el Senador Patrick McHenry (R-NC), quienes buscan remover la iniciativa.

No obstante a la oposición de la industria, el Instituto Americano de Contadores Públicos (AICPA, por sus siglas en inglés) presentó su guía de práctica profesional con relación al SAB 121 en 6 junio de 2024. Dicha guía presenta el modelo para los procesos de auditoría y valuación de los activos digitales en reconocimiento de los derechos y obligaciones existentes, bajo los principios de contabilidad generalmente aceptados (GAAP, por sus siglas en inglés) y las normas de auditoría generalmente aceptadas (GAAS, por sus siglas en inglés) de EE. UU.

4.3 ISO 20022

Esta norma busca la estandarización e interoperabilidad en el espacio criptográfico, garantizando una comunicación más dinámica entre plataformas y participantes. La norma ISO 20022 ha ganado importancia en la industria financiera como estándar de mensajes integrados para validar la transferencia electrónica confiable de datos entre instituciones financieras. Si bien, inicialmente, se desarrolló para transacciones financieras tradicionales, el estándar se ha expandido para incluir el mundo de los activos digitales y las criptomonedas.

La norma ISO 20022 remueve puntos de fricción para la industria de servicios financieros moderna al abrirse a la innovación promoviendo la interoperabilidad entre instituciones financieras, clientes e infraestructuras de mercado. ISO 20022 admite la adición de datos de transacciones más completos y estructurados en los mensajes de pago, lo que ha despertado gran interés dentro de las instituciones de la red SWIFT, ya que podrán competir y capitalizar en nuevos mercados. ISO espera que 87 % de los mensajes de pagos de alto valor adoptarán el estándar ISO 20022 para finales de 2025.

En noviembre de 2022, SWIFT comenzó la migración a ISO 20022 y planea completar la transición para noviembre de 2025. Con la migración exitosa al nuevo estándar se espera una mejora en la experiencia del usuario final a través de mejoras tangibles con ventajas de procesamiento en tiempo y forma para garantizar servicios de pago, facilitando el desarrollo de líneas de ingresos adicionales basadas en eficiencia y rentabilidad para los clientes.

Al integrar un modelo que permite optimizar la comunicación de transacciones complejas y pagos transfronterizos, la norma ISO 20022 se convertirá en un nuevo estándar para todas las asociaciones bancarias y principales infraestructuras de pagos globales.

5 | TECNOLOGÍA Y REGULACIÓN: EL MARCO DE LOS CROPTOACTIVOS

Siendo que el tsunami digital desatado durante la pandemia ha impactado a todos los sectores económicos y que la cuarta transformación digital está muy avanzada, es relevante entender el potencial para la transformación de nuestro mundo por medio de las tecnologías web 3, donde claramente se destacan los tres pilares de la IA: *blockchain*, Distributed Ledger Technology (DLT, por sus siglas en inglés) e internet de las cosas (IoT, por sus siglas en inglés).

Basados en estas tecnologías, muchas áreas y su regulación serán impactadas. Por ejemplo, en protección ambiental, actualmente los reguladores de mercados americanos y europeos buscan implementar regulación para el cumplimiento de la divulgación y reportes de afectaciones climáticas donde la industria de criptodivisas podría estar implicada.

Particularmente, la minería del bitcoin representa un problema porque su consumo es casi tan grande como el de algunos países, y se incrementará exponencialmente en la medida en que se acelere la adopción de las criptodivisas. Estas, a su vez, representan oportunidades de inversión a partir de seis megatendencias dentro de un modelo institucional que permite a los inversionistas tener exposición en el sector y segmento de los criptoactivos de manera indirecta, a través de lo que se denomina digitalización de la economía global (cuadro 2).

Cuadro 2. **Foco temático por sector**

Temática	Sector industrial GICS	Clase / Sector GICS
Baby boomers	**Boomernomics:** medicina, farmacéutica, tercera edad, retiro	ECM, DCM, XCM / X-GICS
Convergencia	Desregulación: banca, energía, minería, manufactura, logística, telecom, *supply chain*	ECM, DCM, XCM / X-GICS
Economía digital	Digital Toolbox: SaaS, BaaS, EaaS, centros datos, DLT inteligencia artificial, internet de las cosas, robótica	ECM, DCM, XCM / X-GICS
Energía	**Descarbonización:** autoabasto, generación distribuida, energía como servicio, renovables, híbridos	DCM-2-ECM, XCM / X-GICS
Seguridad alimentaria	Agritech: orgánica certificado, hidropónicos, genómicos, robótica, zero-X	ECM, DCM, XCM / X-GICS
X-pandemia	Reconstrucción: aeronáutica, bienes raíces digitales, logística *nearshoring*, OEM, otros	DCM-SLB / X-GICS

Fuente: Elaboración propia.

Claramente, la convergencia de megatendencias y la tecnología representan oportunidades para la inversión en la intersección de la energía, inteligencia artificial y redes distribuidas que forman la columna vertebral para la digitalización de activos físicos del mundo real y operaciones globales.

Cerramos este capítulo con una reflexión que puede ser una pregunta obligada: Si pudiéramos viajar en el tiempo y visitar a JP

Morgan en 1800, cuando invertía en el desarrollo de la infraestructura eléctrica, ferroviaria y telefónica, ¿dudaríamos en darle nuestro capital?

Dado que no podemos hacerlo, es importante reconocer que estamos en un momento histórico similar al de 1780-1850, y que así como en dicho periodo se establecieron las bases para la revolución industrial, dentro de las próximas décadas se establecerán también las del futuro de nuestra economía digital, en la que los criptoactivos tienen una posición.

En el largo plazo, no será relevante si perdimos la oportunidad de bitcoin o Nvidia; el futuro será brillante para quienes decidan participar con su capital, ya sea financiero o humano.

NOTAS

1. Como se había anticipado durante la redacción de este capítulo a finales de 2024, el 23 de enero de 2025 la nueva administración del presidente Donald Trump decretó una moratoria en la aplicación de las medidas contempladas dentro de SAB 121. Como resultado, la SEC emitió el boletín SAB 122, donde la industria deberá implementar las normas emitidas por el FASB dentro del boletín (ASU) 2023-08. Dicha moratoria tiene como finalidad permitir a los legisladores crear un marco regulatorio que contemple nuevas metodologías e instrumentos para el cumplimiento con los requisitos de divulgación, sin crear riesgos para las entidades financieras que oferten servicios a la industria de los activos digitales.

2. Comité de Servicios Financieros, «McHenry y Lummis exigen a la SEC que derogue la SAB 121 en medio de una oposición bipartidista y bicameral», comunicado de prensa, 23 de septiembre de 2024, https://financialservices.house.gov/news/documentsingle.aspx?DocumentID=409387

FUENTES CONSULTADAS

- AICPA. *Accounting for and Auditing of Digital Assets Practice Aid.* 2024. https://www.aicpa-cima.com/resources/download/accounting-for-and-auditing-of-digital-assets-practice-aid-pdf
- BIS. *Basel Committee for Banking, Basel III: International Regulatory Framework for Banks.* 2010. https://www.bis.org/bcbs/basel3.htm
- Bloomberg News. *China Widens Ban on Crypto Transactions, Bitcoin Tumbles.* 2021. https://www.bloomberg.com/news/articles/2021-09-24/china-deems-all-crypto-related-transactions-illegal-in-crackdown?embedded-checkout=true&sref=jePwxePz
- BofA. *Beyond Crypto: Tokenization.* 2023. https://rsch.baml.com/access?q=ZAysnRyxlqE&ps=true&pv=validated
- BofA. *Digital Assets Primer: Only the First Inning.* 2021. https://business.bofa.com/content/dam/flagship/global-research/crypto-based-digital-assets-new-asset-class/Digital_Assets_Primer_Redaction.pdf
- Carstens, Agustín. *Money in the Digital Age—What Role for Central Banks?* BIS Speech. 2018. https://www.bis.org/speeches/sp180206.htm
- Chicago FedLetter. *A Retrospective on the Crypto Runs of 2022.* Número 479. 2023. https://doi.org/10.21033/cfl-2023-479
- Conlon, Thomas, y Richard McGee. *ICO Fraud and Regulation.* Batten-Corbet-Lucey Handbooks in Alternative Investments. 2021. https://ssrn.com/abstract=3770659
- Citigroup. *Money, Tokens and Games.* Citi Global Perspectives and Solutions. 2023. https://ir.citi.com/gps/MG9DEWhoYvQJVWLM9Kr3%2BZmqjoztKJcyNHr83F9Wug2pzAGHPQKfp23RAMrkNts%2FJitXoTNqufOvegUjjXh0IA%3D%3D

- Coinbase. *Form S-1 Filed with the Securities and Exchange Commission.* 2021. https://www.sec.gov/Archives/edgar/data/1679788/000162828021003168/coinbaseglobalincs-1.htm
- Comité de Servicios Financieros. «McHenry y Lummis exigen a la SEC que derogue la SAB 121 en medio de una oposición bipartidista y bicameral». Comunicado de prensa, 23 de septiembre de 2024. https://financialservices.house.gov/news/documentsingle.aspx?DocumentID=409387
- Corbet, Shaen, *et al. Cryptocurrencies as a Financial Asset: A Systematic Analysis. International Review of Financial Analysts.* 2019. https://papers.ssrn.com/sol3/papers.cfm?abstract_id=3143122
- Darbyshire, Martin. *Generation Moonshot: Why Young Investors Are Not Ready to Give Up on Risk. Financial Times.* 2022. https://www.ft.com/content/bce2ef2a-77d8-485e-ba69-92579f8fceb6
- Duggan, William, y Michael Adams. *What Is Crypto Winter? Forbes.* 2023. https://www.forbes.com/advisor/investing/cryptocurrency/what-is-crypto-winter/
- Financial Accounting Standards Board. *Accounting Standards Update 2023-08: Intangibles, Goodwill and Other Crypto Assets, Subtopic 350-60.* 2023. https://bit.ly/4gxB4uz
- Financial Times. *Crypto Currencies: How Regulators Lost Control.* FT Films. 2022. https://www.youtube.com/watch?v=C-VsYMVHW17c
- FlatStone Capital Markets Inc. *Commentary to the US Securities Exchange Commission: Draft Strategic Plan 2022-2026.* 2022. https://www.sec.gov/comments/cll-13/cll13-20144438-309357.pdf
- FlatStone Capital Markets Inc. *Commentary to the Bank of England Consultation of the Digital Securities Sandbox.* 2024. https://bit.ly/3L5qFZd

- Gensler, Gary. *Prepared Remarks Before the American Bar Association Derivatives and Futures Law Committee Virtual Mid-Year Program.* 2021. https://www.sec.gov/news/speech/gensler-remarks-aba-derivatives-futures-law-committee-virtual-mid-year-program-072121
- Goldman Sachs. *Overview of Digital Assets and Blockchain.* Investment Banking Division (Asia). 2021
- Goldman Sachs. *Digital Assets: Beauty Is Not in the Eye of the Beholder.* 2021. https://www.goldmansachs.com/what-we-do/consumer-and-wealth-management/private-wealth-management/intellectual-capital-f/beauty-is-not-in-the-eye-of-the-beholder/index.html
- Goldman Sachs. *Generational Wealth: AI, Data Centers and the Coming US Demand Power Surge.* 2024. https://www.goldmansachs.com/pdfs/insights/pages/generational-growth-ai-data-centers-and-the-coming-us-power-surge/report.pdf
- Houghan, Matt, y David Lawant. *Cryptoassets: The Guide to Bitcoin, Blockchain and Cryptocurrencies for the Investment Professionals.* CFA Institute Research Foundation. 2021. https://rpc.cfainstitute.org/-/media/documents/article/rf-brief/rfbr-cryptoassets.pdf
- IMF. *The Rise of Digital Money.* IMF Policy Paper, Washington, DC. 2021. https://www.imf.org/en/Publications/Policy-Papers/Issues/2021/07/28/The-Rise-of-Digital-Money-462914
- ISO. *Universal Financial Industry Message Scheme.* 2018. https://www.iso20022.org/about-iso-20022
- J.P. Morgan. *Digital Transformation and the Rise of Fintech: Blockchain, Bitcoin and Digital Finance 2021.* Global Research.
- Levine, Matt. *The Crypto Story. Bloomberg Businessweek.* 2022. https://www.bloomberg.com/features/2022-the-crypto-story/?sref=jePwxePz

- Levine, Matt. *Ripple Is a Security and It Isn't. Bloomberg.* 2023. https://www.bloomberg.com/opinion/articles/2023-07-14/ripple-is-a-security-and-it-isn-t?sref=jePwxePz
- Leonids, Alex. *Bitcoin Deserves Some Space in Your Portfolio. Bloomberg.* 2023. https://www.bloomberg.com/opinion/articles/2023-04-05
- Lummis-Gillibrand. *S.4356 - Lummis-Gillibrand Responsible Financial Innovation Act.* US 117 Congress. 2021. https://www.congress.gov/bill/117th-congress/senate-bill/4356/text
- Lummis-Gillibrand. *S.2281 - Lummis-Gillibrand Responsible Financial Innovation Act.* US 118 Congress. 2023. https://www.congress.gov/bill/118th-congress/senate-bill/2281
- Makarov, Igor, y Antoinette Schoar. *Cryptocurrencies and Decentralized Finance (DeFi). Brookings Papers on Economic Activity, Spring.* 2022. https://www.brookings.edu/articles/cryptocurrencies-and-decentralized-finance-defi/
- Nakamoto, Satoshi. *Bitcoin: A Peer-to-Peer Electronic Cash System.* 2008. https://bitcoin.org/bitcoin.pdf
- Patel, R., y J. Rose. *A Retrospective on the Crypto Runs of 2022. Chicago Fed Letter* No. 479, mayo 2023. https://www.chicagofed.org/publications/chicago-fed-letter/2023/479
- Security Exchange Commission. *Framework for «Investment Contract» Analysis of Digital Assets.* 2023. https://www.sec.gov/corpfin/framework-investment-contract-analysis-digital-assets
- Security Exchange Commission. *Staff Accounting Bulletin No. 121.* 2022. https://www.sec.gov/regulation/staff-interpretations/accounting-bulletins/old/staff-accounting-bulletin-121
- Security Exchange Commission. *Staff Accounting Bulletin No. 122.* 2025. https://www.sec.gov/rules-regulations/

staff-guidance/staff-accounting-bulletins/staff-accounting-bulletin-122
- U.S. Energy Information Administration. *U.S. Energy Facts Explained: Consumption and Production.* 2024. https://www.eia.gov/energyexplained/us-energy-facts/
- U.S. Energy Information Administration. *Electricity Explained: Production Sources.* 2024. https://www.eia.gov/energyexplained/electricity/electricity-in-the-us.php
- Versprille, Allyson, y Lydia Beyoud. *Coinbase Faces SEC Probe on Crypto Listings; Shares Tumble. Bloomberg.* 2022. https://www.bloomberg.com/news/articles/2022-07-26/coinbase-faces-sec-investigation-over-cryptocurrency-listings?sref=jePwxePz

SEMBLANZA DE LOS AUTORES

Eduardo Rodríguez Venegas es fundador y director general de FlatStone Capital Markets LLC. Cuenta con más de dos décadas de experiencia en negocios en consultoría de gestión y mercado de capitales en Canadá, con un enfoque en los sectores globales de energía, finanzas y tecnología.

Considerado un experto en transición energética y tecnologías financieras, figura en eventos y publicaciones líderes relacionados con la transformación digital de los sectores regulados. Su experiencia en el mercado de los activos digitales comenzó con bitcoin en (2011) y proyectos en Ethereum (2013-2015).

En 2017 lanzó FKM, un asesor financiero operado por agentes de inteligencia artificial para democratizar el acceso a capital vía tokenización de activos del mundo real (RWA) compatibles con las plataformas institucionales y bancos globales operando en Asia, Europa y Medio Oriente.

Comprometido con el desarrollo sustentable de la economía, colaboró con el Instituto CFA en el desarrollo del estándar de divulgación ESG para instrumentos financieros. Desde 2020 participa con la EGADE Business School, del Tecnológico de Monterrey, en el diseño e impartición de cursos de *blockchain* para la maestría en Finanzas.

En 2021 empezó a colaborar con reguladores financieros globales; en 2022 participó con la Autoridad Europea de Valores y Mercados (ESMA, por sus siglas en inglés) en el estudio piloto de Tecnología Distribuida de Registro (DLT), que resultó en la Norma del Mercado de Cripto Activos (MiCA). En 2023 se sumó al trabajo del Banco y la Tesorería de Inglaterra en la elaboración del marco regulatorio para el *sandbox* de valores digitales (DSS, por sus siglas en inglés) de los activos bursátiles.

Luis A. Hernández Arámburo es cofundador y director financiero de FlatStone Capital Markets, corporativo de PoseidonX. Con más de 25 años de experiencia en mercados de capitales, ha asesorado en gestión de riesgos y financiamiento a empresas en México y el extranjero. En PoseidonX, codirige iniciativas estratégicas, incluyendo soluciones de financiamiento climático y bonos sustentables ASG.

Su trayectoria en sectores regulados y liberalizados lo llevó a asesorar a inversionistas institucionales durante la Reforma Energética mexicana, incluyendo fondos de pensiones para la colocación de capital en el sector energético. Ha ocupado cargos clave en el sector financiero, como director de Financiamientos Estructurados en Banamex y Citigroup NY. Asimismo, ha fungido como ejecutivo en HSBC dentro del Grupo de Soluciones de Gestión de Riesgos y Financiamiento de Mercados Globales. Ha presidido el Comité de

Administración de Riesgos de instituciones financieras públicas como el Fideicomiso de Fomento Minero (FiFOMI) y Fovissste.

Es doctor en Economía por la Universidad de California, Los Ángeles (UCLA). Desde 2015 es profesor en la EGADE Business School del Tecnológico de Monterrey, institución donde también dirigió el posgrado en Administración Energética y lanzó el primer curso de *blockchain* en América Latina en 2020.

CAPÍTULO 08

STABLECOINS: RETOS Y OPORTUNIDADES PARA PAGOS TRANSFRONTERIZOS

Ankit Sharma
José Antonio Quesada

INTRODUCCIÓN

En un mundo cada vez más globalizado, las remesas transfronterizas han adquirido una importancia crucial tanto para las familias como para las economías de los países receptores. Según el Banco Mundial, las remesas enviadas por trabajadores migrantes a sus países de origen alcanzaron los 843 000 millones de dólares en 2023, constituyendo una fuente vital de ingresos para millones de hogares.

Sin embargo, los métodos tradicionales de envío de remesas, que a menudo implican transferencias bancarias o servicios de envío de dinero mediante el uso de transmisores de dinero, presentan varios desafíos incluyendo altos costos de transacción, tiempos prolongados y riesgos asociados con la fluctuación de las tasas de cambio, así como en las comisiones cobradas por las entidades financieras para la realización de este tipo de servicios. En este contexto, las *stablecoins* emergen como una solución innovadora y potencialmente transformadora.

Las *stablecoins* son un tipo de criptomoneda diseñada para mantener un valor estable, lo que las hace particularmente adecuadas para ser utilizadas en operaciones cuya naturaleza operativa sea la transmisión de fondos, como el caso de los pagos transfronterizos. Al combinar la eficiencia y seguridad de la tecnología *blockchain* con la estabilidad de las monedas fiduciarias, las *stablecoins* ofrecen una alternativa prometedora que puede reducir costos de operación, acelerar transacciones y mejorar la inclusión financiera para personas no bancarizadas o subbancarizadas.

Este capítulo explora en profundidad el concepto de *stablecoins*, su relación con las criptomonedas tradicionales, sus diversos tipos y, especialmente, su aplicación en el ámbito de los pagos transfronterizos. A través de un análisis detallado de sus beneficios, riesgos y desafíos, se busca proporcionar una comprensión completa de cómo estas criptomonedas pueden revolucionar el mercado de las remesas y contribuir a un sistema financiero más inclusivo y eficiente.

1| *STABLECOINS* 101

Estas criptomonedas están diseñadas para minimizar la volatilidad de su precio en relación con algún activo «estable» o una cesta de activos, conocidos como moneda «fiat». A diferencia de criptomonedas como bitcoin o ether, cuyos valores pueden fluctuar significativamente en cortos periodos de tiempo, las *stablecoins* buscan proporcionar una reserva de valor más constante. Esto se logra mediante diversos mecanismos que vinculan el valor de la moneda estable a activos como monedas de curso legal, activos subyacentes cuyo valor es obtenido de materias primas o incluso de otras criptomonedas.

El funcionamiento de las *stablecoins* se basa en mecanismos específicos que aseguran su estabilidad y pueden variar dependiendo del tipo de moneda estable, pero generalmente incluyen la colateralización, la regulación de la oferta y la demanda, así como la implementación de algoritmos que ajustan automáticamente el suministro de la moneda para mantener su paridad con el activo subyacente. En el caso de las *stablecoins* respaldadas por «fiat» (i. e. moneda de curso legal emitida por un Banco Central), como Tether (USDT) y USD Coin (USDC), la emisión se produce cuando una entidad central recibe un depósito en moneda «fiat» y emite una cantidad equivalente de *stablecoins*.

Este proceso implica que por cada unidad de moneda estable emitida hay una unidad de moneda «fiat» depositada como respaldo. La redención, por otro lado, ocurre cuando un usuario devuelve las *stablecoins* a la entidad emisora a cambio de la moneda «fiat» correspondiente.

Uno de los aspectos más importantes de las *stablecoins* es su capacidad para mantener una paridad estable con la moneda de referencia, usualmente el dólar estadounidense (USD), para ello son indispensables las auditorías y la transparencia.

La transparencia es un componente crucial en su funcionamiento. Las auditorías regulares y la divulgación pública de las reservas son prácticas esenciales para mantener la confianza de los usuarios y garantizar la integridad del sistema. Las entidades emisoras de *stablecoins* respaldadas por «fiat» suelen contratar a firmas de auditoría externas para verificar que las reservas sean adecuadas y correspondan a la cantidad de *stablecoins* en circulación.

En el caso de las *stablecoins* descentralizadas, la transparencia se garantiza a través de la tecnología *blockchain* y los contratos inteligentes que permiten la verificación pública de las transacciones y las reservas de colateral.

2| HISTORIA DE LAS *STABLECOINS*

Su concepto se originó como respuesta a la alta volatilidad de las criptomonedas tradicionales como bitcoin y ether. La primera *stablecoin* significativa fue Tether (USDT), lanzada en 2014. Tether fue diseñada para mantener una paridad 1:1 con el dólar estadounidense, ofreciendo a los usuarios una forma de almacenar valor sin exponerse a las fluctuaciones de precios características de otras criptomonedas. A pesar de sus controversias y cuestionamientos sobre la transparencia de sus reservas, Tether estableció un precedente para futuras *stablecoins*.

Desde el lanzamiento de Tether, el mercado de las criptomonedas estables ha experimentado una diversificación significativa. Se han desarrollado nuevas y cada una con diferentes mecanismos de estabilización y propósitos. Entre las más notables se encuentran USD Coin (USDC), emitida por Circle en colaboración con Coinbase en 2018 y Dai (DAI), una *stablecoin* descentralizada creada por MakerDAO que mantiene su paridad con el dólar estadounidense a través de colateralización en criptomonedas.

Estas innovaciones han permitido una mayor confianza y adopción de *stablecoins* no solo para el comercio y la inversión, sino también para su implementación en productos y servicios financieros ofrecidos por entidades reguladas, principalmente por las Instituciones de Tecnología Financiera (ITF) para posibilitar la recepción y envío de fondos, ya sea de manera local o internacional.

2.1 Regulación y adopción institucional

En los últimos años, las criptomonedas estables han atraído la atención de reguladores y grandes instituciones financieras. Su creciente adopción por parte de empresas y bancos ha llevado a una mayor demanda de marcos regulatorios claros y coherentes. La emisión de Libra (ahora Diem) por parte de Facebook en 2019, aunque aún no ha sido lanzada, marcó un punto de inflexión al atraer la atención global y subrayar la necesidad de una regulación en el espacio de las *stablecoins*.

La emisión y redención de *stablecoins* son procesos cruciales que garantizan su estabilidad y su respaldo. Pueden ser emitidas por entidades centralizadas o descentralizadas, dependiendo de su tipo y del país en el que se ofrezca.

2.1 Tipos

Las *stablecoins* pueden clasificarse en diferentes categorías, según el mecanismo que utilizan para mantener su estabilidad. Los principales tipos son las siguientes:

***Stablecoins* respaldadas por moneda fiduciaria.** Son las más comunes y simples de entender. Están validadas por reservas de monedas fiduciarias, como el dólar estadounidense, el euro o el yen en una proporción de 1:1. Esto significa que por cada unidad de moneda estable emitida hay una unidad equivalente de moneda fiduciaria almacenada en reserva. Algunos ejemplos:

- **Tether (USDT).** Lanzada en 2014, es una de las más antiguas y conocidas. Está vinculada al dólar estadounidense y mantiene una paridad de 1:1 mediante reservas de USD.
- **USD Coin (USDC).** Emitida por Circle en colaboración con Coinbase en 2018, también está respaldada por dólares estadounidenses en una proporción de 1:1 y es auditada regularmente para garantizar la transparencia.

Las ventajas de las *stablecoins* respaldadas por moneda fiduciaria incluyen su simplicidad y la confianza que brindan debido a la paridad directa con una moneda tradicional. Sin embargo, también enfrentan desafíos, como la necesidad de auditorías regulares para garantizar la existencia y suficiencia de las reservas, así como la confianza en una entidad centralizada que gestione dichas reservas.

***Stablecoins* respaldadas por criptomonedas.** Estas utilizan otras criptomonedas como colateral para mantener su estabilidad. Suelen estar sobrecolateralizadas para absorber la volatilidad inherente de las criptomonedas subyacentes. Por ejemplo:

- **Dai (DAI).** Creada por MakerDAO es una moneda estable descentralizada que mantiene su paridad con el dólar estadounidense mediante la colateralización de criptomonedas como ether (ETH). Los usuarios pueden generar Dai depositando criptomonedas en contratos inteligentes que gestionan automáticamente el proceso de colateralización.
- Estas *stablecoins* respaldadas por criptomonedas ofrecen la ventaja de la descentralización y la transparencia, ya que operan en plataformas *blockchain* sin necesidad de una entidad centralizada. Sin embargo, su principal desventaja es la complejidad y el riesgo adicional asociado con la volatilidad de las criptomonedas colaterales. La sobrecolateralización puede resultar ineficiente y costosa para los usuarios.

***Stablecoins* algorítmicas.** No están respaldadas por activos específicos; utilizan algoritmos y contratos inteligentes para regular automáticamente el suministro de la moneda y mantener su paridad con el activo de referencia. Por ejemplo:

- **Ampleforth (AMPL).** Es una moneda estable algorítmica que ajusta su suministro automáticamente en función de la demanda del mercado. Si el precio de AMPL sube por encima de un dólar, el suministro aumenta, y si cae por debajo de un dólar, el suministro disminuye.
- Este tipo de criptomonedas ofrecen la ventaja de no requerir colateralización, lo que las hace más eficientes en términos de capital. Sin embargo, su principal desventaja es la complejidad y el riesgo de que los algoritmos no funcionen como se espera en condiciones de mercado extremas, lo que podría desestabilizar la moneda.

***Stablecoins* respaldadas por materias primas.** Están vinculadas con activos físicos como el oro, la plata o el petróleo. Su objetivo es combinar las ventajas de la tecnología *blockchain* con la estabilidad y el valor intrínseco de las materias primas. Ofrecen mayor estabilidad y confianza, ya que su valor depende de activos tangibles.

Esto ayuda a reducir la volatilidad, además de brindar diversificación y protección contra la inflación. Sin embargo, presentan desventajas como altos costos operativos debido al almacenamiento y seguridad de las materias primas. También pueden enfrentar desafíos regulatorios y de liquidez, ya que la conversión a efectivo puede ser menos ágil. Estas características deben considerarse al evaluar su uso. Por ejemplo:

- **Paxos Gold (PAXG).** Moneda estable respaldada por oro físico. Cada token PAXG representa una onza troy de oro almacenada en bóvedas seguras.

3| DIFERENCIAS CON MONEDA TRADICIONAL (FIAT)

Las criptomonedas tradicionales, como bitcoin (BTC) y ether (ETH), son conocidas por su alta volatilidad. Su valor puede fluctuar drásticamente en cortos periodos de tiempo debido a factores como la especulación del mercado, cambios regulatorios y eventos macroeconómicos. Esta volatilidad puede ser beneficiosa para los inversores que buscan obtener ganancias rápidas, pero presenta un desafío significativo para aquellos que desean utilizar estas criptomonedas como medio de intercambio o reserva de valor. La naturaleza especulativa de las criptomonedas tradicionales las hace inadecuadas para transacciones diarias y planificaciones financieras a largo plazo.

En contraste, las *stablecoins* están diseñadas para mantener un valor constante en relación con un activo subyacente, como una moneda fiduciaria, una materia prima o una cesta de activos. Esta estabilidad se logra mediante diversos mecanismos, como la colateralización y algoritmos de ajuste de suministro. Su estabilidad las hace adecuadas para su uso en transacciones diarias, remesas y como reserva de valor. Al eliminar la volatilidad, proporcionan previsibilidad y confianza a los usuarios, lo que facilita su adopción en un contexto financiero más amplio.

3.1 Mecanismos de estabilidad

Las criptomonedas tradicionales no poseen mecanismos integrados para mantener la estabilidad de su valor. Su precio está determinado enteramente por la oferta y demanda del mercado. La descentralización y la falta de una entidad centralizada que regule el suministro de estas criptomonedas son características fundamentales que contribuyen a su volatilidad. Por ejemplo, el suministro de bitcoin está limitado a 21 millones de unidades y su valor fluctúa en función de la percepción del mercado y la adopción.

Las *stablecoins* utilizan varios mecanismos para mantener su estabilidad, algunos son los siguientes:

Tabla 1. **Mecanismos de estabilidad**

Tipo	Características
Respaldadas por moneda fiduciaria	Dependen de la confianza en la entidad emisora para mantener las reservas adecuadas y realizar auditorías regulares.
Respaldadas por criptomonedas	Utilizan otras criptomonedas como colateral y generalmente están sobrecolateralizadas para absorber la volatilidad.
Algorítmicas	No están respaldadas por activos específicos; utilizan algoritmos para ajustar automáticamente el suministro en función de la demanda del mercado.
Respaldadas por materias primas	Están vinculadas a activos físicos como el oro.

Fuente: Elaboración propia.

3.2 Usos y aplicaciones

Las criptomonedas tradicionales son ampliamente utilizadas como vehículos de inversión, especulación y colocación. Los inversores compran y venden criptomonedas con la esperanza de obtener ganancias a través de la apreciación del precio. Además, se utilizan en aplicaciones de finanzas descentralizadas (DeFi), contratos inteligentes y como una forma de diversificar carteras de inversión. Sin embargo, su volatilidad limita su uso como medio de intercambio en transacciones cotidianas y remesas.

Debido a su estabilidad, las *stablecoins* son ideales para una variedad de aplicaciones financieras. Su uso más destacado es en remesas y pagos transfronterizos donde proporcionan una forma eficiente y de bajo costo para transferir valor. Además, se utilizan en el comercio electrónico, préstamos y en el ecosistema DeFi como colateral y para la ejecución de contratos inteligentes. Su capacidad para mantener un valor constante las hace también útiles como reserva de valor y para la protección contra la inflación en economías inestables.

3.3 Regulación y cumplimiento

Las criptomonedas tradicionales a menudo operan en un entorno regulatorio incierto. Su naturaleza descentralizada las hace difíciles de regular y las políticas varían significativamente entre diferentes jurisdicciones. En algunos países, están sujetas a regulaciones estrictas, mientras que en otros operan con poca supervisión. Esta falta de claridad regulatoria puede generar riesgos para los inversores y usuarios, principalmente porque las operaciones con este tipo de activos, en varias ocasiones, son utilizadas para actividades de lavado de dinero.

En cambio, las *stablecoins*, especialmente aquellas respaldadas por moneda fiduciaria, están sujetas a una mayor supervisión regulatoria. Los reguladores exigen transparencia y auditorías regulares para asegurar que las reservas sean adecuadas y que las monedas estén realmente respaldadas por los activos declarados.

Su creciente adopción ha llevado a los reguladores a desarrollar marcos regulatorios específicos para garantizar la protección del usuario de los servicios financieros, así como de la estabilidad financiera. Esta mayor supervisión puede aumentar la confianza en ellas y facilitar su adopción generalizada.

4| INCERTIDUMBRE REGULATORIA

La regulación es otro campo plagado de controversias. A nivel global, los marcos regulatorios para las *stablecoins* y las criptomonedas están en constante evolución, y las políticas cambian de manera importante entre diferentes jurisdicciones. La falta de claridad y consistencia en la regulación crea un entorno incierto para los emisores y los usuarios.

La creciente preocupación por el impacto de las *stablecoins* en la estabilidad financiera ha llevado a algunos reguladores a considerar la implementación de normativas más estrictas. En octubre de 2021, el grupo de trabajo del presidente sobre Mercados Financieros de Estados Unidos, recomendó que los emisores deberían ser regulados como bancos. Estas recomendaciones buscan proteger a los usuarios de los servicios financieros y asegurar la estabilidad del sistema financiero, pero también podrían sofocar la innovación y limitar la competencia en el mercado de las *stablecoins*.

También con el afán de protección, se ha planteado el cumplimiento de normativas Antilavado de Dinero (AML) y conocer a su cliente (KYC), ya que las *stablecoins*, al facilitar transacciones rápidas y anónimas, pueden ser explotadas por actores malintencionados para actividades ilícitas, como el lavado de dinero y la financiación del terrorismo. Los reguladores exigen que los emisores implementen medidas rigurosas de AML y KYC, lo que puede aumentar los costos operativos y afectar la privacidad de los usuarios.

Hay que considerar que, a pesar de su diseño para mantener la estabilidad, las *stablecoins* no están exentas de riesgos financieros. La confianza en la capacidad del emisor para respaldar la moneda con activos subyacentes es fundamental. Si los usuarios pierden la confianza en la capacidad del emisor para mantener la paridad, puede producirse una corrida bancaria donde intenten canjear sus *stablecoins* en masa. Esto podría desestabilizar no solo la moneda estable en cuestión, sino también otros mercados financieros interconectados.

4.1 Concentración del mercado

El dominio de unas pocas *stablecoins* en el mercado plantea preocupaciones sobre la centralización y la concentración del poder. Tether (USDT) y USD Coin (USDC) representan una parte significativa del mercado de estas criptomonedas estables. Esta concentración puede generar riesgos de monopolio y limitar la competencia, lo que podría afectar la innovación y la diversidad en el mercado de las *stablecoins*.

La centralización de las *stablecoins* emitidas por entidades privadas contrasta con el *ethos* descentralizado de las criptomonedas. Las centralizadas dependen de la confianza en una entidad emisora, lo que puede ser un punto de vulnerabilidad.

Por otro lado, las descentralizadas, como Dai (DAI), buscan mitigar este riesgo mediante la colateralización de criptomonedas y la gobernanza descentralizada. Sin embargo, estas soluciones también enfrentan desafíos, como la complejidad y el riesgo adicional asociado con la volatilidad de las criptomonedas colaterales.

Tabla 2. **Tres tipos de riesgos**

Tipo	Características
Seguridad	La seguridad es una preocupación crítica en el uso de *stablecoins* para remesas y pagos transfronterizos. Las transacciones digitales son susceptibles a ciberataques, fraudes y *hackeos*. Los actores maliciosos pueden intentar explotar vulnerabilidades en las plataformas *blockchain* o engañar a los usuarios para que revelen información sensible. Los casos de *hackeos* en intercambios de criptomonedas han demostrado que, sin medidas de seguridad adecuadas, los fondos de los usuarios pueden estar en riesgo. Es crucial que los proveedores de servicios de *stablecoins* implementen medidas de seguridad robustas, como la autenticación multifactor y el cifrado de datos, para proteger los activos de los usuarios.
Liquidez	En el contexto de las remesas, es crucial que los destinatarios puedan convertir rápidamente las *stablecoins* en moneda fiduciaria local. La falta de liquidez en ciertos mercados puede dificultar esta conversión, limitando su utilidad. Además, la capacidad de los emisores para mantener suficiente liquidez para respaldar las transacciones en todo momento es esencial para evitar problemas de convertibilidad. Los proveedores de servicios deben garantizar que haya suficiente demanda y oferta de *stablecoins* en los mercados locales para facilitar las transacciones sin problemas.

Tipo	Características
Tecnológico	Las plataformas *blockchain*, aunque innovadoras, son complejas y pueden enfrentar problemas técnicos como errores de *software*, congestión de la red y bifurcaciones. Estos problemas pueden afectar la capacidad de las *stablecoins* para procesar transacciones de manera eficiente y segura. Además, la escalabilidad de las plataformas *blockchain* es un desafío continuo, ya que el aumento en el volumen de transacciones puede llevar a tiempos de procesamiento más largos y mayores costos en los intercambios. La inversión en tecnología y la mejora continua de las plataformas son necesarias para mitigar estos riesgos.

5 | PAGOS TRANSFRONTERIZOS: PANORAMA ACTUAL

Los pagos transfronterizos son un pilar fundamental de la economía global, permitiendo a individuos, empresas y gobiernos transferir fondos a través de fronteras internacionales. Sin embargo, los sistemas existentes para facilitar estas transacciones suelen estar plagados de ineficiencias, altos costos y tiempos de procesamiento lentos.

En esta sección, exploramos el panorama actual de los pagos transfronterizos, las limitaciones de los sistemas tradicionales y las alternativas emergentes que están transformando la industria. También examinamos el papel de las *stablecoins* en la solución de los problemas asociados a los pagos transfronterizos.

5.1 Sistemas tradicionales de pagos transfronterizos

El ecosistema tradicional de pagos transfronterizos está dominado por sistemas como SWIFT (acrónimo de Society for Worldwide

Interbank Financial Telecommunication) y las redes de banca corresponsal. Estos sistemas han sido la columna vertebral de las finanzas internacionales durante décadas, pero están mostrando signos de obsolescencia en un mundo que exige soluciones más rápidas, económicas y transparentes.

SWIFT es una red de mensajería que permite a las instituciones financieras enviar y recibir información sobre transacciones en un formato seguro y estandarizado. Aunque SWIFT no transfiere fondos directamente, facilita la comunicación entre los bancos que sí lo hacen. Por otro lado, la banca corresponsal implica una red de relaciones entre bancos de diferentes países, lo que les permite realizar transacciones en nombre de sus clientes.

No obstante, el uso generalizado, los sistemas tradicionales de pagos transfronterizos presentan varias desventajas significativas:

- **Altos costos.** Las transacciones transfronterizas suelen involucrar múltiples intermediarios, cada uno de los cuales cobra tarifas por sus servicios que, en su gran mayoría, no son reguladas por las autoridades locales. Estas tarifas pueden acumularse, haciendo que las transferencias internacionales sean costosas tanto para individuos como para empresas.
- **Tiempos de procesamiento lentos.** Las transacciones pueden tardar varios días en completarse debido a la necesidad de múltiples aprobaciones, diferencias horarias y procesamiento manual.
- **Falta de transparencia.** Los clientes a menudo tienen poca visibilidad sobre el estado de sus transacciones, incluyendo cuándo llegarán los fondos y cuánto se deducirá en tarifas.
- **Accesibilidad limitada.** Los sistemas tradicionales suelen ser inaccesibles para individuos y empresas en países en desarrollo donde la infraestructura bancaria es menos desarrollada.

Estas limitaciones han creado una creciente demanda de soluciones alternativas que puedan ofrecer servicios de pagos transfronterizos más rápidos, económicos e inclusivos, entre ellas están las soluciones basadas en *blockchain*, criptomonedas y monedas digitales de bancos centrales (CBDC, por sus siglas en inglés). Cada una de estas alternativas ofrece ventajas y desafíos únicos y están transformando colectivamente el panorama de los pagos transfronterizos.

La tecnología *blockchain* ha surgido como una alternativa prometedora a los sistemas de pago tradicionales. Al permitir transacciones de persona a persona *(peer-to-peer)* sin necesidad de intermediarios; las soluciones basadas en la cadena de bloques pueden reducir significativamente los costos y los tiempos de procesamiento. Además, ofrecen una mayor transparencia, ya que todas las transacciones son registradas, lo que permite una mayor seguridad en la información que identifique a la transacción.

Las criptomonedas como bitcoin y ether han ganado popularidad como medio para realizar pagos transfronterizos al ofrecer varias ventajas, incluyendo bajas tarifas de transacción, tiempos de procesamiento rápidos y la capacidad de eludir los sistemas bancarios tradicionales. Sin embargo, su volatilidad ha limitado su utilidad para transacciones cotidianas, ya que el valor de una criptomoneda puede fluctuar significativamente en un corto periodo de tiempo.

Las CBDC son versiones digitales de la moneda fiduciaria de un país, emitidas y reguladas por el banco central. Su objetivo es combinar los beneficios de las monedas digitales con la estabilidad y la confianza asociadas a las monedas fiduciarias tradicionales. Varios bancos centrales en todo el mundo están explorando o realizando pruebas piloto con CBDC, con el objetivo de mejorar la eficiencia y la inclusividad de sus sistemas de pago.

Aunque estas alternativas emergentes tienen un gran potencial, también enfrentan desafíos significativos, como obstáculos regulatorios, limitaciones tecnológicas y la necesidad de una adopción generalizada. Aquí es donde las *stablecoins* entran en juego.

6| RAZÓN DE USAR *STABLECOINS* EN PAGOS TRANSFRONTERIZOS

Se pueden plantear cinco razones fundamentales:

1. **Reducción de costos.** Uno de los principales beneficios de utilizar *stablecoins* para remesas es la significativa reducción de costos. Las transferencias internacionales de dinero a través de los canales tradicionales, como los bancos y los servicios de transferencia de dinero, pueden ser costosas debido a las comisiones y tarifas cambiarias. Según un informe del Banco Mundial en 2023, las comisiones por remesas pueden incrementarse hasta un 7 % del monto total enviado. Las *stablecoins*, al operar en redes *blockchain*, permiten transferencias casi instantáneas con comisiones mínimas, lo que resulta en un ahorro significativo para los usuarios.
2. **Velocidad de transacción.** Este es otro factor crucial que favorece su uso en remesas. Las transferencias tradicionales pueden tardar varios días en completarse, especialmente cuando involucran múltiples intermediarios y diferentes jurisdicciones. En contraste, las transacciones con *stablecoins* pueden completarse en cuestión de minutos, independientemente de la distancia geográfica entre el remitente y el destinatario. Esta rapidez no solo mejora la eficiencia, sino que también puede ser crucial en situaciones de emergencia donde los beneficiarios necesitan acceso inmediato a los fondos.
3. **Inclusión financiera.** En muchas regiones del mundo, especialmente en países en desarrollo, una parte significativa de la población no tiene acceso a servicios bancarios tradicionales. Según datos del Banco Mundial, en 2023 aproximadamente 1500 millones de adultos en el mundo no tenían

una cuenta bancaria. Las *stablecoins*, accesibles a través de teléfonos móviles y redes *blockchain*, pueden ofrecer una alternativa viable para estas poblaciones, permitiéndoles recibir y manejar remesas de manera eficiente.

4. **Estabilidad y confianza.** A diferencia de otras criptomonedas que pueden experimentar fluctuaciones significativas en su valor, las *stablecoins* mantienen su valor relativo a una moneda fiduciaria. Esta estabilidad proporciona confianza tanto a los remitentes como a los destinatarios, asegurando que el valor de las remesas no se verá erosionado por la volatilidad del mercado.
5. **Programabilidad y contratos inteligentes.** Las *stablecoins* también permiten la implementación de contratos inteligentes, lo que abre nuevas posibilidades para las remesas programables. Por ejemplo, los remitentes pueden establecer condiciones específicas bajo las cuales los fondos pueden ser liberados, como el cumplimiento de hitos educativos o laborales por parte del destinatario. Esto no solo proporciona un mayor control sobre el uso de los fondos, sino que también puede fomentar comportamientos positivos y el logro de objetivos específicos.

Diversas empresas ya están explorando el uso de *stablecoins* para remesas transfronterizas. Por ejemplo, la plataforma Stellar ha desarrollado una red que permite su transferencia entre diferentes países con comisiones mínimas y alta velocidad. Otro ejemplo es Circle, que utiliza su moneda estable USDC para facilitar las remesas entre Estados Unidos y México, ofreciendo una alternativa más económica y rápida a los métodos tradicionales.

7| EL FUTURO DE LAS *STABLECOINS* Y TENDENCIAS

Una de las tendencias más destacadas es su creciente integración en el sistema financiero tradicional. Instituciones financieras y bancos centrales están explorando activamente su uso para mejorar la eficiencia de los pagos y reducir costos. Por ejemplo, el Banco de Pagos Internacionales (BPI) ha iniciado proyectos piloto para evaluar el impacto de las stablecoins en la infraestructura financiera global. Esta integración podría facilitar una adopción más amplia y aumentar la confianza en estas monedas, impulsando su uso en transacciones cotidianas y remesas.

Por otro lado, la evolución continua de la tecnología *blockchain* desempeñará un papel crucial en el futuro de las *stablecoins*. Las mejoras en la escalabilidad, seguridad y eficiencia de las redes de la cadena de bloques permitirán una adopción más amplia y un uso más versátil de las *stablecoins*. Además, la implementación de contratos inteligentes y la interoperabilidad entre diferentes *blockchains* pueden abrir nuevas posibilidades para aplicaciones financieras descentralizadas (DeFi), aumentando la utilidad y el atractivo de las criptomonedas estables.

Las *stablecoins* presentan una serie de ventajas significativas en el ámbito de las remesas. En primer lugar, permiten reducir considerablemente los costos de transacción. Las transferencias internacionales tradicionales a menudo implican tarifas elevadas y tiempos de procesamiento prolongados debido a la participación de múltiples intermediarios. Las *stablecoins*, al operar en plataformas de *blockchain*, eliminan muchos de estos intermediarios, permitiendo transacciones casi instantáneas y con tarifas significativamente menores.

Además, las *stablecoins* proporcionan una mayor accesibilidad financiera. En regiones donde los servicios bancarios son limitados, pueden ofrecer una alternativa segura y eficiente para realizar transacciones. Esto es especialmente relevante en países en desarrollo, donde las remesas representan una fuente crucial de ingresos para muchas familias.

Sin embargo, a pesar de sus beneficios, las *stablecoins* también enfrentan desafíos importantes. La falta de transparencia y auditorías regulares puede socavar la confianza en algunas. La incertidumbre regulatoria es otro desafío clave. Los marcos regulatorios varían entre jurisdicciones y, en muchos casos, todavía están en desarrollo. Es esencial que los reguladores y los emisores de *stablecoins* trabajen juntos para establecer normativas claras y coherentes que protejan a los consumidores y aseguren la estabilidad financiera.

El futuro de las criptomonedas estables en remesas y pagos transfronterizos es prometedor. A medida que la tecnología *blockchain* continúa evolucionando y los marcos regulatorios se vuelven más claros, es probable que veamos una adopción más amplia de estas. La colaboración internacional y la innovación tecnológica serán fundamentales para superar los desafíos actuales y aprovechar al máximo las oportunidades que ofrecen.

En resumen, las *stablecoins* tienen el potencial de transformar significativamente el ámbito de las remesas y los pagos transfronterizos. Sus beneficios, en términos de reducción de costos, rapidez y accesibilidad financiera son evidentes. Sin embargo, para que estas ventajas se materialicen plenamente, es crucial abordar los desafíos relacionados con la transparencia y la regulación. Con una colaboración adecuada entre todas las partes interesadas, pueden desempeñar un papel crucial en la creación de un sistema financiero más eficiente, inclusivo y accesible a nivel global.

FUENTES CONSULTADAS

- Adrian, Tobias y Tommaso Mancini-Griffoli. *The Rise of Digital Money. IMF FinTech Notes*, International Monetary Fund, 2019.
- Banco de Pagos Internacionales (BPI). *Proyectos Piloto de Monedas Digitales*, 2021. https//www.bis.org
- Banco Mundial. *The Global Findex Database 2017: Measuring Financial Inclusion and the Fintech Revolution*. 2018. https//www.worldbank.org/en/publication/globalfindex

- Banco Mundial. *Remittance Prices Worldwide Quarterly*. 2020. https//remittanceprices.worldbank.org
- Binance Research. *An Overview of Stablecoins*. 2019. https//research.binance.com
- Chainalysis. *The 2021 Crypto Crime Report*. 2021. https//www.chainalysis.com
- Circle. «Anuncio de USD Coin (USDC)». 2018. https//www.circle.com
- Coinbase. *USD Coin (USDC) Whitepaper*. 2021. https//www.coinbase.com
- Ethereum Foundation. *Ethereum Whitepaper*. 2015. https//ethereum.org/en/whitepaper/
- European Central Bank. *Stablecoins: Implications for Monetary Policy, Financial Stability, and Regulation*. 2020. https//www.ecb.europa.eu
- Financial Action Task Force (FATF). *Updated Guidance for a Risk-Based Approach to Virtual Assets and Virtual Asset Service Providers*. 2021. https//www.fatf-gafi.org
- Financial Stability Board. *Regulation, Supervision and Oversight of «Global Stablecoin» Arrangements*. 2020. https//www.fsb.org
- Garratt, Rodney y Michael Lee. «Stablecoins y el Sistema Financiero Internacional». *Journal of Financial Stability* 50 (2020): 100765.
- Grupo de Trabajo del Presidente sobre Mercados Financieros. *Informe sobre Stablecoins*. 2021. https//home.treasury.gov/news/press-releases
- Libra Association. *White Paper: An Introduction to Libra*. 2019. https//libra.org
- MakerDAO. *Whitepaper de Dai*. 2018. https//makerdao.com
- Nakamoto, Satoshi. *Bitcoin: A Peer-to-Peer Electronic Cash System*. 2008. https//bitcoin.org/bitcoin.pdf

- PAXOS. «Anuncio de Paxos Standard (PAX)». 2019. https// www.paxos.com
- Tether. *Whitepaper de Tether*. 2014. https//tether.to
- Zetzsche, Dirk A., Ross P. Buckley, y Douglas W. Arner. «The Distributed Liability of Distributed Ledgers: Legal Risks of Blockchain». *University of Illinois Law Review* 2020, no. 4 (2020): 1361-1401

SEMBLANZA DE LOS AUTORES

Ankit Sharma es socio en Deloitte Monitor S-LATAM, con sede en México, donde asesora a empresas de servicios financieros en temas de estrategias de mercado, transformación digital e innovación. Su labor abarca toda la cadena de valor del sector financiero, desde el impulso del crecimiento y la rentabilidad hasta la optimización de modelos operativos para la creación de valor.

A lo largo de su trayectoria, ha colaborado con diversas instituciones financieras, incluyendo bancos minoristas, compañías de seguros y bancos de inversión en regiones como Europa, América Latina, Medio Oriente y Estados Unidos. Además, es miembro del Instituto Colegiado de Contadores de Gestión (CIMA, por sus siglas en inglés).

Es autor de cuatro publicaciones sobre tendencias y desafíos en la industria financiera: *Sucursal bancaria del futuro: de la banca digital a la revolución de las sucursales, Banca abierta: lo bueno y lo malo. Factores que afectan la adopción de TI en las empresas minoristas indias, Cómo mejorar la inclusión financiera en México: desafíos y consideraciones,* y *Cambia las especificaciones de tu computadora, no solo los accesorios: la necesidad de modernizar el núcleo para una verdadera transformación digital.*

José Antonio Quesada es licenciado en Contaduría por la Universidad Iberoamericana, con maestrías en Administración (ITAM) y Contaduría (ITAM y Florida International University). Es contador público certificado (CCPM) y actualmente cursa el doctorado en Ciencias Administrativas en la Egade Business School.

Ha ocupado cargos clave en el sector académico y financiero, destacando como socio líder de Clientes y Mercados en PwC, donde tuvo una carrera de más de 33 años. Posteriormente, fue director de la EGADE Business School y vicepresidente de Política Regulatoria en la Comisión Nacional Bancaria y de Valores (CNBV), donde contribuyó a la formulación de normativas financieras durante y después de la pandemia.

Es socio de MAAT Asesores, S. C., liderando prácticas en asesoría financiera y regulatoria. Destaca como especialista en temas de gobierno corporativo, asesora consejos de administración y cuenta con amplia experiencia en colocaciones en la Comisión de Bolsa y Valores (SEC).

Su trayectoria lo posiciona como referente en temas de normatividad, estrategia financiera y desarrollo empresarial.

CAPÍTULO 09

EL AMPLIO Y CRECIENTE ALCANCE DE LOS ORGANISMOS REGULADORES DE ESTADOS UNIDOS Y SU IMPACTO EN LAS INSTITUCIONES FINANCIERAS ESTADOUNIDENSES Y NO ESTADOUNIDENSES

Sven Stumbauer

INTRODUCCIÓN

La aplicación de las leyes, normas y reglamentos contra el lavado de dinero se ha transformado significativamente en los últimos veinte años. Durante este tiempo, el sistema financiero mundial se ha vuelto cada vez más interconectado, intensificando la necesidad de medidas más inteligentes y sólidas para combatir este delito y otros de naturaleza financiera.

Además, a medida que los criminales desarrollaban métodos más sofisticados, enormes cantidades de fondos ilícitos comenzaron a fluir a través de las instituciones financieras. En respuesta, los organismos reguladores implementaron cambios radicales, transformando la manera en que opera la aplicación de la legislación contra el lavado de dinero o, al menos, dando la impresión de que era más estricta.

Inicialmente, los esfuerzos de prevención de lavado de dinero (PLD) partían, en gran medida, de un enfoque basado en normas que priorizaba el cumplimiento estricto de la normativa sobre el abordaje del propósito subyacente de la ley. En muchos países, este enfoque donde cumplir con requisitos formales importa más que la vigilancia real, sigue predominando.

Sin embargo, el auge de las monedas digitales y la creciente complejidad de las operaciones financieras revelaron una gran falla: las reglas rígidas por sí solas no podían detener esquemas avanzados, por lo tanto, los reguladores se dieron cuenta de que las instituciones financieras también debían asumir un rol más activo en la supervisión y reporte de actividades sospechosas en tiempo real.

Uno de los cambios más definitorios de este periodo ha sido el fuerte incremento en las sanciones financieras impuestas a las instituciones que incumplen las leyes de PLD. Los bancos se han enfrentado a multas multimillonarias, además del escarnio público a través de las campañas de vergonzosos señalamientos por parte de los reguladores, lo que los ha obligado a mejorar sus programas de cumplimiento, adoptando tecnologías avanzadas como la inteligencia artificial (IA) y el aprendizaje automático para detectar y prevenir transacciones sospechosas.

Otro cambio importante ha sido el aumento de la cooperación internacional. Organizaciones como el Grupo de Acción Financiera Internacional (GAFI) han desempeñado un papel fundamental al incentivar a los países a alinear sus políticas de PLD y a colaborar contra la delincuencia financiera global, lo que ha conducido al desarrollo de estándares unificados, dificultando el aprovechamiento de vacíos legales entre jurisdicciones por parte de actores malintencionados.

Al analizar la historia de la aplicación de la legislación contra el lavado de dinero, destacan varias tendencias. Las sanciones han cambiado el enfoque de un cumplimiento reactivo a la anticipación de los riesgos; sin embargo, incluso con estos esfuerzos persisten importantes desafíos.

Al momento de redactar este texto (2024) está claro que se avecina una oleada aún mayor de aplicación de normativas relativas a la PLD que podría incluir acciones penales contra grandes instituciones financieras, una medida sin precedentes en el mundo regulatorio.

Los escépticos podrían considerar que se trata de una predicción exagerada, aunque los acontecimientos actuales sugieren lo contrario. Muchas instituciones financieras todavía subestiman la magnitud de la siguiente ola de cumplimiento normativo. Los próximos meses confirmarán si están preparadas para lo que viene.

1| EL IMPACTO GLOBAL DE LAS REGULACIONES ESTADOUNIDENSES CONTRA EL LAVADO DE DINERO Y SU AUTORIDAD DE GRAN ALCANCE

El lavado de dinero amenaza globalmente la integridad de los sistemas financieros, por lo que los reguladores estadounidenses han adoptado una postura firme contra este delito. Su autoridad no se detiene en las fronteras del país. A nivel mundial, las instituciones financieras sienten el impacto de las leyes estadounidenses diseñadas para frenar los flujos de dinero de origen delictivo.

Esas normativas desempeñan un papel clave en la detención de actividades ilegales, pero también plantean preguntas acuciantes sobre jurisdicción y cumplimiento. Comprender su alcance es crucial tanto para las empresas como para los gobiernos.

1.1 Entendiendo el lavado de dinero

El lavado de dinero puede parecer un concepto abstracto, pero sus efectos son muy reales, ya que permite a las organizaciones criminales disfrazar el origen ilícito de sus fondos presentándolos como legítimos. Para comprender cómo los reguladores estadounidenses combaten esta práctica, primero debemos analizar en qué consiste y cómo se ejecuta.

1.2 Definición de lavado de dinero

El lavado de dinero es el proceso de ocultar el origen de fondos obtenidos a través de actividades ilícitas. Estás practicas a menudo están vinculadas al crimen organizado, la corrupción, el tráfico de drogas o el fraude. El objetivo es sencillo: hacer que el dinero «sucio» parezca «limpio» para que pueda utilizarse libremente dentro de los sistemas financieros legales. Sin controles efectivos, el lavado de dinero puede erosionar la confianza en las instituciones financieras y desestabilizar economías.

En términos sencillos, el lavado de dinero funciona como una «lavandería financiera» donde los delincuentes eliminan la ilegalidad de los fondos antes de ponerlos nuevamente en circulación. No se trata solo de un delito financiero, sus efectos secundarios dañan a comunidades, empresas y gobiernos en todo el mundo.

2| ESTADOS UNIDOS INTENSIFICA SUS HERRAMIENTAS DE APLICACIÓN PARA EL CUMPLIMIENTO DE LA LEY

Los recientes acontecimientos geopolíticos y los cambios legislativos han creado desafíos dinámicos para las instituciones financieras, particularmente en Estados Unidos. Tanto bancos como otras entidades deben equilibrar su exposición regulatoria, mejorar la gestión de riesgos y mantenerse vigilantes para cumplir con un número creciente de nuevas reglas.

Entre las principales novedades destaca la Ley estadounidense contra el Lavado de Dinero de 2020[1] (AMLA, por sus siglas en inglés), aprobada como parte de la Ley de Autorización de Defensa Nacional para el año fiscal 2021, que actualizó de forma importante los requisitos de cumplimiento y la estrategia para combatir la corrupción, incorporando nuevos marcos para detectar y prevenir esquemas de corrupción a escala mundial. La Estrategia para Combatir la Financiación del Terrorismo y Otros Financiamientos Ilícitos, de 2022, amplió las medidas para hacer frente a las redes financieras vinculadas a delitos.

Mientras tanto, las sanciones contra Rusia y Bielorrusia han obligado a las instituciones a adaptarse rápidamente para garantizar el cumplimiento y abordar los riesgos transfronterizos elevados. Estos cambios exigen una mayor atención y preparación por parte de los actores financieros.

La aprobación de la AMLA, junto con nuevas regulaciones de la Red de Control de Delitos Financieros (FinCEN, por sus siglas en inglés), incrementará significativamente la aplicación de las normativas contra el lavado de dinero en Estados Unidos. Esto también afectará a las filiales y socios internacionales de las instituciones financieras estadounidenses, aumentando su exposición regulatoria.

La AMLA podría representar el cambio más impactante en la regulación sobre la PLD desde la Ley USA Patriot[2] de 2001, ya que introduce importantes actualizaciones de la Ley de Secreto Bancario (BSA, por sus siglas en inglés), alterando las expectativas de cumplimiento.

Entre los numerosos cambios, destacan dos por su relevancia y atención inmediata:

1. **El aumento de sanciones por violaciones a la PLD.** Los infractores reincidentes se enfrentan ahora a penas adicionales equivalentes al triple de las ganancias obtenidas o al doble de la multa máxima establecida por ley, lo que resulte mayor. Esto podría acarrear consecuencias financieras mucho mayores para las entidades que incumplan la ley.
2. **La ampliación del alcance regulatorio.** La ley faculta a los reguladores estadounidenses para exigir registros a las

instituciones financieras extranjeras, extendiendo su alcance más allá de las entidades nacionales.

Otra disposición notable exige que determinados empleados condenados por violaciones a la PLD reembolsen las primas obtenidas durante el año de la infracción o después del año en que ocurrió el delito. Esto alinea la responsabilidad personal con el cumplimiento institucional, añadiendo un nivel adicional de disuasión.

Dados los patrones históricos de ciertas instituciones que incumplen repetidamente normas similares en contra del lavado de dinero, estos cambios enfatizan una supervisión más estricta y mayores riesgos por incumplimiento. Los ejecutivos bancarios deberán evaluar estos cambios meticulosamente, ya que podrían transformar tanto las estrategias operativas a corto plazo como las de largo plazo.

2.1 Autoridad ampliada para instituciones financieras extranjeras

La AMLA de 2020 amplía la capacidad del gobierno de Estados Unidos para solicitar registros a instituciones financieras extranjeras. Por ejemplo, el Departamento del Tesoro de Estados Unidos (USDT, por sus siglas en inglés) y el Departamento de Justicia (DoJ, por sus siglas en inglés) pueden emitir citaciones a bancos extranjeros que mantengan cuentas de corresponsalía en Estados Unidos. Esta autoridad no se limita a las cuentas corresponsales, incluye cualquier cuenta en el banco extranjero si los registros son relevantes para una investigación.

Adicionalmente, es probable que estas citaciones enfrenten desafíos legales en varias jurisdicciones. Aun así, en virtud de la AMLA, el incumplimiento permite al DoJ imponer sanciones significativas, incluidas sanciones contra el banco extranjero y directivas para que los bancos corresponsales estadounidenses rompan sus vínculos con la institución involucrada.

Esto genera una presión considerable para la cooperación, aunque probablemente desencadene batallas legales complejas sobre jurisdicción y aplicación.

2.2 Programa de denunciantes de FinCEN

La AMLA, parte de la Ley de Autorización de la Defensa Nacional (NDAA, por sus siglas en inglés), marca una importante actualización a la Ley de Secreto Bancario. Una de sus características más discutidas y transformadoras es la Sección 6314 de la NDAA, titulada «Actualización de incentivos y protecciones para denunciantes».

Basada en la Ley Dodd-Frank, esta sección introduce disposiciones ampliadas para los denunciantes, aunque con diferencias significativas. Establece un programa de denuncia más limitado, enfocado en la corrupción extranjera, y permite explícitamente que los oficiales de cumplimiento de las instituciones financieras utilicen sus conocimientos para buscar recompensas como denunciantes.

Este nuevo programa de denuncias contra el lavado de dinero ofrece un incentivo importante, similar al programa de denuncias de la Comisión de Bolsa y Valores de Estados Unidos (SEC, por sus siglas en inglés) creado bajo la Ley Dodd- Frank (Ley Dodd-Frank de Reforma de Wall Street y Ley de Protección a los Consumidores) en 2010, que ha generado más de 6000 millones de dólares[3] en sanciones financieras y al pago de más de 1000 millones de dólares en recompensas para denunciantes.

Respecto a la transcendencia del programa de denuncias de irregularidades, se destaca un alcance internacional: entre 2011 y 2018, la SEC recibió reportes en 114 jurisdicciones no estadounidenses. Este cambio resalta la creciente tensión entre los empleados y las organizaciones.

Las instituciones financieras deben tomar en serio a los denunciantes y, al mismo tiempo, equilibrar las preocupaciones sobre el posible uso indebido de la información sensible relacionada con el cumplimiento. Es una llamada de atención para que las empresas examinen sus procedimientos de gestión de quejas y se aseguren de estar preparadas para recibir los informes internos.

El artículo 6314 modifica el 31 U.S.C. § 5323 de la BSA para ofrecer mayores protecciones e incentivos a los denunciantes. La nueva ley garantiza una recompensa de hasta el 30 % de cualquier cantidad recuperada por encima de un millón de dólares en acciones de cumplimiento. Esto representa una mejora significativa respecto al sistema anterior en el que las recompensas eran discrecionales, limitadas a 150 000 dólares o al 25 % de la cantidad recaudada. Estos cambios aumentan las probabilidades de que los denunciantes se animen a dar un paso al frente.

Dicho programa también presenta implicaciones para las instituciones financieras. La AMLA duplica las multas máximas para los infractores reincidentes de la BSA, aumentando la probabilidad de que las acciones coercitivas alcancen umbrales significativos.

Con algunas acciones que implican sanciones de cientos de millones o incluso miles de millones de dólares, el atractivo financiero para los denunciantes nunca ha sido mayor. Se trata de un movimiento estratégico para fomentar que las personas con información privilegiada coadyuven en la aplicación de la ley, marcando una nueva era de rendición de cuentas para las instituciones financieras.

Similar a la Ley Dodd-Frank, la AMLA describe varios criterios que el secretario del Tesoro debe sopesar a la hora de decidir las recompensas para los denunciantes. Entre ellos se incluye la importancia de la información facilitada para el éxito de un caso legal o administrativo, así como el nivel de asistencia ofrecido por el denunciante y su equipo legal durante el proceso.

Otro factor es el interés por parte del Departamento del Tesoro para desalentar infracciones, recompensando a denunciantes cuya información conduzca a la aplicación de los subcapítulos pertinentes. El secretario también puede considerar otros factores relevantes basados en normas elaboradas previa consulta con el fiscal general.

La AMLA ofrece opciones limitadas a los denunciantes en caso de que no le satisfaga el resultado. El secretario tiene amplia discrecionalidad para decidir si concede una indemnización, quién la recibe y su cuantía. El denunciante puede apelar la decisión ante un tribunal de apelación estadounidense en un plazo de treinta días, en virtud de la Ley de Procedimiento Administrativo.

Sin embargo, la ley limita los motivos de recurso si el gobierno actuó de forma arbitraria o caprichosa. No permite impugnar la cuantía de la indemnización, ya que esa queda a entera discreción del secretario. Esto significa que, incluso, si un denunciante impulsa una acción de aplicación de la ley significativa, él o ella podría, hipotéticamente, recibir una indemnización mínima sin posibilidad de impugnación.

La AMLA define como «denunciante» a cualquier individuo o grupo de individuos que proporcionan información acerca de una violación de este subcapítulo o del subcapítulo III. Esto incluye informar a su empleador como parte de su trabajo o directamente al secretario o al fiscal general. Esta definición es importante por varias razones.

A diferencia de lo que ocurre con la Ley Dodd-Frank, un denunciante no está obligado a informar violaciones al gobierno en primera instancia. En su lugar, puede informarlas a su empleador, dando a las empresas la oportunidad de abordar los problemas directamente.

Además, la redacción del texto deja claro que el personal de cumplimiento de PLD puede ser considerado denunciante. Esto significa que pueden utilizar información de PLD sensible obtenida a través de sus responsabilidades para denunciar las infracciones.

Al ampliar el ámbito de aplicación para incluir a los empleados que interactúan con esta información a diario, la AMLA faculta a quienes tienen un conocimiento único de las cuestiones de cumplimiento para tomar medidas significativas. Este cambio puede alentar a un mayor número de informes internos y fomentar la responsabilidad dentro de las organizaciones.

Esta definición ataca el núcleo de un problema importante: el potencial conflicto entre los responsables de cumplimiento y los empleadores de sus instituciones financieras. Esto es especialmente apremiante, ya que la aplicación de la ley por parte del gobierno se dirige cada vez más a los profesionales de cumplimiento, las mismas personas responsables de garantizar el cumplimiento de los requisitos de la BSA/AML. Este conflicto puede dar lugar a situaciones difíciles, a menudo denominadas situaciones Catch-22, debido a la necesidad de la institución de señalar los riesgos potenciales.

Por un lado, está el dilema de reportar o no reportar; si un responsable de cumplimiento identifica violaciones y no actúa, tanto el individuo como la institución pueden enfrentarse a consecuencias legales. Por otro, evitar o ignorar deliberadamente los incumplimientos evidentes también genera responsabilidad. Esto plantea preguntas críticas: ¿Hasta qué punto debe ser exhaustiva la diligencia? Cuando se señale un posible problema, ¿cuánta atención hay que prestarle y quién es responsable de abordarlo?

Estas presiones podrían llevar a los responsables de cumplimiento a tomar medidas extremas. Algunos, por miedo a las reacciones negativas o a la responsabilidad personal, podrían denunciar problemas menores en exceso para protegerse a sí mismos. Otros, podrían decidir denunciar directamente a la propia institución, especialmente bajo las nuevas protecciones legales.

Si la alta dirección o el consejo optan por no dar prioridad a la resolución de problemas sistémicos, los responsables de cumplimiento podrían sentirse acorralados e incluso señalados como chivos expiatorios de los fallos institucionales. Esta percepción podría empujarles aún más a convertirse en denunciantes a manera de autodefensa.

Las instituciones financieras deben estar preparadas para gestionar eficazmente estos informes internos. Necesitan sistemas que no solo fomenten la transparencia, sino que también equilibren la responsabilidad en todos los niveles. Las respuestas adecuadas no únicamente sirven para evitar responsabilidades, sino que son fundamentales para generar confianza dentro de la organización y garantizar que los profesionales del cumplimiento se sientan respaldados en lugar de señalados.

Las disposiciones de la AMLA sobre los denunciantes, junto con la atención que han atraído de los medios y abogados demandantes, probablemente intensificarán el escrutinio de las instituciones financieras. Esto es especialmente cierto ahora que los profesionales de cumplimiento tienen incentivos claros para denunciar conductas indebidas. Aunque no existe una solución sencilla para este problema, los empleadores pueden adoptar medidas prácticas para reducir la responsabilidad y proteger a los denunciantes de sufrir represalias.

Los empleadores deben implementar y hacer cumplir políticas que protejan a aquellos que denuncian de buena fe conductas indebidas. Estas políticas no solamente deberán figurar en un manual que nadie lee, sino que deberán difundirse ampliamente y ser de fácil acceso, por ejemplo, en la intranet de la empresa. Los empleados deben recibir formación para asegurarse de que comprenden sus derechos en virtud de estas políticas; en particular, los supervisores y directivos necesitan capacitación especializada sobre protección contra represalias: qué son, qué acciones pueden dar lugar a estas quejas y cómo evitarlas.

Los empleadores deben documentar cuidadosamente las decisiones relativas al despido de empleados. Las pruebas deberán demostrar que las decisiones sobre el empleo fueron tomadas antes de que se produjera cualquier actividad protegida o por razones no relacionadas con esta; lo que podría ser fundamental para defenderse de demandas por represalias. Los tribunales suelen centrarse en el tiempo transcurrido entre la actividad protegida de un empleado y la acción adversa. Sin una documentación clara, este tiempo podría convertirse en un problema durante las disputas legales.

Para evitar errores, los equipos de recursos humanos y jurídicos deben revisar las decisiones de despido de empleados que se sabe que han participado en actividades protegidas. Así se garantiza que el empleador tenga motivos sólidos para seguir adelante con las acciones adversas, a pesar de esta actividad. La documentación es igualmente importante en este caso. Los empleadores deben llevar un registro exhaustivo de los materiales compartidos con el empleado y anotar las fechas en que se facilitaron.

Si el litigio pareciera probable, los empleadores deberán actuar con rapidez para preservar todos los correos electrónicos y documentos relacionados; no salvaguardar las pruebas podría debilitar la defensa legal y generar dudas sobre la intencionalidad. Una preparación adecuada puede ayudar a reducir el riesgo de demandas y fomentar una cultura de cumplimiento e integridad.

2.3 Programa Piloto de Premios a Denunciantes Corporativos del DoJ

El 1 de agosto de 2024, el Departamento de Justicia presentó su Programa Piloto de Premios a Denunciantes Corporativos[4] (Programa Piloto), una iniciativa de tres años supervisada por la División Penal del Departamento de Justicia de Estados Unidos. Este programa ofrece a los denunciantes la oportunidad de ganar hasta cincuenta millones de dólares por proporcionar información sobre conductas corporativas indebidas en industrias específicas.

Para calificar para un premio, los denunciantes deben facilitar información que aborde al menos una de las cuatro áreas clave que detallan las directrices del programa:

1. Delitos vinculados con instituciones financieras.
2. Corrupción extranjera que involucre empresas.
3. Corrupción nacional por parte de empresas.
4. Delitos federales contra la salud que afecten a programas de beneficios sanitarios privados u otros no públicos.

El programa tiene implicaciones importantes para las instituciones financieras y el personal responsable de los programas de prevención de lavado de dinero (AML, por sus siglas en inglés) y el financiamiento al terrorismo (CFT, por sus siglas en inglés). Plantea interrogantes sobre cómo podría interactuar o entrar en conflicto con las disposiciones sobre denuncia de irregularidades de la Ley de Secreto Bancario, ampliadas recientemente en la AMLA. A medida que avance el proyecto piloto, se espera que se aclare la coexistencia de estos marcos en la práctica y si surgirán tensiones entre ellos.

Quién puede reclamar un premio

Una persona o grupo de personas (no una empresa u otra entidad) pueden calificar para recibir una parte de los beneficios netos de los decomisos civiles o penales. Esto aplica si ellos proporcionan, voluntariamente, al Departamento de Justicia información escrita sobre delitos corporativos que conduzcan a un decomiso exitoso de más de un millón de dólares.

Para ello, la información debe facilitarse y cumplir con condiciones específicas: presentarla antes de que el DoJ la solicite, sin ninguna obligación existente (similar a un acuerdo de cooperación) y sin que exista una investigación gubernamental en curso o un riesgo inmediato de divulgación.

Además, el denunciante no debe haber tenido una participación significativa en la actividad delictiva que denuncia. También se exige sinceridad y que no se oculte ningún detalle importante. El cumplimiento de estos criterios es esencial para ser elegible para un premio.

Información original

Una persona debe proporcionar «información original» basada en conocimiento personal o en comunicaciones directas, no de fuentes disponibles públicamente. Dicha información no puede ser conocida previamente por el DoJ y, de ser así, debe ser significativamente mejor en comparación con la que ya posee.

El término «información original» es especialmente relevante para el personal de cumplimiento en las instituciones financieras. Según el Programa Piloto, la información no se considera «original» si se obtuvo a través de los procesos de la institución para identificar, reportar o abordar violaciones legales, o si fue facilitada por empleados cuyas responsabilidades principales incluyen el cumplimiento o las auditorías internas. Esto comprende información derivada de sus funciones laborales, como la detección de actividades ilícitas o conductas indebidas, el monitoreo de cuentas, el cierre de cuentas o la presentación de Reportes de Actividades Sospechosas (SARs, por sus siglas en inglés).

Este enfoque difiere de las disposiciones para denunciantes de la AMLA que permiten a los oficiales de cumplimiento utilizar la información obtenida a través de sus deberes para buscar recompensas por la denuncia de irregularidades. Sin embargo, en el marco del Programa Piloto, la información de los responsables de cumplimiento puede calificarse como «original» si ellos consideran razonablemente que reportarla al DoJ es necesario para prevenir un daño significativo.

Eso incluye la prevención de conductas delictivas que pudieran dañar la seguridad nacional. También, la información se considera como «original» si se refiere a una conducta obstruccionista.

Otra excepción aplica si han transcurrido al menos 120 días desde que se facilitó la información al Comité de Auditoría de la entidad, al director jurídico o al oficial de cumplimiento, a un supervisor o a sus equivalentes, o desde que la persona recibió la información, suponiendo que las partes mencionadas ya tuvieran conocimiento.

Aunque estos requisitos podrían complicar los esfuerzos de los denunciantes y abogados que buscan recompensas monetarias, no reducen el riesgo inmediato para las instituciones financieras frente a una delación de los denunciantes.

El Programa Piloto ejerce presión sobre las empresas con plazos estrictos para que informen voluntariamente al DoJ posibles conductas indebidas. Independientemente de si el denunciante reúne las condiciones para recibir un premio, la divulgación puede representar una amenaza grave para la empresa. Estos factores generan un sentido de urgencia para que las instituciones financieras actúen con celeridad cuando enfrentan las acusaciones de los denunciantes.

2.4 Lecciones clave

El Programa Piloto busca incentivar a las personas a denunciar los delitos corporativos ante el DoJ y, opcionalmente, dentro de sus organizaciones. Si bien, reportar directamente al DoJ presenta beneficios evidentes, informar internamente conductas indebidas puede resultar en premios más elevados si la persona presenta la información dentro de los 120 días posteriores al reporte interno. Esto sigue siendo válido, incluso si la empresa reporta el asunto primero al DoJ.

Al poner en marcha el Programa Piloto, la División Criminal del DoJ también ajustó temporalmente su Política de Cumplimiento Corporativo y Autodeclaración Voluntaria[5]. Según esta enmienda, si un denunciante informa tanto internamente como al DoJ, la empresa aún puede acogerse a la presunción de declinación.

Sin embargo, para ello, la empresa debe autodenunciar la conducta indebida al DoJ en un plazo de 120 días a partir del reporte interno. Este cambio motiva a las empresas a mejorar los sistemas de cumplimiento corporativo, subrayando la importancia de los canales internos de denuncia.

Un proceso interno sólido de reporte de información ayuda a las empresas a detectar y abordar los problemas de manera temprana. Así mismo, las prepara para revelar voluntariamente la conducta indebida al DoJ, aumentando sus posibilidades de calificar para la declinación. No obstante, la ventana de los 120 días representa un desafío, ya que las empresas deben actuar rápidamente para investigar y responder a las quejas.

Para prepararse, las organizaciones deben mejorar sus programas de cumplimiento hoy. Por ello es fundamental fortalecer a los equipos responsables mediante entrenamiento para la gestión, veloz y eficaz, de reportes internos. También, ante la recepción de quejas creíbles, la realización de una consulta con un abogado externo podría facilitar la toma decisiones oportuna. Al atender estas medidas de preparación, las posibilidades de la empresa mejorarán, tanto para cumplir con los plazos del DoJ como para preservar su elegibilidad para la declinación.

3| LA GUERRA DE ESTADOS UNIDOS CONTRA LA CORRUPCIÓN INTERNACIONAL

En diciembre de 2021, la administración del presidente Joe Biden introdujo la Estrategia de Estados Unidos para Combatir la Corrupción[6], un plan integral para una lucha a nivel mundial. La Estrategia identifica la corrupción como una amenaza para la seguridad nacional de Estados Unidos y detalla acciones específicas. Los funcionarios estadounidenses se comprometieron a «continuar evaluando e implementando las medidas necesarias para proteger aún más [su] sistema financiero», y a trabajar con aliados y organizaciones internacionales para abordar colectivamente el problema.

El plan enfatiza el cierre de vacíos legales, lo cual evita que actores corruptos exploten estructuras empresariales opacas y realicen compras anónimas de inmuebles para lavar dinero; la recuperación de activos y mejora de la capacidad de incautación mediante esfuerzos que se centran en dificultar la ocultación de riqueza ilícita con la ampliación de las herramientas necesarias; y el desmantelamiento de redes ilícitas al desarticular las estructuras financieras que sustentan la corrupción.

De manera general, la Estrategia se basa en cinco pilares interconectados que se refuerzan mutuamente, cada uno apoyando objetivos más amplios para combatir la corrupción. Sin embargo, los pilares dos y tres merecen una mayor atención, ya que abordan diversos aspectos concernientes a la prevención de lavado de dinero.

Para los bancos e instituciones financieras, estos dos pilares tocan cuestiones clave que los desafían a fortalecer sus sistemas y evitar el uso indebido. La expectativa es clara: las instituciones deben no solo cumplir con la normatividad, sino desempeñar un papel más activo para contribuir con los esfuerzos de disuasión de las actividades financieras ilícitas y la protección del sistema financiero mundial.

A grandes rasgos, la Estrategia hace hincapié en lo siguiente:

- Modernizar, coordinar y dotar de recursos los esfuerzos del gobierno de Estados Unidos en el combate a la corrupción.
- Frenar el financiamiento ilícito.
- Responsabilizar a los actores corruptos.
- Preservar y reforzar la arquitectura multilateral anticorrupción.
- Mejorar el compromiso diplomático y aprovechar los recursos de ayuda exterior para avanzar en los objetivos políticos.

3.1 Pilar dos: frenar la financiación ilícita

Según lo establecido en la Estrategia, los Estados Unidos «tienen la responsabilidad particular de abordar sus propias deficiencias regulatorias, incluidas la de [su] régimen para prevenir el lavado de dinero, a fin de reforzar los esfuerzos globales para limitar las ganancias de la corrupción y otras actividades financieras ilícitas».

Estados Unidos también prevé «subsanar las deficiencias del régimen estadounidense de lucha contra el lavado de dinero, recopilando eficazmente información sobre la propiedad beneficiaria de quienes controlan sociedades ficticias anónimas y aumentando la transparencia en las transacciones inmobiliarias».

3.2 Pilar tres: responsabilizar a los actores corruptos

El tercer pilar describe el uso de una mayor aplicación de la ley como parte de la Estrategia general, destacando:

- **La continua aplicación para hacer cumplir los casos de soborno en el extranjero.** Esto mediante la Ley de Prácticas Corruptas en el Extranjero (FCPA, por sus siglas en inglés), cargos por lavado de dinero y decomisos relacionados con la promoción de esquemas corruptos, así como el blanqueamiento de las ganancias producto de la corrupción, cuando sea necesario.
- **El establecimiento de un programa piloto de recompensas para la recuperación de activos robados por cleptocracia.** Este mejorará la capacidad del gobierno de Estados Unidos para identificar y recuperar activos robados vinculados con la corrupción de gobiernos extranjeros custodiados por instituciones financieras estadounidenses.
- **El trabajo en colaboración con el sector privado para mejorar el clima empresarial internacional.** Se trata de fomentar la adopción y aplicación de programas de cumplimiento de la normativa anticorrupción por parte de empresas estadounidenses e internacionales.

3.3 Prioridades nacionales que abarcan (casi) todo

En mayo de 2022, el Departamento del Tesoro (USDT, por sus siglas en inglés) publicó su Estrategia para Combatir la Financiación del Terrorismo y Otros tipos de Financiación Ilícita (Estrategia 2022)[7]. La Estrategia 2022 incluye cuatro objetivos para hacer frente a los principales riesgos identificados por las Evaluaciones de Riesgos de Lavado de Dinero Nacional, Financiación del Terrorismo y Financiación de la Proliferación de 2022[8]. A continuación se mencionan los objetivos:

- Aumentar la transparencia y eliminar las brechas legales y reglamentarias dentro del marco estadounidense para prevenir el lavado de dinero (AML) y combatir el financiamiento al terrorismo (CFT) que es aprovechado por los malos actores.
- Hacer más eficaz y eficiente el marco regulador en materia de AML/CFT para las instituciones financieras.
- Mejorar la eficacia operativa en la lucha contra la financiación ilícita.
- Utilizar la innovación tecnológica para combatir los riesgos financieros ilícitos.

Según el comunicado de prensa del USDT, la Estrategia 2022 también destaca amenazas específicas que deberían ayudar a las instituciones financieras «a evaluar la exposición al riesgo de flujos financieros ilícitos de sus negocios». Las ocho amenazas clave especificadas en la Estrategia 2022 son:

1. Fraude
2. Tráfico de drogas
3. Ciberdelincuencia
4. Lavado de dinero profesional
5. Corrupción
6. Trata y tráfico de personas

7. Financiación del terrorismo extranjero y nacional
8. Financiación de armas de destrucción masiva

El mensaje principal es que las instituciones financieras deben abordar los delitos financieros de forma integral, en lugar de establecer distinciones estrictas entre fraude y lavado de dinero.

4| UTILIZACIÓN DEL SISTEMA FINANCIERO COMO ARMA: SANCIONES CONTRA RUSIA Y BIELORRUSIA

Desde febrero de 2022, tras importantes cambios geopolíticos, Estados Unidos y otros países han implementado numerosas sanciones contra Rusia y Bielorrusia. Poco después de que se promulgaran estas medidas, FinCEN emitió una alerta[9] advirtiendo a las instituciones financieras sobre un mayor riesgo de intentos de evasión de sanciones.

FinCEN destacó señales de aviso específicas diseñadas para ayudar a los bancos y otras entidades a identificar posibles actividades de evasión. Estas señales de alarma sirven de guía fundamental para mantener el cumplimiento y la vigilancia ante la evolución de los riesgos financieros. En concreto:

- «La utilización de vehículos corporativos (es decir, entidades jurídicas como empresas ficticias y acuerdos legales) para ocultar (i) la propiedad, (ii) el origen de los fondos o (iii) los países implicados, especialmente en jurisdicciones sancionadas».
- La utilización de empresas ficticias para realizar transferencias electrónicas internacionales, en las que a menudo intervienen instituciones financieras de jurisdicciones distintas a la del registro de la empresa.
- La utilización de terceros para ocultar la identidad de personas sancionadas o Personas Expuestas Políticamente (PEP) con la finalidad de ocultar el origen o la propiedad de fondos; por ejemplo, para ocultar la compra o venta de bienes inmuebles.

- Las cuentas en jurisdicciones o con instituciones que experimentan un repentino aumento en el valor y que se transfieren a sus respectivas áreas o instituciones, sin una justificación económica clara o de negocio.
- Las jurisdicciones previamente asociadas con los flujos financieros rusos que se identifican por tener un aumento reciente notable en la creación de nuevas empresas.
- Las cuentas de reciente creación que intenten enviar o recibir fondos de una entidad sancionada o una dada de baja de la Sociedad para las Telecomunicaciones Financieras Interbancarias Mundiales (SWIFT, por sus siglas en inglés).
- Las transacciones de cambio de divisas no rutinarias que puedan implicar indirectamente a instituciones financieras rusas sancionadas, incluidas las transacciones que sean inconsistentes con la actividad de los últimos doce meses. Por ejemplo, el Banco Central de la Federación Rusa puede tratar de utilizar empresas de importación o exportación para realizar transacciones de divisas en su nombre, y ocultar su participación.

Las señales de alarma destacadas por FinCEN deberían ser del dominio de las instituciones financieras, ya que sirven como un recordatorio contundente para examinar a fondo las medidas de cumplimiento.

Las sanciones contra Rusia y Bielorrusia plantean retos adicionales debido a su rápida implantación y a la complejidad de sus reglas, lo que puede empujar a algunas empresas a tomar decisiones demasiado cautelosas, como rechazar transacciones que en realidad podrían estar permitidas en virtud de estas normas. En estos casos, una corrección excesiva podría perjudicar las actividades comerciales legítimas y crear conflictos innecesarios.

4.1 Aviso Tri-Seal: obligaciones de las personas establecidas en el extranjero para cumplir con las sanciones y las leyes estadounidenses para el control de las exportaciones

En marzo de 2024, el Departamento de Comercio de Estados Unidos (DoC), el USDT y el DoJ publicaron una «nota de cumplimiento» que, entre otras cosas, recordaba a las empresas extranjeras, particularmente a las instituciones financieras, sus obligaciones para cumplir con las restricciones y sanciones comerciales de Estados Unidos.

La nota de cumplimiento establece específicamente que es para «las empresas no estadounidenses que continúen relacionándose con jurisdicciones o personas sancionadas infringiendo las leyes aplicables. Para mitigar los riesgos de incumplimiento, las empresas situadas fuera de Estados Unidos deben ser conscientes de cómo sus actividades pueden implicar sanciones estadounidenses y leyes de control de exportaciones. Esta nota destaca la aplicabilidad de las sanciones estadounidenses y las leyes de control de exportaciones para las personas y entidades ubicadas en el extranjero, así como los mecanismos de aplicación que están disponibles para que el gobierno de Estados Unidos responsabilice a las personas no estadounidenses por violaciones de dichas leyes, incluyendo el enjuiciamiento penal».

Esta nota incluye ejemplos de recientes medidas de aplicación tomadas en contra de instituciones financieras y de personas extranjeras que han violado las sanciones y las leyes de control de exportaciones estadounidenses.

Concluye con las consideraciones de cumplimiento para las instituciones financieras con sede en el extranjero, aconsejándoles el empleo de enfoques basados en riesgo para el cumplimiento de las sanciones, estableciendo controles internos sólidos y tomando las medidas inmediatas necesarias cuando identifiquen problemas de cumplimiento.

4.2 El brazo ejecutor (no tan) oculto: bancos estadounidenses que brindan servicios a bancos sin nexos directos con Estados Unidos

Otro desafío a menudo ignorado por las instituciones financieras es el alcance efectivo de las regulaciones estadounidenses, el cual se manifiesta a través de instituciones con sede en dicho país que ofrecen servicios a contrapartes financieras extranjeras.

Aunque esto ha sido un problema desde hace tiempo, se ha agravado con la tendencia creciente de la reducción del riesgo (*de-risking*) o amenazas relacionadas. Actualmente, los bancos estadounidenses suelen imponer estándares regulatorios estadounidenses a sus contrapartes extranjeras.

Las decisiones de *de-risking* no siempre están vinculadas a incidentes concretos. Por el contrario, a menudo se basan en evaluaciones generales de los riesgos percibidos de delitos financieros. En ocasiones, las instituciones estadounidenses aplican inquietudes que afectan a toda una jurisdicción de bancos extranjeros en lo individual, de manera injusta.

En lugar de gestionar estos riesgos, algunos bancos estadounidenses optan por evitarlos completamente, poniendo fin a esas relaciones. Esto ha provocado la terminación de los lazos de corresponsalía bancaria con varios países, aislando aún más a las instituciones extranjeras.

En América Latina, por ejemplo, muchos bancos han perdido el acceso directo a la banca corresponsal. Esto ha aumentado la dependencia de las relaciones en capas o «anidadas». Para adaptarse, algunos bancos han buscado nuevas asociaciones fuera de las rutas comerciales tradicionales para continuar con las actividades de compensación en dólares y euros. Otros invirtieron grandes sumas en programas robustos de PLD y sanciones que superan las normas locales y se aproximan a los estándares estadounidenses.

A pesar de estos esfuerzos, algunas instituciones continúan luchando por mantener los vínculos con sus contrapartes estadounidenses y, como consecuencia, se enfrentan a importantes presiones comerciales.

5| EL FUTURO DE LA GESTIÓN DE RIESGOS PARA INSTITUCIONES FINANCIERAS NO ESTADOUNIDENSES

Los enfoques actuales de PLD y la gestión de riesgo de sanciones, aunque costosos, priorizan el cumplimiento regulatorio sobre la verdadera gestión de riesgo real. Este enfoque desalineado se refleja en el aumento global de las acciones de cumplimiento y en las inversiones significativas realizadas por las instituciones financieras, que no han logrado mejoras representativas. A menudo, las instituciones parecen estar más preocupadas por acatar los estrictos estándares de cumplimiento que por mitigar activamente los riesgos.

Un ejemplo de esta prioridad mal orientada es el aumento súbito y defensivo de los SARs. Muchas instituciones financieras adoptan un enfoque de «en caso de duda, mejor reportar» para evitar el escrutinio de los reguladores. Esto ha generado una cantidad abrumadora de reportes que, con frecuencia, carecen de inteligencia accionable, dando prioridad al volumen sobre la calidad.

La insatisfacción del sector con los sistemas automatizados de monitoreo de PLD evidencia aún más la ineficacia. Estos sistemas producen un gran volumen de alertas, pero la mayoría no pasan de las fases iniciales de revisión; solamente una pequeña porción resulta en SARs reales, lo que pone de manifiesto la incapacidad de estas herramientas para abordar adecuadamente los riesgos.

Las inversiones actuales hechas por instituciones financieras se destinan en gran medida a perfeccionar procesos obsoletos en lugar de desarrollar soluciones innovadoras. La adición de funciones a los modelos existentes de clasificación de riesgos o el retoque a los sistemas de monitoreo de las transacciones únicamente aporta beneficios marginales. Estos esfuerzos no mejoran ni la eficiencia ni la eficacia en el manejo de riesgos relativos a la PLD y sanciones.

Para que las instituciones puedan afrontar estos retos de forma importante, es preciso pasar de estrategias impulsadas por el cumplimiento rígido a enfoques robustos orientados al manejo y prevención de riesgos.

6| EVALUACIÓN DE RIESGOS: ¿CONOCEMOS REALMENTE NUESTROS RIESGOS?

Alrededor del mundo, las instituciones financieras están reconociendo que las evaluaciones de riesgos, tal como se realizaban en el pasado, ya no son útiles si se hacen con un enfoque de «listado de verificación» o completando matrices simples. Se necesita un modelo de evaluación de riesgos más ágil y dinámico que permita a los consejos de administración y a los altos directivos asignar recursos en áreas de alto riesgo para gestionar verdaderamente los riesgos de la PLD y sanciones.

Basado en mi experiencia con miembros de diversos consejos de administración, el tema clave que surgió fue si ellos conocían realmente sus riesgos sobre PLD. Esto refleja que los miembros de los consejos y la alta dirección cada vez ven menos valor en las evaluaciones de riesgos, dado que solo proporcionan estadísticas actualizadas de los últimos doce meses, sin cambios relevantes en los riesgos de PLD y sanciones.

Por lo tanto, las instituciones financieras, en lugar de limitarse a crear matrices estáticas de los riesgos de PLD, necesitan un enfoque sistemático para determinar cuáles asumir y cuáles evitar. En la actualidad, muchas instituciones financieras consideran su apetito al riesgo en términos puramente estáticos, en lugar de adoptar enfoques más ágiles para gestionarlos.

Los cambios repentinos pueden alterar rápidamente los perfiles de riesgo de las instituciones financieras, los clientes, las contrapartes y los productos, de ahí que las instituciones financieras tendrán que ajustar sus apetitos de riesgo para adaptarse más rápidamente a las tendencias mundiales.

Por ejemplo, los riesgos geopolíticos o los escándalos de lavado de dinero en ciertas zonas geográficas pueden aumentar la amenaza de contraparte y requerirán una recalibración inmediata de las medidas de su gestión respecto a la PLD y sus sanciones. Estos esfuerzos incluirán evaluaciones de amenazas, incorporación de clientes, actualización de información de clientes hasta el monitoreo de las transacciones.

Para satisfacer eficazmente las necesidades actuales de gestión de riesgos de la PLD y sanciones, las instituciones financieras deben elevar su gestión de un mero cumplimiento de la normativa a la habilitación estratégica activa. Esto implica cambiar la percepción de la gestión de riesgos de un centro de costos a un centro de creación de valor.

Este cambio exige establecer objetivos claros como centrar los esfuerzos en los riesgos de la PLD y sanciones que más importan; proporcionar claridad sobre los diversos niveles de riesgo y apetito de riesgo para apoyar decisiones empresariales informadas por parte de los consejos de administración y la alta dirección; en última instancia, garantizar que la institución financiera esté preparada para gestionar los riesgos de la PLD y sanciones, así como los eventos no deseados. Todo esto dado que la PLD y los riesgos asociados con el cumplimiento de sanciones requieren una mayor agilidad.

6.1 Estrategias para que las instituciones financieras se mantengan a la vanguardia

Ante los desafíos crecientes, las instituciones financieras requieren estrategias decisivas que las mantengan alineadas con las tendencias en materia de cumplimiento de la PLD. Un paso fundamental es integrar su cumplimiento a los valores fundamentales de la organización. Esto requiere priorizar la lucha contra el lavado de dinero en todos los niveles, desde los líderes hasta el personal de primera línea; no puede permanecer aislada en un departamento, sino integrarse a la estrategia empresarial global. Alinear los incentivos entre departamentos garantiza que todos valoren el cumplimiento y trabajen con un enfoque de objetivos compartidos.

Los líderes en los niveles más altos son responsables de establecer los estándares para el cumplimiento. Los altos ejecutivos deben asumir la responsabilidad, defender las prácticas éticas y comunicar periódicamente la importancia de las iniciativas de lucha contra el lavado de dinero. Ofrecer una capacitación completa y recursos accesibles refuerza este compromiso.

Las instituciones también deben establecer procesos claros para identificar y notificar actividades sospechosas, al tiempo que animan a los empleados a expresar sus preocupaciones sobre irregularidades. Al crear un entorno en el que se valore el cumplimiento, las organizaciones pueden reducir el riesgo de violaciones y fomentar la confianza tanto de los reguladores como de los clientes.

Otro enfoque clave es la evaluación proactiva del riesgo. Las estrategias reactivas, que solo abordan los riesgos después de que surgen, ya no son eficaces. Las entidades deben identificar y abordar los riesgos en una fase temprana.

Las evaluaciones periódicas deben tomar en cuenta cambios como nuevos productos, expansiones del mercado o cambios en el comportamiento de los clientes. Reconocer los riesgos en una fase temprana permite a las entidades actuar con rapidez, reduciendo la posibilidad de violaciones por incumplimiento a la normativa.

La tecnología moderna es esencial para mantenerse al día en el cumplimiento regulatorio para combatir el lavado de dinero. Muchas entidades siguen utilizando sistemas anticuados que limitan el acceso a los datos y dificultan el análisis. La actualización a plataformas modernas, incluidas herramientas basadas en la nube, IA y *blockchain*, permite el monitoreo en tiempo real y una mayor transparencia. Estas actualizaciones ayudan a los equipos de cumplimiento a trabajar de forma más eficaz, al tiempo que garantizan que las entidades sigan siendo competitivas.

La evaluación comparativa (*benchmarking*) independiente es otra estrategia valiosa. Las evaluaciones periódicas ayudan a las instituciones a comparar sus resultados con las normas del sector, detectar carencias y centrarse en las áreas que necesitan mejoras. La evaluación comparativa también garantiza el cumplimiento de la regulación en evolución y demuestra el compromiso con los reguladores. Este enfoque proactivo minimiza las sanciones y fomenta la credibilidad.

Las entidades también deben adaptarse a los cambios en la normatividad y en las prioridades. Mientras que los bancos tradicionales han estado sometidos a un fuerte escrutinio durante mucho tiempo, los nuevos actores —como las empresas *fintech* y las entidades no financieras— se enfrentan ahora a una mayor inspección. A medida que estos sectores crecen, las instituciones financieras deben mantenerse informadas sobre las regulaciones aplicables y actualizar sus políticas según sea necesario. La colaboración con los reguladores puede ayudar a las organizaciones a prepararse para los cambios venideros y mantener el cumplimiento.

El cumplimiento de la PLD debe evolucionar de un ejercicio de «marcar casillas» a una función central de gestión de riesgos. Algunas entidades siguen tratando el cumplimiento como una simple observancia de los requisitos mínimos, lo cual es insostenible. Las entidades financieras deben integrarlo a sus estrategias de riesgo más amplias. Un enfoque holístico permite identificar y mitigar mejor los riesgos, reducir las sanciones reglamentarias y mejorar la reputación.

Los retos de cumplimiento difieren según las regiones, pero la aplicación de la normativa se está intensificando en todo el mundo.

Los reguladores europeos, por ejemplo, están adoptando una supervisión más estricta, similar a las prácticas estadounidenses. A medida que aumenta el escrutinio normativo, las instituciones deben asignar importantes recursos a los esfuerzos de cumplimiento, tanto para las operaciones diarias como para los planes de contingencia.

El cumplimiento de diversas normas de conformidad ha modificado la competencia entre las instituciones financieras. Aquellas que se destacan en el cumplimiento de la normativa para combatir el lavado de dinero obtienen una clara ventaja, mientras que las que se basan en prácticas anticuadas se exponen a un mayor escrutinio y a una afectación a su reputación. Las instituciones que no estén preparadas para una supervisión más estricta pueden enfrentarse a la pérdida de alianzas y a un aumento de penalizaciones reglamentarias.

Para evitar estos escollos, las instituciones deben centrarse en diversas prioridades clave:

- **Crear una cultura unificada.** El cumplimiento de la normatividad para luchar contra el lavado de dinero debe considerarse una función empresarial integral, no un obstáculo. Los incentivos deben alinearse en todos los equipos.
- **Realizar evaluaciones dinámicas de los riesgos.** Esto para hacer frente en tiempo real a los riesgos cambiantes, en lugar de reaccionar hasta después de que surgen los problemas.
- **Revisar la exposición regulatoria ante acontecimientos significativos** (como la pandemia mundial). Examinar los cambios en el comportamiento de los clientes en los últimos años también ayuda a identificar posibles lagunas en el cumplimiento.
- **Realizar evaluaciones comparativas independientes.** Se debe estimar no solo la adherencia a las políticas, sino también la eficiencia de los procesos. De este modo se

identifican las fortalezas y debilidades que ayudan a perfeccionar las estrategias de cumplimiento.

- **Actualizar los sistemas heredados a plataformas modernas.** Los datos deben ser fácilmente accesibles para una evaluación eficaz de los riesgos y el uso de tecnologías avanzadas como la IA.
- **Monitorear los cambios regulatorios y garantizar el cumplimiento equitativo de los requisitos.** Incluidas las instituciones tradicionales, las empresas *fintech* y los sectores emergentes, como en el caso de las criptomonedas.
- **Estar preparados para el cambio de responsabilidades.** Esto a medida que las *fintech* ganan participación en el mercado, lo que afecta a las instituciones tradicionales que les prestan servicios.
- **Cambiar la mentalidad del cumplimiento mínimo a la gestión activa del riesgo.** Las organizaciones deben actuar con rapidez para evitar multas y daños a su reputación.

Con la evolución de las prioridades normativas, las instituciones deben adaptarse o arriesgarse a quedar atrás. Las estrategias de cumplimiento con visión de futuro les ayudarán a sortear las complejidades, reducir los riesgos y mantener la confianza de los clientes y las partes interesadas.

NOTAS

1. Congressional Research Service, *The Financial Crimes Enforcement Network (FinCEN): Anti-Money Laundering Act of 2020 Implementation and Beyond*, September 27, 2022, CRS Reports, https://crsreports.congress.gov/product/pdf/R/R47255

2. Authenticated U.S. Government Information, Public Law, October 2001, U.S. Congress, https://www.congress.gov/107/plaws/publ56/PLAW-107publ56.pdf

3. U.S. Securities and Exchange Commission, *Whistleblower Program*, November 21, 2024, https://www.sec.gov/enforcement-litigation/whistleblower-program

4. U.S. Department of Justice, *Criminal Division Corporate Whistleblower Awards Pilot Program*, August 1, 2024, https://www.justice.gov/criminal/criminal-division-corporate-whistleblower-awards-pilot-program

5. U.S. Department of Justice, *Temporary Amendment to the Criminal Division Corporate Enforcement and Voluntary Self-Disclosure Policy*, August 1, 2024, https://www.justice.gov/criminal/media/1362316/dl?inline

6. U.S. Department of Justice, *Temporary Amendment to the Criminal Division Corporate Enforcement and Voluntary Self-Disclosure Policy*, August 1, 2024, https://www.justice.gov/criminal/media/1362316/dl?inline

7. United States Strategy on Countering Corruption, *Pursuant to the National Security Study Memorandum on Establishing the Fight Against Corruption as a Core United States National Security Interest*, December 2021, https://www.whitehouse.gov/wp-content/uploads/2021/12/United-States-Strategy-on-Countering-Corruption.pdf

8. U.S. Department of the Treasury, *Treasury Publishes National Risk Assessments for Money Laundering, Terrorist Financing*, and Proliferation Financing, March 1, 2022, https://home.treasury.gov/news/press-releases/jy0619

9. U.S. Department of the Treasury, *Treasury Publishes National Risk Assessments for Money Laundering, Terrorist Financing, and Proliferation Financing*, March 1, 2022, https://home.treasury.gov/news/press-releases/jy0619

FUENTES CONSULTADAS

- Authenticated U.S. Government Information. *Public Law*. October 2001. https://www.congress.gov/107/plaws/publ56/PLAW-107publ56.pdf
- Congressional Research Service. *The Financial Crimes Enforcement Network (FinCEN): Anti-Money Laundering Act of 2020 Implementation and Beyond*. September 27, 2022. CRS Reports. https://crsreports.congress.gov/product/pdf/R/R47255
- Department of Commerce, Department of the Treasury, and Department of Justice. *Obligations of Foreign-Based Persons to Comply with U.S. Sanctions and Export Control Laws*. March 6, 2024. https://ofac.treasury.gov/media/932746/download?inli
- U.S. Department of Justice. *Criminal Division Corporate Whistleblower Awards Pilot Program*. August 1, 2024. https://www.justice.gov/criminal/criminal-division-corporate-whistleblower-awards-pilot-program
- U.S. Department of Justice. *Temporary Amendment to the Criminal Division Corporate Enforcement and Voluntary Self-Disclosure Policy*. August 1, 2024. https://www.justice.gov/criminal/media/1362316/dl?inline
- U.S. Securities and Exchange Commission. *Whistleblower Program*. November 21, 2024. https://www.sec.gov/enforcement-litigation/whistleblower-program
- U.S. Department of the Treasury. *National Strategy for Combating Terrorist and Other Illicit Financing*. May 2022. https://home.treasury.gov/system/files/136/2022-National-Strategy-for-Combating-Terrorist-and-Other-Illicit-Financing.pdf
- U.S. Department of the Treasury. *Treasury Publishes National Risk Assessments for Money Laundering, Terrorist Financing, and Proliferation Financing*. March 1, 2022. https://home.treasury.gov/news/press-releases/jy0619

- United States Strategy on Countering Corruption. *Pursuant to the National Security Study Memorandum on Establishing the Fight Against Corruption as a Core United States National Security Interest*. December 2021. https://www.whitehouse.gov/wp-content/uploads/2021/12/United-States-Strategy-on-Countering-Corruption.pdf

SEMBLANZA DEL AUTOR

Sven Stumbauer es un experto *senior* en delitos financieros, riesgos regulatorios e investigaciones forenses, con más de veinte años de experiencia en el sector de servicios financieros. Su trayectoria abarca la prevención de lavado de dinero, el cumplimiento de sanciones y la aplicación de la Ley de Prácticas Corruptas en el Extranjero (FCPA).

Ha liderado con éxito proyectos internacionales complejos y de alto perfil, asesorando a clientes en Estados Unidos y en más de sesenta países. Su trabajo lo ha llevado a colaborar estrechamente con organismos reguladores en Estados Unidos, Europa, América Latina y Asia.

CAPÍTULO 10

EL ECOSISTEMA *FINTECH* EN AMÉRICA LATINA: INNOVACIÓN, REGULACIÓN Y DESAFÍOS

Vanessa Veintimilla
Jorge Pérez

INTRODUCCIÓN

En la última década, América Latina ha experimentado una transformación acelerada en su ecosistema *fintech* (tecnofinanzas), impulsada por la digitalización y la creciente demanda de servicios financieros más accesibles e inclusivos. Lo que comenzó como un sector emergente con *startups* enfocadas en pagos digitales y financiamiento alternativo, hoy se ha convertido en un motor clave para la modernización del sistema financiero, redefiniendo la manera en que individuos y empresas acceden y gestionan sus recursos.

Desde las finanzas y la banca abiertas (*open finance* y *open banking*, respectivamente) hasta la exploración de monedas digitales de banco central (CBDC), la innovación tecnológica, aunque en distintos niveles de avance, está remodelando el panorama financiero de la región. Sin embargo, este crecimiento trae consigo desafíos significativos que requieren una respuesta estratégica por parte de las autoridades. La necesidad de marcos regulatorios armonizados, ciberseguridad robusta e interoperabilidad en los pagos sigue siendo un reto clave para consolidar un entorno financiero seguro y eficiente.

Las autoridades financieras enfrentan el desafío de equilibrar la innovación con la estabilidad del sistema, asegurando que las nuevas tecnologías puedan integrarse sin comprometer la solidez del sector. La adopción de marcos regulatorios específicos y estándares internacionales como Basilea III, refleja el esfuerzo de los países de la región por regular el sector *fintech* de manera efectiva. No obstante, la creciente digitalización también demanda mayores esfuerzos en protección de datos, prevención de fraudes y colaboración entre reguladores, empresas y usuarios para mitigar riesgos emergentes.

Este capítulo examina el desarrollo del ecosistema *fintech* a nivel general y en siete países de América Latina, analizando cómo cada uno ha abordado la regulación, la digitalización de servicios financieros y la adopción de modelos de negocio innovadores. También se presentan casos de éxito y estrategias implementadas para fomentar la competencia, mejorar la eficiencia de los sistemas de pago y ampliar el acceso a servicios financieros.

Finalmente, se identifican los retos y oportunidades que los bancos centrales y supervisores financieros deben considerar para fortalecer un ecosistema *fintech* sostenible, seguro y accesible para toda la población, asegurando que la transformación digital del sector financiero impulse el desarrollo económico de la región de manera equitativa y eficiente.

1| EVOLUCIÓN Y DIVERSIFICACIÓN DEL ECOSISTEMA *FINTECH*

A medida que el ecosistema *fintech* ha crecido en escala y alcance, su evolución no solo ha impactado la cantidad de usuarios y la estructura del mercado, sino también la diversidad de servicios que ofrece. La madurez del sector y la disminución de nuevas inversiones han impulsado la necesidad de innovación en modelos de negocio y productos financieros.

En este contexto, las *fintech* han expandido su portafolio más allá de los servicios tradicionales, dando lugar a una amplia gama de soluciones que buscan atender nichos excluidos y mejorar la eficiencia financiera. Esta diversificación ha captado la atención tanto de los usuarios como de los reguladores, quienes ahora enfrentan el desafío de adaptar marcos normativos a un entorno en constante transformación.

En un reporte del Banco Central de Ecuador (2022)[1] se mencionaron doce principales segmentos que ofrecen las empresas *fintech*. Si bien fue un análisis exhaustivo, desde su publicación han surgido nuevos servicios y subservicios que atraen la atención de usuarios y reguladores por igual.

Algunos ejemplos incluyen servicios «compre ahora, pague después» (*buy now, pay later* o BNPL, por sus siglas en inglés) y robo-advising; prácticas como las finanzas y la banca abiertas; productos como las *stablecoins* y fondos cotizados en bolsa (ETF, por sus siglas en inglés) con exposición a activos digitales; herramientas regulatorias *regtech e insurtech* (tecnologías de regulación y seguros, respectivamente), entre otros. El surgimiento de nuevos modelos de negocio no solo supone un reto de regulación, sino de colaboración estratégica entre diferentes jurisdicciones para evitar arbitraje regulatorio.

Tabla 1. **Segmentos que ofrecen las empresas *fintech***

Tipo de Segmento	**Descripción de la *fintech***
Pagos digitales (*paytech*)	Usan tecnología para realizar transferencias electrónicas (pagos) de una forma más rápida: billetera digital, tarjetas prepago (tarjeta recargable), remesas, agregadores y facilitadores de pago.
Préstamos digitales	Otorgan personales, empresariales e hipotecarios, entre otros.

Tipo de Segmento	**Descripción de la *fintech***
Gestión financiera empresarial	Brindan tecnología que facilitan a las empresas el manejo de sus finanzas: facturación digital, impuestos, nómina, contabilidad y otros.
Gestión financiera personal	Plataformas tecnológicas que permiten a las personas optimizar sus necesidades financieras, incluyendo aplicaciones para hacer seguimiento de gastos, pago de deuda y ahorro de dinero.
Financiamiento colectivo (*crowdfunding*)	Plataformas digitales que colectan recursos del público para financiar productos, servicios, causas sociales y proyectos creativos. Normalmente es a través de donaciones.
Monedas digitales	Modelos de negocio que se basan en ofrecer monedas alternativas (bitcoin) a las convencionales. Son monedas descentralizadas, las transacciones se realizan directamente de persona a persona (no existe intermediario).
Seguros (*insurtech*)	Dedicadas a aplicar tecnología a procesos y productos de la actividad aseguradora: seguro P2P, precios, suscripciones y seguro móvil.
Seguridad, identidad y fraude	Orientadas a soluciones tecnológicas que permitan hacer frente a los riesgos de ciberataques o fraudes, por ejemplo, mediante la utilización de tecnologías para el cálculo de puntajes crediticios alternativos, biometría, o servicios de identidad del cliente, por ejemplo, conozca a su cliente (*know your customer* o KYC, por sus siglas en inglés).
Gestión de inversión patrimonial (*e-trading*)	Permiten la gestión del patrimonio personal o empresarial a través de medios digitales, por ejemplo, gestión de activos.

Tipo de Segmento	Descripción de la *fintech*
Tecnologías empresariales para instituciones financieras	Dan servicios a instituciones financieras con soluciones de infraestructura que mejoran el funcionamiento del banco, incluyendo el manejo y análisis de bases de datos y el desarrollo de la interfaz para aplicaciones de terceros con los sistemas internos de los bancos.
Bancos digitales	Ofrecen servicios bancarios a través de soluciones financieras digitales. Son caracterizados por no contar con infraestructura física y una baja utilización de recursos humanos; el servicio es ágil y de menor costo.
Fintech as a service	Proveen servicios bancarios de forma legal y regulada o en ocasiones no reguladas. Lo hacen a través de ofrecer su infraestructura tecnológica a otras empresas; proporcionan los datos bancarios de sus clientes (previo permiso de aquellos), y dan su licencia bancaria para que otras empresas operen como bancos.

Fuente: «Un panorama de las fintech en América Latina y el Ecuador» (Banco Central de Ecuador, 2022).

1.1 Impacto y alcances de la innovación en el ecosistema fintech

La rápida diversificación de servicios *fintech* y la aparición de nuevos modelos de negocio han impulsado una transformación profunda en la manera en que los usuarios interactúan con el sistema financiero. En particular, el segmento de pagos ha sido uno de los más dinámicos, beneficiándose de avances tecnológicos que han permitido la creación de soluciones más accesibles, rápidas e interoperables. Este desarrollo no solo ha cambiado la experiencia del usuario, también ha sido un motor clave para la inclusión financiera en mercados emergentes.

Por otra parte, los servicios financieros que han integrado inteligencia artificial (IA) y automatización en sus procesos pueden ofrecer más y mejores servicios. El modelo de funcionamiento se basa en la adquisición de datos, procesamiento y análisis, generación de decisiones automatizadas y ejecución con o sin intervención humana (aprendizaje supervisado y sin supervisar). Entre sus principales ventajas destacan las siguientes:

a. Reducción de costos.
b. Eliminación de errores humanos.
c. Personalización de servicios.
d. Detección de fraudes en tiempo real.
e. Optimización de estrategias de inversión.

La IA se complementa con el aprendizaje automático (*machine learning* o ML, *por sus siglas en inglés),* una rama que permite a los sistemas aprender de los datos y mejorar su desempeño de manera autónoma. Gracias al ML es posible desarrollar modelos predictivos para pronosticar precios de activos, evaluar riesgos crediticios y analizar tendencias.

Para todo lo que involucra datos no estructurados, como mensajes de texto, correos electrónicos, mensajes de audio, publicaciones en redes sociales, entre otros, la herramienta por excelencia es el procesamiento del lenguaje natural (PLN) que facilita el análisis de estos.

En el mercado *fintech*, diversas empresas han logrado integrar con éxito estas tecnologías. Robinhood ha optimizado la experiencia de comercio (*trading*) y reducido costos de transacción, democratizando el acceso al mercado de valores para cientos de miles de estadounidenses. Desde 2013, el número de usuarios ha crecido a una tasa del 36 % anual, con 10.9 millones de usuarios mensuales activos y una rentabilidad media por usuario de 81 dólares.

La plataforma también ofrece servicios de planificación de ahorro para retiro y portafolios inteligentes con exposición a diferentes productos financieros. Aunque esta plataforma solo está disponible para ciudadanos estadounidenses, al poco tiempo surgieron alternativas como eToro y Hapi que proporcionan los mismos servicios a ciudadanos de todo el mundo.

Gráfica 1. **Usuarios activos de Robinhood con ingresos promedio por usuario (ARPU) de 2014 a 2023 (mensuales)**

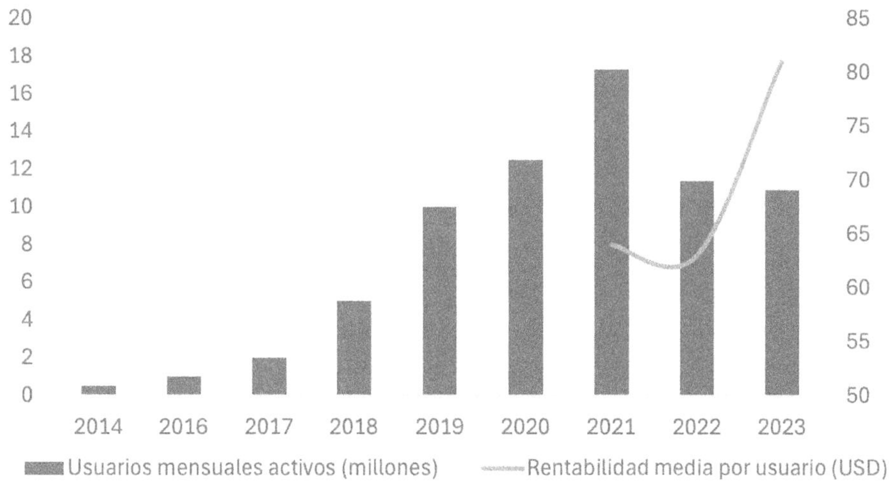

Fuente: «Robinhood: Number of Users 2020» (Statista, 2024c).

Los gestores de inversiones también pueden reducir los costos flotantes para los inversionistas, como el caso de Vanguard, que espera reducir en 350 millones de dólares los costos de transacción en fondos cotizados en bolsa (ETF).

De igual forma, los bancos se han beneficiado ampliamente de las bondades de estas tecnologías: el Banco Central de Brasil ha logrado mejorar la detección de fraudes en pagos digitales en Pix, gracias a AWS. Nubank ha personalizado productos financieros en tiempo real con *software* propietario y creación de perifles de riesgo. Kamina ha innovado en evaluaciones de crédito y educación financiera. Los chatbots financieros y el análisis de sentimientos en redes sociales (menciones sobre las marcas) también son importantes para mejorar la pronta y adecuada gestión de los servicios financieros.

Por otra parte, *insurtech* ha sido pionera en la innovación del sector de seguros, ya que ha proporcionado directrices y nuevos métodos para mejorar los procesos tradicionales, aumentar la eficiencia y la rentabilidad del sector. El valor del capital invertido en empresas de tecnología de seguros se ha mantenido por encima de los 10 000 millones de dólares desde 2014, y tuvo un pico en 2018. Se espera que la capitalización de mercado llegue a 240 000 millones de dólares en 2025, con una tasa de crecimiento anual del 27 %.

El sector de seguros siempre ha sido tradicional y los nuevos desarrollos tienen el potencial de cambiarlo, especialmente a través del seguro abierto (*open insurance*). Esta práctica implica que los consumidores están dispuestos a compartir automáticamente datos sobre su comportamiento con su proveedor de seguros a cambio de mejores tarifas, pero la cantidad de consumidores que se sienten cómodos con esto y las opiniones sobre la recopilación de datos personales varían.

Gracias a estas nuevas tecnologías han surgido nuevas definiciones de los servicios que pueden brindar los seguros tradicionales:

Tabla 2. **Definiciones derivadas de la tecnología**

Aseguradora digital	Modelo tradicional de seguros operado en línea o mediante dispositivos móviles.
Microaseguradora	Paquetes de seguros más pequeños con primas más bajas y, típicamente, menor cobertura.
Aseguradora bajo demanda	Cobertura de seguros bajo demanda que se puede comprar en línea y a través de aplicaciones móviles.
Aseguradora basada en uso	Precios de primas según el uso o el comportamiento de riesgo mostrado por el cliente.

Fuente: «Perspectives on regulation. Fintech: Overview, Payments, and Regulation» (Wharton School of Business, 2024).

Por último, *regtech* puede definirse como la gestión de los procesos regulatorios dentro de la industria financiera, cuyas principales funciones incluyen el monitoreo, la presentación de informes y el cumplimiento regulatorio. Esta industria está formada por un grupo de empresas que ayudan al resto a cumplir con las regulaciones de manera eficiente y menos costosa gracias al ML y a la automatización.

El surgimiento de esta industria se da tras la crisis de 2008, y los nuevos requerimientos de cumplimiento de la ley Dodd-Frank. Para bancos y empresas que no son nativos digitales ni tienen estrategias de datos en su plan de negocio, puede resultar una carga operativa y contable cumplir con todos los requerimientos. Es aquí donde entran las soluciones *regtech:* compañías que hacen cómputo en la nube y economías de escala para poder dar información accionable a estas empresas por un menor precio. Un reporte de Cambridge (2023)[2] enumera cinco segmentos de mercado para *regtech:*

Tabla 3. **Segmentos de mercado para *regtech***

Segmento	Explicación
Perfilamiento y debida diligencia	Recopilan e integran datos de múltiples fuentes para construir el perfil de una persona, entidad o contraparte, confirmar su identidad o categorizarlos según requisitos regulatorios o normas internas.
Informes y *dashboards*	Recopilan información de múltiples fuentes dentro de una empresa para elaborar informes estandarizados con fines de gestión o cumplimiento normativo.
Análisis de riesgos	Utilizan *big data* para evaluar el riesgo de fraude, abuso de mercado u otras conductas indebidas a nivel de transacción.

Segmento	Explicación
Cumplimiento dinámico	Facilitan y monitorean cambios regulatorios o aseguran que las políticas y controles se adapten de manera flexible a los requisitos cambiantes. Su oferta incluye información de gestión sobre la función de cumplimiento, análisis de brechas y herramientas de supervisión regulatoria.
Monitoreo de mercado	Orientadas a relacionar los resultados a nivel de mercado con normas regulatorias o internas, obteniendo datos de diversas fuentes externas. Los resultados clave pueden incluir bajo rendimiento de productos, condiciones adversas del mercado o manipulación del mercado.

Fuente: The Global RegTech Industry Benchmark Report (Schizas et al., 2023).

Si bien todavía están por verse empresas en América Latina que lideren con estos nuevos modelos de negocio, la innovación en el sector financiero continuará avanzando a pasos acelerados. La convergencia entre tecnología y servicios financieros está dando forma a una nueva era de finanzas inteligentes (*smart finance*), donde la automatización, la inteligencia artificial y el análisis de datos permiten una toma de decisiones más eficiente y personalizada. En otras regiones del mundo, las soluciones de *finance as a service* (FaaS) ya han permitido que empresas no bancarias ofrezcan servicios financieros a través de API, integrando soluciones bancarias en plataformas de comercio electrónico, *software* empresarial y hasta redes sociales.

1.2 Regulación, supervisión y seguridad, elementos necesarios para el desarrollo del ecosistema

Asimismo, las monedas digitales de bancos centrales (CBDC) han comenzado a redefinir la estructura de los sistemas monetarios con países como China y la Unión Europea explorando su implementación para mejorar la eficiencia de los pagos y reducir costos transaccionales. La adopción de estas tecnologías en América Latina podría traer consigo nuevos retos en términos de regulación y supervisión, pero también oportunidades significativas para la inclusión financiera.

Otra tendencia que está revolucionando el sector financiero es la hiperpersonalización de los servicios, donde el análisis en tiempo real del comportamiento del usuario permite ofrecer productos adaptados a sus necesidades específicas. Gracias al uso de *big data*, inteligencia artificial y aprendizaje automático se pueden generar estrategias de financiamiento, ahorro e inversión completamente alineadas con los hábitos financieros de cada persona.

En paralelo, la consolidación de las finanzas y la banca abiertas sigue impulsando el ecosistema financiero, permitiendo que los usuarios tengan mayor control sobre sus datos y fomentando la competencia en el sector. La interconexión entre bancos, *fintechs*, aseguradoras y otras instituciones financieras está generando productos más accesibles y dinámicos, aunque también plantea desafíos en materia de seguridad de la información, privacidad y gestión de riesgos.

Dado el crecimiento exponencial de la digitalización financiera, también se están desarrollando nuevos y mejores mecanismos de defensa contra fraudes y cibercrimen. La proliferación de ataques informáticos, el robo de identidad y la manipulación de datos han llevado a la implementación de soluciones avanzadas de ciberseguridad, como biometría, *blockchain* y herramientas de *regtech* que permiten una supervisión más eficiente y automatizada de los riesgos.

La industria financiera está evolucionando hacia la construcción de una economía de ecosistemas donde distintos actores del mercado —bancos, *fintechs*, *retailers*, telcos, plataformas digitales y hasta gobierno— colaboran para ofrecer soluciones financieras integradas en la vida cotidiana de las personas. Modelos como el de *superapps* y *marketplaces* financieros están transformando la manera en que los consumidores acceden a los servicios, generando experiencias más fluidas y conectadas.

Este panorama abre una oportunidad importante para América Latina no solo en términos de mercado y desarrollo tecnológico, sino también en la necesidad de una regulación más ágil y adaptativa. Para los reguladores, será clave encontrar un equilibrio entre impulsar la innovación y mitigar los riesgos sistémicos. Al mismo tiempo, la educación financiera de los consumidores será fundamental para garantizar que puedan aprovechar al máximo estos nuevos servicios y protegerse de los riesgos asociados con la digitalización.

En este contexto de transformación acelerada, América Latina tiene el potencial de consolidarse como un *hub* de innovación financiera global, siempre y cuando logre integrar estas tendencias de manera estratégica, fomentando la colaboración entre el sector público y privado para crear un ecosistema más inclusivo, seguro y eficiente.

1.3 Cooperación internacional para la innovación fintech

En el proceso de evolución y diversificación del ecosistema *fintech* en América Latina, la cooperación internacional se posiciona como un catalizador clave para acelerar la innovación y fortalecer la regulación. El intercambio de conocimientos y la colaboración con organismos multilaterales pueden ofrecer a las autoridades financieras herramientas y marcos regulatorios probados para impulsar la transformación digital de manera segura y eficiente.

Un actor fundamental en este proceso es el BIS Innovation Hub, una iniciativa del Banco de Pagos Internacionales (BIS, por sus siglas en inglés) que busca fomentar la colaboración global en el desarrollo de tecnologías financieras innovadoras dentro de la comunidad de bancos centrales. Su triple mandato se centra en los siguientes puntos:

1. Identificar y desarrollar conocimientos sobre tendencias tecnológicas clave que impactan la banca central.
2. Desarrollar bienes públicos tecnológicos para mejorar el funcionamiento del sistema financiero global.
3. Ser punto focal de una red de expertos en innovación *fintech*, promoviendo el diálogo y la cooperación entre bancos centrales.

Si bien los proyectos del BIS Innovation Hub tienen un enfoque experimental y buscan evaluar la viabilidad de nuevas tecnologías, su aplicación práctica podría transformar la manera en que los sistemas financieros operan a nivel global. Entre sus iniciativas con mayor potencial de escalabilidad para América Latina destacan FuSSE, Ágora y Aurora, proyectos que abordan infraestructura de pagos, tokenización de activos y lucha contra el lavado de dinero.

- **FuSSE.** Nace de la necesidad de modernizar las infraestructuras de pago, ofreciendo un sistema escalable, versátil, eficiente y seguro que reduzca los costos de transición y barreras de acceso. Este modelo podría ser clave para América Latina, donde la fragmentación de los sistemas de pago y la falta de interoperabilidad dificultan la inclusión financiera y la eficiencia en las transacciones electrónicas. Adoptar este tipo de innovaciones permitiría reducir la dependencia del efectivo, fortalecer la conectividad entre sistemas bancarios y *fintechs*, y mejorar la velocidad y seguridad de los pagos en la región.
- **Ágora**. Explora la tokenización de activos en pagos mayoristas transfronterizos, en colaboración con siete jurisdicciones distintas. Su objetivo es evaluar cómo un registro unificado administrado por el BIS podría optimizar procesos clave, como la prevención del lavado de dinero (AML/CFT) y la validación de

identidad en múltiples jurisdicciones (KYC). En América Latina, donde los costos de remesas son elevados y los pagos internacionales siguen siendo complejos y costosos, soluciones como Ágora podrían facilitar transacciones más eficientes, seguras y accesibles para individuos y empresas.

- **Aurora**. Demuestra cómo las alianzas público-privadas pueden ser más eficaces en la lucha contra el lavado de activos (AML) que los modelos actuales fragmentados. En lugar de operar con silos de información, esta iniciativa sugiere un ecosistema colaborativo de datos, donde las instituciones financieras y los reguladores compartan información en tiempo real para detectar y prevenir actividades ilícitas con mayor eficacia. Para América Latina, región donde el financiamiento ilícito y el lavado de activos siguen siendo amenazas para la estabilidad financiera, un enfoque como el de Aurora podría fortalecer la supervisión y mejorar la capacidad de respuesta de los organismos reguladores.

Para las autoridades financieras de América Latina, colaborar con organismos multilaterales y adoptar modelos tecnológicos probados en otras regiones puede acelerar la implementación de infraestructuras digitales avanzadas y reducir la brecha de innovación con mercados más desarrollados, lo cual no solo facilita el acceso a tecnologías avanzadas, sino que también ofrece un marco de referencia para garantizar que la innovación *fintech* en esta región sea segura, escalable e inclusiva.

2| PANORAMA *FINTECH* EN AMÉRICA LATINA: CRECIMIENTO, REGULACIÓN Y OPORTUNIDADES

Durante la última década, lo *fintech* ha pasado de ser un fenómeno de nicho a una fuerza transformadora de la industria financiera global. Aunque originalmente se asociaba con pequeñas *startups*, ahora también abarca empresas multimillonarias. El número de empresas del sector ha crecido significativamente, con una concentración particular en América.

Al mismo tiempo, se ha producido un aumento notable en el número de usuarios de tecnología financiera a nivel global, especialmente en el área de pagos digitales, y se espera que la base global de usuarios supere los 3500 millones en 2024. A pesar de la expansión de *fintechs* y usuarios, la actividad de inversión ha disminuido significativamente. En 2023, el valor de las inversiones y el número de operaciones alcanzaron sus niveles más bajos desde 2017, sugiriendo una etapa de madurez del mercado.

Gráfica 2. **Empresas *fintech* a nivel mundial por región (2008-2024)**

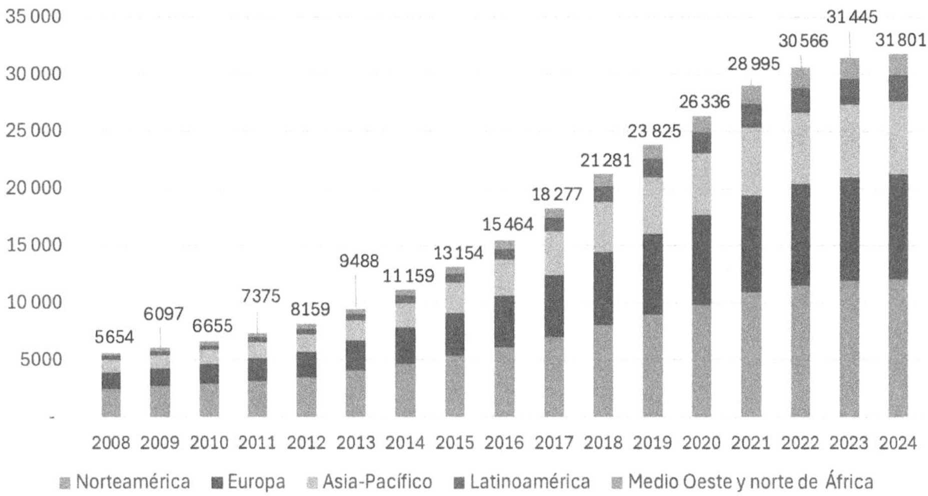

Fuente: «Number of fintechs worldwide from 2008 to 2024, by region» (Statista, 2025).

2.1 Impulsando la modernización del sistema financiero y la inclusión

En América Latina, donde una parte significativa de la población aún no está bancarizada, la evolución del ecosistema de pagos *fintech* se ha convertido en un pilar fundamental para la modernización del sistema financiero y la reducción de brechas económicas. En este sentido, el ecosistema de pagos *fintech* de la región está atravesando una evolución transformadora, impulsada por innovaciones globales adaptadas a las necesidades únicas de la región.

El auge de las billeteras digitales, pagos móviles, *blockchain* y criptomonedas, han marcado un escenario para una nueva era de inclusión y eficiencia financiera. Los sistemas de pago en tiempo real, como Pix de Brasil, inspirados en sus contrapartes globales como UPI de India y FedNow de Estados Unidos, están redefiniendo las velocidades de las transacciones, mientras que la banca abierta y las API están fomentando una colaboración sin precedentes entre los bancos tradicionales y las *fintech* ágiles.

La región también está abordando sus propios desafíos, como los altos flujos de remesas y las poblaciones no bancarizadas, con soluciones innovadoras que prometen reformular el futuro de los pagos.

Gráfica 3. **Consolidación de los segmentos *fintech* en Latinoamérica y el Caribe**

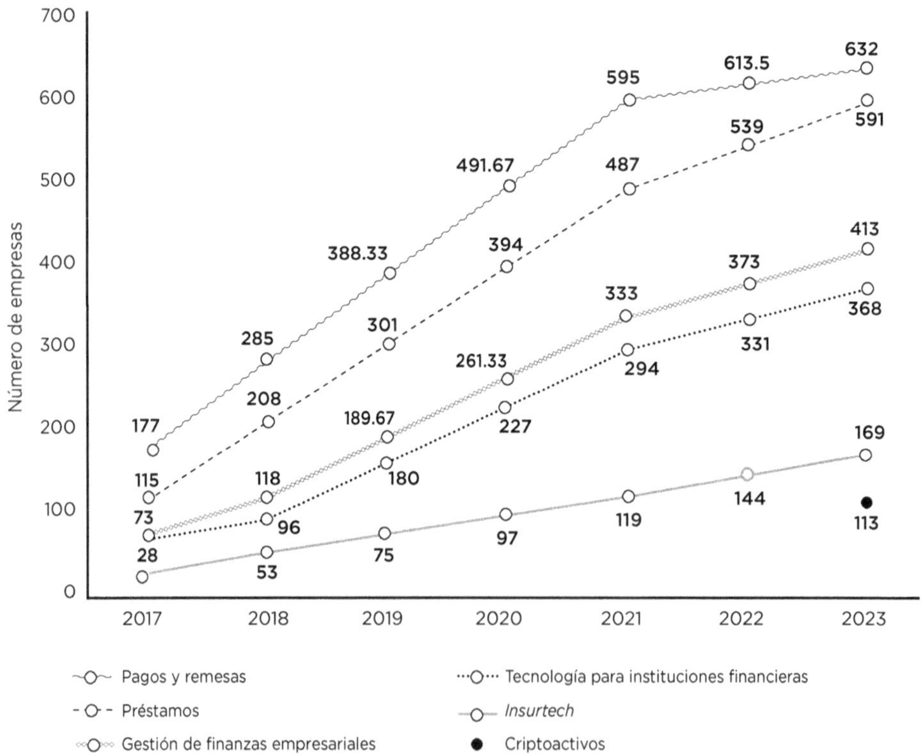

Fuente: Finnovista, Banco Interamericano de Desarrollo y BID Invest (2024).

La transformación del ecosistema de pagos *fintech* en América Latina no solo ha impulsado la inclusión financiera y la eficiencia en las transacciones, también ha redefinido los modelos de negocio en el sector. A medida que las *fintech* han ampliado su alcance, han surgido distintas estrategias de segmentación y monetización que les permiten adaptarse a las particularidades del mercado regional.

Mientras que algunas empresas han optado por ofrecer servicios financieros directamente a los consumidores, otras han centrado su propuesta en la intermediación o en soluciones empresariales. Esta evolución ha dado lugar a una estructura de mercado en la que predominan ciertos modelos de negocio, reflejando tanto la madurez del ecosistema como los desafíos regulatorios que siguen moldeando su desarrollo.

A nivel regional, las soluciones presentadas para negocios (B2B), de intermediación y de servicios financieros a personas (B2C) fueron los predominantes. Estas categorías representan el 92 % de todos los emprendimientos *fintech*. El resto de las soluciones incluyen el modelo directo entre consumidores (C2C) y consumo colaborativo. Esta concentración de mercado puede explicarse por las diferencias regulatorias de banca y finanzas abiertas entre jurisdicciones, como veremos más adelante. Por otra parte, los emprendimientos optan por monetizar vía cuotas de transacción, tasas de interés y *software* como servicio (SaaS). El universo de alternativas es más diverso que en modelos de negocio, lo cual es indicador de un mercado más diverso.

Gráfica 4. **Modelo de negocio de los emprendimientos *fintech***

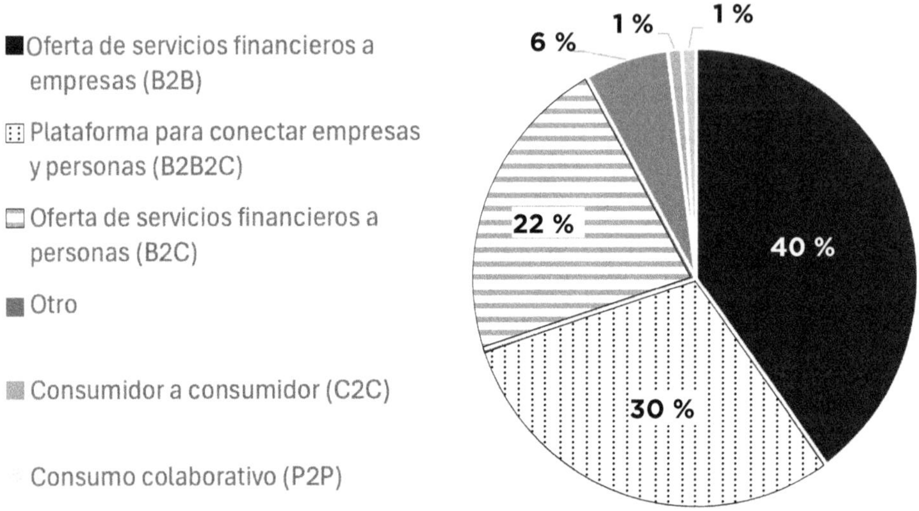

Fuente: Finnovista, Banco Interamericano de Desarrollo y BID Invest (2024).

2.2 Evolución y regulación del ecosistema fintech en América Latina

La evolución del ecosistema financiero en América Latina ha estado marcada por la digitalización y el crecimiento acelerado de las *fintech*, que han transformado la manera en que individuos y empresas acceden a los servicios financieros. Sin embargo, esta expansión también ha generado desafíos regulatorios, especialmente en términos de estabilidad y gestión de riesgos, lo que ha llevado a una mayor adopción de estándares internacionales como Basilea III.

Este conjunto internacional de reformas, surgidas como respuesta a la crisis financiera de 2008, establece lineamientos para fortalecer la resiliencia del sistema bancario, aumentando los requerimientos de capital, mejorando la gestión de liquidez y promoviendo una supervisión más estricta. A medida que las *fintech* ganan protagonismo en el sector financiero, su interacción con estas regulaciones se vuelve cada vez más relevante, especialmente en áreas como la banca abierta, los pagos digitales y las criptomonedas.

Las normas internacionales Basilea III fueron la respuesta a la crisis bancaria de 2008, y se propusieron crear un sistema bancario resiliente, evitando acumulación de vulnerabilidades sistemáticas. Incorporaron pilares en medición de riesgos, requerimientos de capital más estrictos; comportamiento anticíclico, como el capital «colchón», formado en épocas de bonanzas y que absorbía pérdidas en épocas críticas; actuación más rigurosa de la autoridad supervisora y transparencia.

También se introdujeron nuevos indicadores clave de desempeño (KPI): ratio de cobertura de liquidez y el coeficiente de financiación estable neta (LCR y NSFR, por sus siglas en inglés). El Comité de Basilea recomendó dos niveles de implementación para las mismas: 2010, con disposiciones transitorias del 2011-2019, y 2017 con disposiciones transitorias del 2017-2028, considerando el efecto de la pandemia. Para 2011, los países líderes en adopción de Basilea III en la región eran México, Argentina y Brasil.

Sin embargo, la aplicación encuentra varios obstáculos en la región. En primer lugar, los términos y definiciones no guardan consistencia, en particular, capital regulatorio, cobertura de riesgo y estándares de apalancamiento y liquidez.

Asobanca (2019)[3] identificó en la adopción de la normativa otros cinco obstáculos principales en economías emergentes: barreras de acceso a capitales internacionales; volatilidad financiera y macroeconómica; sistemas financieros poco desarrollados; poca transparencia y disponibilidad de información del mercado; y restricciones de capacidad y gobernanza.

De acuerdo con información de Fitch Ratings y de superintendencias de bancos de cada país, citada por Asobanca (2019), en

América Latina solo cinco países han implementado Basilea III: México, Colombia, Brasil, Argentina y Chile; seis van en camino: Costa Rica, Panamá, Perú, Bolivia, Paraguay y Uruguay; y siete están alejados de la normativa internacional: Guatemala, Honduras, El Salvador, Nicaragua, Venezuela, Ecuador y República Dominicana.

Dado el dinamismo del ecosistema *fintech* y los distintos enfoques regulatorios en América Latina, resulta fundamental analizar con mayor detalle la situación de países clave en la región. Para ello, se han seleccionado siete naciones representativas, evaluando su marco normativo, el grado de adopción de Basilea III, el desarrollo de las finanzas abiertas y la evolución de sus ecosistemas *fintech*. Además, se presentan casos de éxito de *startups* innovadoras que han logrado destacarse en sus mercados, demostrando cómo la regulación y la tecnología pueden converger para impulsar la transformación del sector financiero.

Argentina: un ecosistema en expansión

Argentina ha mostrado un crecimiento significativo en su ecosistema *fintech* en los últimos años. En 2024, el sector creció 11.7 %, con una tasa anual compuesta (CAGR) del 28 % desde 2020, consolidándose como uno de los mercados más dinámicos de la región. Actualmente, cuenta con 484 emprendimientos *fintech*, abarcando diversas verticales como pagos digitales, financiamiento alternativo, *insurtech*, *blockchain* y criptomonedas.

Uno de los avances más notables en el ecosistema *fintech* argentino ha sido la implementación de Transferencias 3.0, una iniciativa del Banco Central de la República Argentina (BCRA) que fomenta la interoperabilidad de los pagos digitales. Este sistema permite la aceptación universal de pagos con códigos QR en cualquier billetera o banco adherido, mejorando la eficiencia y la inclusión financiera.

Argentina se ha posicionado como un referente en adopción de criptomonedas y tecnología *blockchain*. Actualmente, el 8 % de las *fintech* argentinas operan en el segmento cripto, el doble que el promedio en América Latina. Factores como la inflación y la inestabilidad del peso han impulsado la adopción de criptoactivos como método de resguardo de valor y medios de pago alternativos. Plataformas como Lemon Cash, Buenbit y Ripio han crecido significativamente, ofreciendo soluciones de compraventa de cripto, tarjetas con reembolso (*cashback*) en bitcoin y otras herramientas financieras descentralizadas.

En el ámbito de las monedas digitales emitidas por bancos centrales (CBDC), el BCRA ha explorado iniciativas para evaluar su viabilidad. Sin embargo, hasta la fecha, no se han definido propuestas concretas ni plazos específicos para la implementación de una moneda digital argentina.

Este país ha trabajado en la adopción de los estándares internacionales de Basilea III, reforzando la regulación y supervisión del sector financiero. Si bien ha habido avances, la aplicación de estos estándares sigue siendo parcial y enfrenta desafíos en términos de implementación efectiva y supervisión de riesgos sistémicos.

El ecosistema de finanzas abiertas en Argentina aún está en una fase temprana en comparación con otros países de la región. Aunque existen iniciativas que promueven el acceso a datos financieros abiertos, su implementación es limitada y no cuenta con una regulación específica que impulse su adopción masiva. Sin embargo, algunas *fintech* han desarrollado API abiertas para facilitar la interoperabilidad entre instituciones financieras y *startups*.

Entre las *fintech* más destacadas está Ualá, que ha logrado posicionarse como un actor clave en la transformación digital de los servicios financieros. Fundada en 2017, la empresa ofrece soluciones de pagos, crédito, adquisición de comerciantes e inversiones. Con más de 8 millones de usuarios y una valoración de 2750 millones de dólares, Ualá ha expandido sus operaciones a México y Colombia, consolidándose como un jugador regional en el sector *fintech*.

Otras *fintech* relevantes en el ecosistema argentino son:

- **Mercado Pago.** Unidad *fintech* de Mercado Libre, líder en pagos digitales en América Latina.
- **Naranja X.** Soluciones de banca digital y tarjetas prepagas.
- **Pomelo.** Especializada en infraestructura de pagos y emisión de tarjetas para *fintechs*.
- **Wibond.** Pionera en pagos del tipo «compre ahora, pague después» (BNPL) en Argentina.

El ecosistema *fintech* en Argentina continúa evolucionando a un ritmo acelerado, impulsado por la innovación tecnológica, la digitalización de pagos y la creciente adopción de criptomonedas. A pesar de los desafíos regulatorios y económicos, el país se posiciona como un *hub fintech* en América Latina, con un alto potencial de expansión y nuevos desarrollos en inclusión financiera y tecnologías emergentes.

Brasil: líder regional

Brasil tiene el mayor número de *fintechs* en América Latina, lo que lo convierte en el líder indiscutible de la industria en la región. Su ecosistema ha evolucionado significativamente en los últimos años, consolidando un entorno altamente regulado, innovador y propicio para la inclusión financiera.

Siguiendo la tendencia global, Brasil experimentó un crecimiento del 235 % en el número de *fintechs* entre 2017 y 2021, con un crecimiento anual compuesto del 21 %. Estas cifras incluyen tanto empresas locales como extranjeras operando en el país, reflejando su atractivo como mercado *fintech*.

Actualmente destaca en pagos interoperables y en tiempo real, desarrollo de monedas digitales del banco central, adopción de las normas de Basilea, expansión de las finanzas y la banca abiertas, así como servicios de gestión patrimonial y neobancos.

Uno de los hitos más importantes del sector *fintech* en Brasil ha sido la creación de Pix, el sistema de pagos instantáneos desarrollado por el Banco Central de Brasil (BCB). Lanzado el 16 de noviembre de 2020, transformó la manera en que los brasileños realizan transacciones, aprovechando la creciente necesidad de pagos digitales sin contacto que impulsó la pandemia.

Según el BCB (2023) el 77 % de la población adulta ha utilizado Pix, consolidándolo como el medio de pago más utilizado en Brasil. A diciembre de 2024, se realizaron 6400 millones de transacciones Pix con un valor total de 2.7 billones de reales (aproximadamente 540 000 millones de dólares). Pix ha impulsado la digitalización del dinero en Brasil y ha reducido la dependencia del efectivo, aumentando la inclusión financiera.

También ha permitido pagos entre individuos, comercios y entidades gubernamentales sin necesidad de tarjetas bancarias ni costos elevados, democratizando el acceso a los servicios financieros.

Brasil es uno de los países más avanzados en el desarrollo de una CBDC. Su proyecto, denominado Drex, busca digitalizar el real brasileño y aprovechar las ventajas de la tecnología de registro distribuido (DLT, por sus siglas en inglés) para mejorar la eficiencia de los pagos y la trazabilidad del dinero.

El Banco central de Brasil ha trabajado estrechamente con entidades financieras, *fintechs* y desarrolladores tecnológicos para la implementación de Drex, estableciendo lineamientos claros sobre su uso y beneficios. Se espera que esta iniciativa modernice aún más el sistema financiero brasileño, facilitando transacciones digitales seguras y eficientes.

En cuanto a estándares internacionales de regulación bancaria, Brasil ha sido un referente en su adopción. Según el Banco de Pagos Internacionales (BIS, 2013), la regulación brasileña cumple con los acuerdos de Basilea III, garantizando estabilidad en el sector financiero.

El Banco Central de Brasil ha implementado regulaciones que mejoran la solidez del sistema financiero y supervisa activamente los riesgos sistémicos, asegurando que las *fintech* y bancos operen bajo estándares adecuados de capitalización y gestión de riesgos.

En el mismo sentido, Brasil lanzó en 2021 su iniciativa de banca abierta, permitiendo a los consumidores compartir sus datos financieros con distintas instituciones mediante API seguras y estandarizadas. En 2023, esta iniciativa evolucionó a finanzas abiertas, ampliando la participación a sectores como seguros, inversiones y pensiones.

Los beneficios de estos modelos incluyen la alta personalización de la oferta para el cliente final. Se puede crear un producto hecho a la medida para cada usuario gracias a la minería y análisis de datos como canales de transacciones, preferencias de uso, *ticket* promedio, entre otras.

El modelo brasileño se diferencia por un régimen obligatorio, lo que ha impulsado una adopción más rápida, con exigencia de consentimiento explícito del usuario, asegurando control y seguridad en la compartición de datos. Gracias a las finanzas abiertas, Brasil ha promovido una competencia más justa entre bancos y *fintechs*, facilitando el acceso a mejores servicios financieros para los consumidores.

Brasil también presenta casos de éxito en cuanto a los llamados neobancos. Nubank se ha consolidado como una de las compañías de servicios financieros digitales más grandes del mundo, y es uno de los más influyentes. Fundado en 2013, ha revolucionado la industria bancaria con su modelo basado en tecnología, sin sucursales físicas y con costos operativos reducidos.

Algunos datos clave de Nubank al tercer cuatrimestre de 2024 fueron los siguientes:

- Más de 110 millones de clientes en Brasil, México y Colombia.
- Valor de mercado superior a 45 000 millones de dólares, convirtiéndolo en uno de los neobancos más valiosos del mundo.

- Retorno sobre el patrimonio (ROE) del 30 %, reflejando una alta rentabilidad en comparación con bancos tradicionales.
- Expansión en productos financieros, incluyendo créditos, inversiones y seguros.

Otros neobancos destacados en Brasil son:

- **Banco Inter.** Ofrece cuentas digitales, tarjetas y productos de inversión.
- **C6 Bank.** Ha ganado popularidad por su enfoque en innovación y facilidad de uso.
- **Neon**. Dirigido a personas de bajos ingresos, con soluciones accesibles.

Brasil ha logrado posicionarse como el líder *fintech* en América Latina gracias a su innovación en pagos digitales, regulación avanzada y modelos de finanzas abiertas. La implementación de Pix, el desarrollo de Drex y la consolidación de neobancos, han impulsado la digitalización financiera y la inclusión en el país. Con un ecosistema en constante evolución, continúa marcando el camino en la transformación digital de los servicios financieros en la región.

Chile: crecimiento y regulación

Se ha consolidado como un ecosistema *fintech* dinámico y en constante crecimiento, impulsado por altas tasas de digitalización (66 %), bancarización (87.1 %) y una infraestructura tecnológica robusta. Desde 2017, el sector ha experimentado un crecimiento compuesto del 14.8 % anual, consolidando al país entre los líderes de la región.

Actualmente alberga más de 485 *startups fintech*, de las cuales 348 son locales y 137 extranjeras, reflejando una sofisticación creciente en la oferta de productos financieros y una mayor integración con mercados internacionales.

A diferencia de otros países de la región, el Banco Central de Chile (BCCh) ha optado por un modelo donde el sector privado juega un papel fundamental en el desarrollo de soluciones de pagos interoperables. A la fecha, no existe un sistema gubernamental propietario que integre pagos minoristas con directorios distribuidos, esquemas centralizados, claves o códigos QR.

El BCCh ha mantenido una postura de no intervención directa en la creación de una infraestructura de pagos única, permitiendo que actores privados desarrollen e implementen soluciones interoperables dentro del marco regulatorio existente. Este modelo ha facilitado la innovación, pero también ha generado desafíos en términos de adopción masiva y estándares unificados en la industria.

En este contexto, Chile ha evaluado la viabilidad de una CBDC en los últimos años. En 2022 y 2023, el BCCh publicó informes analizando los posibles impactos de una emisión de peso digital chileno en el sistema financiero y la economía del país.

Tras múltiples jornadas de discusión con representantes del sector público, privado y organismos internacionales, el BCCh concluyó que continuará evaluando el proyecto sin comprometerse a una implementación futura. Entre los factores considerados están la estabilidad monetaria, la inclusión financiera y la compatibilidad con los sistemas de pago actuales.

En cuanto a la adopción de las normas de Basilea, desde 2014 Chile ha trabajado en la adopción de los estándares de Basilea III, fortaleciendo la regulación y supervisión del sector financiero. En 2019, logró el mínimo exigido de riesgos de liquidez de corto plazo, mientras que en 2023, completó la implementación total de los requerimientos, consolidando su sistema financiero con mejores mecanismos de gestión de riesgos.

El cumplimiento de Basilea III ha permitido que Chile refuerce la solidez de sus bancos y reduzca riesgos sistémicos, asegurando una mayor estabilidad en el ecosistema *fintech* y bancario.

Uno de los avances regulatorios más importantes en Chile fue la aprobación de la Ley Fintech en 2023, la cual regula el funcionamiento de empresas tecnológicas financieras y promueve la competencia en el sector financiero.

Una de las principales innovaciones de esta ley es la creación del Sistema de Finanzas Abiertas (SFA), bajo la supervisión de la Comisión para el Mercado Financiero (CMF) que obliga a las instituciones reguladas a compartir información financiera de los usuarios, siempre que estos den su consentimiento previo.

El SFA incluirá a bancos, emisores no bancarios de tarjetas, cooperativas de ahorro y crédito, *fintechs* y otros actores del ecosistema financiero. Los datos que podrán compartirse incluyen la identificación y registro, términos, condiciones y canales de atención, historial de transacciones, condiciones comerciales contratadas e iniciación de pagos.

Se espera que la implementación total del SFA se complete en julio de 2026, lo que posicionaría a Chile como uno de los mercados más avanzados en finanzas abiertas en América Latina. En cuanto al avance de su mercado, los dos casos más representativos en innovación *fintech* son:

- **Destácame.** Plataforma que ha revolucionado el acceso a servicios financieros a través de la educación y el empoderamiento de los usuarios. Más de dos millones de chilenos la han utilizado para conocer su situación financiera, la cual ofrece herramientas para mejorar el historial crediticio y acceder a mejores alternativas de financiamiento, creando un círculo virtuoso, ayudando a los usuarios a reducir su endeudamiento y obtener mejores condiciones en sus créditos. Su éxito demuestra el potencial de las *fintech* en la inclusión financiera y el impacto positivo que pueden generar en la vida de las personas.
- **Betterfly.** En 2022 se convirtió en el primer unicornio chileno. Combina tecnología financiera con *insurtech* y bienestar para ofrecer soluciones financieras accesibles y flexibles.

Chile ha construido un ecosistema *fintech* sólido y regulado, con un crecimiento constante en digitalización, bancarización y adopción de tecnología. La combinación de un enfoque de regulación progresiva, la adopción de Basilea III y el desarrollo de las finanzas abiertas lo posicionan como un referente en América Latina.

A pesar de los desafíos en pagos interoperables y la falta de una decisión definitiva sobre una CBDC chilena, el país sigue avanzando en su transformación digital, con *fintechs* innovadoras y un marco regulatorio que favorece la competencia y la inclusión financiera.

Colombia: innovación financiera y expansión

Este país ha mostrado un crecimiento significativo con un aumento compuesto del 16.2 % anual desde 2018, impulsado por la digitalización de servicios financieros y la creciente adopción de soluciones innovadoras. Actualmente cuenta con 394 *startups fintech*, consolidándose como uno de los mercados más dinámicos de América Latina. Entre los avances más destacados se encuentra la implementación de soluciones de pagos interoperables de bajo valor, inmediatos y disponibles 24/7 a través de Bre-B, una plataforma administrada por el Banco de la República de Colombia (BRC) que busca transformar la manera en que los colombianos realizan pagos y transferencias.

Esta infraestructura permitirá transacciones digitales rápidas y seguras y estará disponible como API en los canales digitales de las entidades financieras, aunque deberá competir con plataformas ya consolidadas como Nequi y Daviplata, que han jugado un papel clave en la bancarización de la población.

Además de los avances en pagos digitales, Bancolombia, a través de su filial Wenia, ha lanzado un proyecto de *stablecoin* denominado COPW, ligada 1:1 con el peso colombiano; es decir, no puede haber mayor emisión que la moneda *fiat*. Esta iniciativa facilita transacciones digitales dentro del ecosistema financiero colombiano y permite a los usuarios operar con criptoactivos como bitcoin, *ether* y USDC, proporcionando mayor flexibilidad en la administración de activos digitales.

La *stablecoin* COPW representa un hito en la integración de la economía digital con el sistema financiero tradicional y podría ser un primer paso hacia una eventual CBDC en el país.

En términos de regulación, Colombia ha cumplido con los Acuerdos Internacionales de Basilea III desde 2019, fortaleciendo la supervisión del sector financiero y mejorando la gestión de riesgos. Esto ha permitido una mayor estabilidad en el ecosistema *fintech* y ha generado confianza tanto en inversionistas como en usuarios. Además, el país ha avanzado en su iniciativa de banca abierta bajo la estrategia de finanzas y datos abiertos, un plan estructurado en cuatro fases que actualmente se encuentra en la segunda etapa.

Las autoridades, reguladores y actores del sector privado han trabajado en el diseño de estándares de seguridad y mecanismos para el intercambio de información entre entidades financieras, con el objetivo de mejorar la transparencia, la competencia y la personalización de servicios financieros.

Estas innovaciones han sido fundamentales para la inclusión financiera y la modernización del sistema financiero colombiano, facilitando a una población históricamente excluida el acceso a productos digitales. Con una regulación cada vez más robusta, una infraestructura de pagos en evolución y la incursión de activos digitales dentro del ecosistema financiero, Colombia se posiciona como un referente en el desarrollo *fintech* en América Latina, con un futuro prometedor en términos de adopción tecnológica y expansión de servicios digitales.

Ecuador: desarrollo y expansión

El ecosistema *fintech* ha experimentado un crecimiento del 77 % en los últimos tres años, reflejando un mercado en expansión con oportunidades significativas en pagos digitales, financiamiento alternativo y gestión financiera. Actualmente cuenta con 64 *fintechs* operativas, con una mayor concentración en *switchs* transaccionales para servicios de pago, remesas y pasarelas de pago.

Este desarrollo responde a un contexto donde la adopción de dispositivos móviles es alta (92.3 % de la población tiene acceso a conexiones celulares), pero con una notable desbancarización (uno de cada tres ecuatorianos no tiene cuenta bancaria), lo que presenta una oportunidad única para ampliar la inclusión financiera mediante soluciones digitales accesibles y eficientes.

Ecuador cuenta con pagos inmediatos, pero no interoperables de forma universal, al mismo tiempo cuenta con el Sistema de Pagos Interbancarios que brindan esta interoperabilidad, pero no en tiempo real. Ante esta brecha, el Banco Central de Ecuador (BCE) ha definido un estándar para todos los participantes del sistema financiero, siguiendo los modelos de Brasil y Colombia, con el fin de implementar un sistema propietario de pagos interoperables. Sin embargo, mientras esta infraestructura se desarrolla, las soluciones privadas han capitalizado el mercado desatendido.

Un caso destacado es Deuna!, la billetera móvil del Grupo Banco Pichincha, que ha logrado 1.9 millones de usuarios en 2023 y proyectó alcanzar 3.5 millones en 2024. A pesar de su éxito, Deuna! opera dentro de un «jardín cerrado», permitiendo pagos inmediatos solo entre usuarios dentro de su ecosistema. Intentos previos como Bimo y Wip propusieron soluciones similares, pero no lograron una adopción masiva. Actualmente, Ecuador se encuentra en una fase de evolución en su sistema de pagos, con el potencial de integrar un esquema de interoperables de amplio alcance en los próximos años.

Ecuador fue pionero en América Latina en la exploración de una CBDC. En 2014, el BCE lanzó el proyecto Dinero Electrónico, una iniciativa innovadora que buscaba ofrecer un medio de pago digital de curso legal, administrado por el Estado y que circularía en paralelo al dólar estadounidense (Ecuador está dolarizado desde 1999).

La intención del proyecto era democratizar el acceso a los pagos digitales para las personas desbancarizadas. Sin embargo, la falta de credibilidad y confianza en el sistema por parte de los usuarios implicó que no despegara. En 2017, el dinero electrónico pasó a manos de la banca privada y desde entonces no se han explorado nuevas iniciativas de CBDC en ese país.

En cuanto a regulación internacional, aún no cumple con los estándares de Basilea III, y hasta la fecha no cuenta con un plan de acción concreto para su adopción. No obstante, ha dado un paso significativo en la modernización de su ecosistema financiero con la aprobación de la Ley Orgánica para el Desarrollo, Regulación y Control de los Servicios Financieros Tecnológicos (Ley Fintech), publicada en el Registro Oficial el 22 de diciembre de 2022.

La Ley Fintech define y regula diversas actividades del ecosistema financiero digital, incluyendo infraestructuras tecnológicas para pagos, neobancos, sociedades especializadas en depósitos y pagos electrónicos, servicios tecnológicos del mercado de valores y seguros, así como *sandbox* regulatorio y plataformas de financiamiento digital. Estas regulaciones buscan fomentar la inclusión financiera, permitiendo que más ecuatorianos accedan a servicios financieros digitales de manera segura y eficiente.

Aunque aún no cuenta con un marco completamente desarrollado para finanzas abiertas, la Ley Fintech establece disposiciones que podrían ser el primer paso hacia un ecosistema financiero más abierto e interoperable. Con un plazo de ocho años, las entidades del sistema financiero deberán adoptar el IBAN para la estandarización de cuentas bancarias. Asimismo, la Junta de Política y Regulación Financiera dispondrá las condiciones para que los bancos privados publiquen API y faciliten la interoperabilidad con *fintechs*, en línea con el concepto de banca abierta.

A pesar de los desafíos regulatorios, Ecuador ha logrado posicionarse en el mapa *fintech* regional gracias a empresas innovadoras que han logrado escala y reconocimiento internacional. Entre las más destacadas se encuentran:

- **Kushki.** Plataforma de pagos no bancaria fundada en 2017 que permite la integración de PayIns, PayOut y agregación de pagos para empresas en toda América Latina. En 2022 se convirtió en el primer unicornio *fintech* de Ecuador.
- **Deuna!** Ha logrado consolidarse como una de las billeteras digitales más importantes del país. Aunque su interoperabilidad aún es limitada, está explorando soluciones de pagos sin conexión a internet, similares al modelo de M-Pesa en Kenia, lo que podría representar una revolución en la accesibilidad a pagos digitales en Ecuador.
- **Kamina**. Plataforma de gestión financiera que utiliza aprendizaje automático y minería de datos para ayudar a los usuarios a administrar sus finanzas personales y empresariales. A través del análisis de datos del buró de crédito y pagos con tarjetas, crea un perfil de riesgo personalizado y ofrece un plan de educación financiera para fomentar un endeudamiento responsable.

Ecuador se encuentra en una fase de consolidación *fintech*, con un ecosistema aún pequeño en comparación con sus vecinos, pero con un gran potencial de expansión. La creciente demanda de pagos digitales, la alta penetración de dispositivos móviles y el rezago en bancarización hacen del país un terreno fértil para el crecimiento de *fintechs* innovadoras.

México: innovación, regulación y expansión

México ha mostrado un crecimiento sostenido con una tasa de crecimiento compuesto de su ecosistema *fintech* del 18.4 % entre 2019 y 2023, consolidándose como el segundo mercado *fintech* más grande de América Latina después de Brasil.

Actualmente cuenta con 773 *startups fintech* distribuidas en segmentos como pagos digitales, financiamiento alternativo, gestión patrimonial, *insurtech* y *blockchain*. Este crecimiento ha sido impulsado por una combinación de alta penetración de teléfonos inteligentes, una gran población no bancarizada y el desarrollo de infraestructura de pagos digitales.

Uno de los aspectos más destacados de la evolución *fintech* en México ha sido el desarrollo de pagos interoperables y en tiempo real. El país cuenta con una infraestructura avanzada de pagos digitales liderada por el Sistema de Pagos Electrónicos Interbancarios (SPEI), administrado por el Banco de México (Banxico).

SPEI permite transferencias bancarias rápidas y seguras las 24 horas del día, siendo una herramienta clave para la modernización del sistema financiero mexicano vigente desde 2004. En 2023, se realizaron aproximadamente 3.630 millones de operaciones a través del SPEI, lo que representó un incremento del 39.1 % en comparación con 2022, cuando se registraron alrededor de 2.610 millones de transferencias.

Además, México ha desarrollado Dinero Móvil (DiMo) y la plataforma de Cobros Digitales (CoDi) para fomentar la inclusión financiera y digitalizar pagos de bajo valor. DiMo, lanzado en 2021, permite a los usuarios realizar transferencias utilizando alias como el número de teléfono, facilitando el acceso a pagos electrónicos sin necesidad de recordar los números de la CLABE o de cuenta complejos.

CoDi busca promover pagos sin contacto a través de códigos QR y tecnología NFC, eliminando la necesidad de efectivo en transacciones minoristas. Sin embargo, CoDi no ha tenido el éxito esperado en comparación con sistemas como Pix en Brasil, debido a la falta de adopción masiva por parte de comercios y usuarios. No obstante, estas herramientas siguen siendo esenciales para mejorar la eficiencia de pagos electrónicos y aumentar la inclusión financiera en el país.

México ha sido pionero en la adopción de regulaciones financieras internacionales, destacándose en la implementación de los acuerdos de Basilea III. Desde 2011 ha seguido un cronograma de implementación progresiva de estos estándares, fortaleciendo la supervisión bancaria, la gestión de riesgos y la estabilidad financiera. Gracias a esto, el sistema financiero mexicano ha mejorado su resiliencia frente a crisis económicas y ha generado confianza entre inversionistas y reguladores internacionales.

Otro hito regulatorio clave fue la aprobación de la Ley para Regular las Instituciones de Tecnología Financiera, conocida como la Ley Fintech, en 2018. Esta normativa estableció las bases para el desarrollo de la banca abierta en México, promoviendo el intercambio seguro de información financiera entre bancos, *fintechs* y otros actores del ecosistema.

Sin embargo, los avances en el tema de la banca abierta han sido más lentos de lo esperado, ya que aún falta la implementación completa de las fases de apertura de datos financieros y pagos iniciados por terceros. Se espera que en los próximos años se acelere la adopción de estos esquemas, permitiendo una mayor competencia y mejores servicios para los usuarios.

En cuanto a casos de éxito dentro del ecosistema *fintech* mexicano destaca Credijusto. Fundada en 2015, se especializa en financiamiento para pequeñas y medianas empresas (pymes), un sector históricamente excluido del crédito tradicional. Esta empresa logró atraer inversión de importantes actores financieros globales, incluyendo Goldman Sachs, que inyectó 42 millones de dólares a través de su división Principal Strategic Investments (PSI).

En 2021, Credijusto hizo historia al convertirse en la primera *fintech* mexicana en adquirir un banco regulado, al comprar Banco Finterra, con lo que consolidó su plataforma bancaria digital para pymes. Hasta la fecha, ha otorgado más de 2000 millones de dólares en préstamos y continúa expandiendo su portafolio de productos, así como fortaleciendo su presencia en el mercado financiero mexicano.

De igual forma, México se ha convertido en un *hub* clave para el crecimiento de unicornios *fintech*, *startups* del sector financiero tecnológico valoradas en más de 1000 millones de dólares. Empresas como Clip, Stori, Konfío y Bitso han liderado esta transformación, impulsando la digitalización de pagos, el acceso al crédito y la inclusión financiera en el país.

- **Clip.** Especializada en soluciones de pagos electrónicos para pequeños y medianos comercios, alcanzó el estatus de unicornio en 2021 tras una inversión de SoftBank y Viking Global Investors.
- **Stori.** Neobanco centrado en el acceso al crédito para personas no bancarizadas, se convirtió en unicornio en 2022, reflejando la creciente demanda de soluciones financieras accesibles en México.
- **Konfío.** Enfocada en financiamiento para pymes, ha revolucionado el acceso al crédito empresarial con procesos de evaluación basados en datos y tecnología avanzada.
- **Bitso.** Plataforma de intercambio de criptomonedas que ha ganado prominencia en la región, facilitando el acceso a activos digitales para usuarios latinoamericanos.

Estas empresas no solo han impulsado la modernización del sistema financiero, sino que también han atraído inversiones globales que refuerzan el posicionamiento de México como líder *fintech* en América Latina.

El ecosistema *fintech* en México sigue evolucionando con grandes oportunidades de expansión, impulsado por una regulación avanzada, innovación en pagos digitales y una creciente adopción de tecnologías financieras. Aunque enfrenta desafíos en la adopción masiva de herramientas como CoDi y la banca abierta, sigue posicionándose como un *hub fintech* clave en la región, con un alto potencial de crecimiento en los próximos años.

Perú: expansión e interoperabilidad en pagos

Perú ha mostrado un crecimiento sostenido en su ecosistema *fintech* con un aumento compuesto del 15 % anual desde 2014, reflejando una evolución significativa en la adopción de tecnologías financieras. Actualmente cuenta con 203 *fintechs* operativas, destacando en áreas como pagos digitales, financiamiento alternativo, seguros y gestión de inversiones.

La combinación de una creciente digitalización, la necesidad de inclusión financiera y regulaciones más dinámicas, han permitido la consolidación del sector como un motor clave para la modernización del sistema financiero peruano.

Uno de los desarrollos más relevantes ha sido la evolución de los pagos interoperables, con la implementación de la Estrategia de Interoperabilidad de Pagos Minoristas del Banco Central de Reserva del Perú (BCRP) en 2023. Esta medida obligó a las billeteras digitales líderes del país, Yape y Plin, a permitir transferencias cruzadas entre sus plataformas, eliminando las barreras que existían anteriormente. Como resultado, en menos de un año, se registraron 119 millones de transacciones interoperables entre ambas billeteras, demostrando el impacto positivo de la regulación en la eficiencia del sistema de pagos.

Yape, lanzada en 2016 por el Banco de Crédito del Perú (BCP), ha sido una de las soluciones *fintech* más influyentes en el país. Con más de doce millones de usuarios activos, procesa más de diez millones de transacciones diarias, lo que la convierte en la billetera digital más utilizada en ese país.

Su impacto ha sido crucial en la inclusión financiera, permitiendo que cientos de miles de peruanos accedan por primera vez a servicios financieros formales. Además, es la única plataforma en Perú que ha comenzado a probar el modelo «compre ahora, pague después» (BNPL, por sus siglas en inglés), utilizando *software* propietario para otorgar créditos de manera accesible y flexible, lo que podría revolucionar el acceso al financiamiento en el país.

En términos de innovación en moneda digital, Perú ha iniciado la exploración de CBDC como una posible alternativa para mejorar la eficiencia y seguridad de las transacciones financieras. En un informe conjunto con el Fondo Monetario Internacional (FMI), el país evaluó la viabilidad de una CBDC para pagos P2P (persona a persona) y P2B (persona a negocio), analizando su potencial impacto en la inclusión financiera y en la reducción de costos transaccionales.

Aunque aún no se ha definido una hoja de ruta clara para su implementación, estos estudios reflejan el interés del BCRP en mantenerse alineado con tendencias globales en digitalización monetaria.

En cuanto a la adopción de regulaciones bancarias internacionales, ha avanzado en el cumplimiento de los estándares de Basilea, pero aún se encuentra en proceso de implementación de Basilea III. La evolución hacia estos estándares busca fortalecer la supervisión del sistema financiero, mejorar la gestión de riesgos y garantizar una mayor estabilidad en el sector.

No obstante, a diferencia de otros países de la Alianza del Pacífico (Chile, Colombia y México), aún no ha desarrollado un marco regulatorio para la banca abierta, lo que lo posiciona en desventaja respecto a sus pares regionales en términos de acceso abierto a datos financieros y competitividad en el sector *fintech*.

El ecosistema *fintech* peruano ha logrado avances significativos en pagos digitales, inclusión financiera y exploración de nuevas tecnologías. Sin embargo, aún enfrenta desafíos en términos de regulación, interoperabilidad total y adopción de estándares internacionales. Con una creciente adopción de billeteras digitales, la potencial introducción de una CBDC y una futura regulación de la banca abierta, Perú tiene la oportunidad de consolidarse como un mercado *fintech* robusto y competitivo en la región.

Como se puede ver, los países de la región cubren todo un espectro de exponentes en número de empresas *fintech*, adopción de normas internacionales, disponibilidad de plataformas de pagos interoperables, entre otras. Esta disyuntiva puede ser oportunidad de arbitraje regulatorio en países donde la regulación no está tan avanzada como en otros; pero al mismo tiempo abre la puerta para cooperación transfronteriza y una relación beneficiosa para ambas partes.

3| HACIA UN ECOSISTEMA *FINTECH* SOSTENIBLE: RETOS Y RECOMENDACIONES

América Latina ha sido testigo de una transformación acelerada en su ecosistema financiero, impulsada por la digitalización y la adopción de tecnologías *fintech*. Desde el surgimiento de *startups* hasta la consolidación de unicornios tecnológicos, la región ha experimentado un cambio estructural en la forma en que individuos y empresas acceden a los servicios financieros.

El crecimiento de los pagos digitales ha sido clave en esta evolución. Modelos como Pix en Brasil, Bre-B en Colombia y Transferencias 3.0 en Argentina han promovido transacciones más rápidas, seguras e interoperables, facilitando el acceso de millones de personas a servicios financieros formales.

En México, SPEI ha alcanzado una etapa de madurez, mientras que DiMo y CoDi siguen evolucionando para dinamizar el ecosistema de pagos digitales. Sin embargo, persisten barreras estructurales como la falta de infraestructura tecnológica en zonas rurales y la preferencia por el efectivo, lo que limita la adopción masiva de estos servicios.

Por otro lado, la regulación *fintech* ha avanzado de manera desigual en la región. Mientras países como México y Brasil han desarrollado marcos normativos específicos para *fintech* y banca abierta, otros como Perú y Argentina aún están en proceso de definir estrategias regulatorias más claras. La implementación de estándares internacionales como Basilea III ha fortalecido la estabilidad financiera, aunque la falta de armonización regulatoria sigue siendo un desafío pendiente.

En el ámbito de las criptomonedas y activos digitales, América Latina se ha posicionado como un referente global. La inflación y la inestabilidad económica han impulsado la adopción de criptomonedas como bitcoin, mientras que los bancos centrales avanzan en la exploración de monedas digitales como Drex en Brasil y los estudios sobre monedas digitales en Chile y Perú.

A pesar de estos avances, el crecimiento del sector *fintech* ha traído consigo nuevos desafíos en ciberseguridad, protección al consumidor y gestión de riesgos. La sofisticación de los delitos financieros, la falta de educación digital y la regulación en desarrollo han creado un entorno en el que innovación y seguridad deben encontrar un equilibrio sostenible.

En este sentido, Quesada (2019)[4] identifica cuatro áreas clave que los reguladores deben priorizar:

I. Competencia y desarrollo del sector financiero.
II. Regulación prudencial.
III. Protección y educación del consumidor.
IV. Emisión de moneda digital.

Cada país aborda estos aspectos de manera distinta, según sus prioridades económicas y regulatorias. Por ejemplo, los bancos centrales deben evaluar el papel de las *stablecoins* como medio de ahorro y protección contra la inflación. No obstante, en economías dolarizadas como Ecuador, la prioridad puede ser fortalecer la educación financiera y la protección del consumidor. En este contexto, el nivel de regulación está directamente relacionado con el grado de innovación posible: una regulación estricta brinda estabilidad y seguridad, pero si es excesiva, puede sofocar el desarrollo de nuevos modelos de negocio y tecnologías.

El ecosistema *fintech* enfrenta el reto de armonizar regulación e innovación. La regulación ofrece seguridad y estabilidad, pero puede ralentizar el crecimiento si es demasiado restrictiva. Por otro lado, la innovación impulsa la creación de productos y servicios más accesibles y eficientes, pero puede trasladar riesgos a sectores menos regulados, generando vulnerabilidades sistémicas. El enfoque «muévete rápido y rompe cosas» (*move fast and break things*), aunque ha acelerado la disrupción tecnológica, también ha expuesto a los usuarios a riesgos de ciberseguridad y fraudes financieros.

3.1 Acciones clave para un ecosistema fintech *seguro y sostenible*

Para alcanzar un desarrollo *fintech* sostenible y seguro, la clave será complementar regulación e innovación en lugar de enfrentarlas. Un marco regulatorio flexible permitirá fomentar nuevas tecnologías sin comprometer la estabilidad del sistema financiero. Al mismo tiempo, las *fintech* deben adoptar principios de autorregulación y responsabilidad, garantizando la protección del usuario sin depender únicamente de intervenciones regulatorias.

En este contexto, el crecimiento del ecosistema *fintech* en América Latina ha traído consigo oportunidades sin precedentes, pero también desafíos que requieren una respuesta coordinada entre autoridades financieras, empresas del sector y usuarios. Cada actor juega un papel fundamental en la construcción de un entorno financiero moderno, seguro e inclusivo.

Las autoridades financieras tienen la responsabilidad de establecer las reglas del juego en un ecosistema en constante evolución. Para ello, deben desarrollar marcos regulatorios *fintech* flexibles, que permitan la innovación sin generar riesgos sistémicos. La implementación de las finanzas y la banca abiertas es clave para garantizar la interoperabilidad entre bancos, *fintechs* y otras instituciones financieras, facilitando la competencia y mejorando la oferta de servicios financieros.

El auge de los criptoactivos y de las *stablecoins* ha creado la necesidad de una supervisión más rigurosa. Establecer lineamientos claros para su uso y promover la transparencia en las operaciones con criptomonedas permitirá reducir la volatilidad y el riesgo de fraude en este segmento. Paralelamente, el avance en la investigación y desarrollo de monedas digitales de bancos centrales debe considerarse como una opción viable para modernizar los sistemas de pago, sin comprometer la estabilidad monetaria.

Otro desafío importante es la ciberseguridad y la protección del consumidor. La digitalización financiera ha incrementado los riesgos de fraude y ataques cibernéticos, por lo que las autoridades deben exigir estándares más estrictos en KYC y AML, respectivamente. Además, es fundamental desarrollar sistemas de monitoreo en tiempo real para detectar y prevenir fraudes financieros antes de que generen impactos negativos en los usuarios.

La educación financiera y digital también debe ser una prioridad. La falta de conocimiento sobre *fintech* puede ser una barrera para su adopción o, peor aún, exponer a los usuarios a riesgos innecesarios. Las autoridades deben trabajar en conjunto con instituciones educativas y el sector privado para garantizar que la población comprenda cómo funcionan los servicios financieros digitales y cómo pueden utilizarlos de manera segura.

Adicionalmente, es fundamental fomentar la cooperación internacional. Alinear las regulaciones con los estándares del Banco de Pagos Internacionales y Basilea III ayudará a evitar el arbitraje regulatorio y garantizará la estabilidad macroeconómica en la región. En un mundo cada vez más interconectado, la colaboración entre países permitirá fortalecer el ecosistema *fintech* y responder con mayor eficacia a los desafíos emergentes.

Por su parte, las empresas *fintech* están en el centro de la innovación financiera, pero su éxito no solo depende de la tecnología que implementen, sino también de la confianza que logren generar en los usuarios. La interoperabilidad de servicios financieros debe ser una prioridad, promoviendo la integración con bancos tradicionales y otras *fintech* para mejorar la experiencia del usuario y facilitar el acceso a productos financieros. Adoptar estándares de finanzas abiertas permitirá la creación de un ecosistema más accesible y colaborativo.

Sin embargo, la innovación no puede ir en detrimento de la seguridad. Invertir en ciberseguridad y prevención de fraude es una obligación para las *fintech*, implementando medidas de autenticación robusta, encriptación de datos y monitoreo en tiempo real. En un entorno donde los ataques cibernéticos están en aumento, proteger la información de los usuarios debe ser una prioridad absoluta.

El impacto de las *fintech* en la inclusión financiera es innegable, pero es crucial que sus productos sean accesibles sin generar sobreendeudamiento. Modelos como el de BNPL y los microcréditos digitales pueden ser herramientas valiosas para poblaciones no bancarizadas, pero su diseño debe estar acompañado de criterios de transparencia y responsabilidad, asegurando que los usuarios comprendan los costos y riesgos asociados. Si estos modelos ocasionan que los usuarios terminen endeudándose en un crédito al que no debieron acceder en primer lugar, se pierde el sentido de su modelo de negocio.

La transparencia es clave en la relación con los clientes. Las *fintech* deben ser claras en costos, tasas de interés y términos de servicio, evitando prácticas engañosas que puedan generar desconfianza en el sector. La educación financiera digital también debe ser parte de su compromiso con el usuario. A través de herramientas como simuladores de crédito, aplicaciones de gestión financiera y chatbots educativos, las empresas pueden ayudar a sus clientes a tomar decisiones informadas y mejorar su relación con las finanzas digitales.

En este contexto, los usuarios financieros son el motor del ecosistema *fintech* y, como tal, tienen la responsabilidad de utilizar estos servicios con conocimiento y prudencia. Adoptar plataformas *fintech* con responsabilidad y criterio es clave para maximizar sus beneficios y minimizar los riesgos. Comparar opciones, leer términos y condiciones, y entender los costos asociados antes de realizar pagos, solicitar créditos o invertir en activos digitales debe ser una práctica habitual.

La educación financiera y digital es la mejor herramienta para protegerse de fraudes y errores costosos. Comprender cómo funcionan las billeteras digitales, los servicios de pago en tiempo real y las criptomonedas, permitirá a los usuarios tomar decisiones informadas y evitar caer en estafas o sobreendeudamiento.

El uso de herramientas de autenticación y seguridad es esencial para reducir los riesgos de fraude. La implementación de verificación en dos pasos, validación biométrica, protección de datos personales y monitoreo de actividad sospechosa debe convertirse en un hábito para cualquier persona que utilice servicios *fintech*.

Más allá de la seguridad, los usuarios también deben aprovechar las oportunidades que ofrece el ecosistema *fintech* para diversificar sus finanzas de manera segura. Plataformas de inversión digital, cuentas remuneradas y neobancos ofrecen alternativas innovadoras que pueden mejorar la salud financiera de los consumidores, siempre y cuando se utilicen con conocimiento y precaución.

Asimismo, es un derecho del usuario exigir transparencia y claridad en los servicios financieros. Leer y comprender contratos antes de aceptar cualquier producto digital puede prevenir inconvenientes y fomentar una mayor confianza en el ecosistema *fintech*. La adopción masiva de estos servicios solo será sostenible si los consumidores tienen la certeza de que están operando en un entorno seguro y confiable.

3.2 Regulación, innovación y educación: responsabilidad compartida en la evolución fintech

El éxito del ecosistema *fintech* en América Latina depende de la capacidad de sus actores para adaptarse a un entorno financiero en constante transformación. Mientras que las autoridades deben garantizar regulaciones equilibradas y promover la estabilidad, las empresas *fintech* tienen la responsabilidad de generar confianza y seguridad en sus productos. Al mismo tiempo, los usuarios deben educarse y adoptar un rol activo en la protección de sus finanzas digitales.

Si cada uno de estos actores asume su papel con responsabilidad y visión a largo plazo, América Latina podrá consolidarse como una de las regiones más innovadoras en el sector *fintech*. Para lograrlo, es fundamental que la regulación impulse la innovación sin sofocarla, que las empresas prioricen la seguridad y la transparencia, y que los usuarios se empoderen a través del conocimiento financiero y digital.

Solo a través de un esfuerzo conjunto, el ecosistema *fintech* podrá alcanzar su máximo potencial. La digitalización debe ser un motor de inclusión y desarrollo económico, asegurando que más personas accedan a servicios financieros de manera segura y equitativa. Para lograrlo, es esencial fomentar un entorno que equilibre innovación y regulación, protegiendo la estabilidad del sistema sin frenar el avance tecnológico.

El futuro del ecosistema *fintech* en América Latina dependerá de la capacidad de los países para equilibrar regulación e innovación, promoviendo un entorno donde las nuevas tecnologías puedan integrarse de manera segura y eficiente. La región tiene la oportunidad de consolidarse como un *hub* de innovación financiera, pero para lograrlo será clave fortalecer la cooperación internacional, armonizar regulaciones y garantizar la inclusión financiera digital para todos los sectores de la sociedad. Solo a través de un esfuerzo conjunto, América Latina podrá aprovechar el potencial transformador de las *fintech* y acelerar su desarrollo económico de manera sostenible.

NOTAS

1. Banco Central del Ecuador, «Un panorama de las fintech en América Latina y el Ecuador», *Apunte de Economía* No. 69 (febrero de 2022), https://contenido.bce.fin.ec/documentos/PublicacionesNotas/Catalogo/Apuntes/ae69.pdf

2. The University of Cambridge, «The Global RegTech Industry Benchmark Report», *Cambridge Judge Business School*, 2023, www.jbs.cam.ac.uk/faculty-research/centres/alternative-finance/publications/the-global-regtech-industry-benchmark-report/

3. Asociación de Bancos del Ecuador, *Informe Técnico: Estándares Regulatorios Financieros Internacionales Volumen N°4* (octubre 2019). https://asobanca.org.ec/wp-content/uploads/2021/09/Informe-Te%CC%81cnico-Esta%CC%81ndares-Regulatorios-Financieros-Internacionales-Oct-2019.pdf

4. José Antonio Quesada, *Fintech: Vientos del cambio*, 1.ª ed., México: Grañén Porrúa, 2019.

FUENTES CONSULTADAS

- Asociación de Bancos del Ecuador. *Informe Técnico: Estándares Regulatorios Financieros Internacionales Volumen N°4*. Octubre 2019. https://asobanca.org.ec/wp-content/uploads/2021/09/Informe-Te%CC%81cnico-Esta%CC%81ndares-Regulatorios-Financieros-Internacionales-Oct-2019.pdf
- AWS. «Casos Prácticos de Servicios Financieros - Amazon Web Services». Amazon Web Services, Inc., 2017. https://aws.amazon.com/es/financial-services/case-studies/?nc=sn&loc=5
- Banco Central de Chile. «Banco Central de Chile publica nuevas exigencias de gestión de liquidez aplicables a la

industria bancaria siguiendo recomendaciones de Basilea III». 6 de agosto de 2018. https://www.bcentral.cl/web/banco-central/contenido/-/detalle/banco-central-de-chile-publica-nuevas-exigencias-de-gestion-de-liquidez-aplicables-a-la-industria-bancaria-siguiendo-recomendaciones-de-basilea-iii-6

- Banco Central de Chile. «Exploración de Monedas Digitales de Banco Central (MDBC)», 2025. https://www.bcentral.cl/web/banco-central/areas/observatorio-tecnologico/exploracion-de-monedas-digitales-de-banco-central#portlet_com_liferay_journal_content_web_portlet_JournalContentPortlet_INSTANCE_3VDqnL6GsD02
- Banco Central de Chile. «Informe de Sistemas de Pago». *Política Financiera*, agosto de 2024. https://www.bcentral.cl/areas/politica-financiera/informe-de-sistemas-de-pago
- Banco Central de la República Argentina. «Los cambios en las normas y la evolución hacia Basilea III». BCRA, mayo de 2015. https://www.bcra.gob.ar/pdfs/politicas/hoja_ruta_basilea_iii.pdf
- Banco Central de la República Argentina. «Transferencias 3.0.» 2024. https://www.bcra.gob.ar/MediosPago/Transferencias-3-0.asp
- Banco Central de la República Colombia. «Conozca Bre-B». 5 de febrero de 2025. https://www.banrep.gov.co/es/bre-b/que-es
- Banco Central de la Reserva del Perú. *CBDC: Promoviendo los pagos digitales en el Perú*. Bcrp.gob.pe, marzo de 2023. https://www.bcrp.gob.pe/docs/Sistema-Pagos/cbdc/cbdc-presentacion.pdf
- Banco Central del Ecuador. *Boletín Informativo de Integración Monetaria y Financiera*. *Boletín 37. Pagos digitales y banca central*, diciembre 2020. Subgerencia de Programación y Regulación, Dirección Nacional de Integración Monetaria y Financiera. https://contenido.bce.fin.ec/documentos/PublicacionesNotas/BOLETIN372020.pdf

- Banco Central del Ecuador. «Un panorama de las fintech en América Latina y el Ecuador». *Apunte de Economía* No. 69, febrero de 2022. https://contenido.bce.fin.ec/documentos/PublicacionesNotas/Catalogo/Apuntes/ae69.pdf
- Banco Central do Brasil. «Drex - Digital Brazilian Real», 2025. https://www.bcb.gov.br/en/financialstability/drex_en
- Banco Central do Brasil. «What is Pix?», 2025. https://www.bcb.gov.br/en/financialstability/pix_en
- Basel Committee on Banking Supervision. *Basel Committee on Banking Supervision Early Lessons from the Covid-19 Pandemic on the Basel Reforms*. Julio de 2021.
- Basel Committee on Banking Supervision. *Basel Committee reports on Basel III implementation progress*, 3 de octubre de 2023. https://www.bis.org/press/p231003.htm
- Basel Committee on Banking Supervision. *Regulatory Consistency Assessment Programme (RCAP) Assessment of Basel III Regulations in Brazil*. 2013.
- BBC. «Ecuador: ¿qué gana y qué arriesga un país cuando asume una moneda virtual?, *BBC News Mundo*, 2 de septiembre de 2014. https://www.bbc.com/mundo/noticias/2014/09/140901_economia_ecuador_moneda_virtual_az
- BIS. «Private sector partners join Project Agorá», 16 de septiembre de 2024. https://www.bis.org/about/bisih/topics/fmis/agora.htm
- BIS. « Project Aurora: the power of data, technology and collaboration to combat money laundering across institutions and borders», 27 de marzo de 2024. https://www.bis.org/about/bisih/topics/fmis/aurora.htm
- BIS. «Project FuSSE aims to modernise financial market infrastructures», 19 de abril de 2024. https://www.bis.org/about/bisih/topics/fmis/fusse.htm
- Comisión Nacional Bancaria y de Valores (CNVB). «Basilea III En México». *Basilea 3*. https://www.cnbv.gob.mx/

Documents/Basilea%203%20en%20M%C3%A9xico%20(v16).pdf

- Cuela, Ronald. «Estrategia de Interoperabilidad de Los Pagos Minoristas», 2022. https://www.bcrp.gob.pe/sistema-de-pagos/interoperabilidad/estrategia-de-interoperabilidad-de-los-pagos-minoristas.html
- Deloitte. «Open Banking: enseñanzas, riesgos y oportunidades». *Deloitte Ecuador*, 28 de junio de 2024. https://www2.deloitte.com/ec/es/pages/financial-services/articles/open-banking-ensenanzas-riesgos-oportunidades.html
- Deloitte México. *Adopción de Basilea III En México*. Mayo de 2012.
- Destácame. *La solución más rápida y efectiva para salir de tus deudas y volver a acceder a crédito*, 2024. https://www.destacame.cl/
- Dilts, Elizabeth. «Goldman Sachs, Point72 and others invest $42 million in Mexico's Credijusto». *Reuters*, 29 de agosto de 2019. https://www.reuters.com/article/technology/goldman-sachs-point72-and-others-invest-42-million-in-mexicos-credijusto-idUSKCN1VJ187/
- Federal Deposit Insurance Corporation (FDIC). «Comments on Affirm», 4 de febrero de 2020.
- Finnovista, Banco Interamericano de Desarrollo y BID Invest. *Fintech en América Latina y el Caribe: un ecosistema consolidado con potencial para aportar a la inclusión financiera regional*. 20 de junio de 2024. https://doi.org/10.18235/0013032
- Frankenfield, Jake. «RegTech: Definition, Who Uses It and Why, and Example Companies». *Investopedia*, 2020. https://www.investopedia.com/terms/r/regtech.asp
- Furman, Ricardo. «La revolución invisible: cómo el Open Finance ya cambia negocios en Argentina». *Ey.com*, EY, 6 de agosto de 2024. https://www.ey.com/es_ar/newsroom/2024/08/open-finance-negocios-argentina

- Galindo, Lariza. *Test de Uso. La importancia de la gestión integral diaria del riesgo de crédito*, 11 de septiembre de 2013. https://www.banrep.gov.co/sites/default/files/publicaciones/archivos/sse_318.pdf
- GK News. «El regreso del dinero electrónico». 30 de septiembre de 2019. https://gk.city/2019/09/30/dinero-electronico-ecuatoriano-billetera-movil/
- Gutiérrez, Fernando. «Credijusto compra a Finterra, CNBV aprueba y nace Covalto». *El Economista*, 14 de mayo de 2022. https://www.eleconomista.com.mx/sectorfinanciero/Credijusto-compra-a-Finterra-CNBV-aprueba-y-nace-Covalto-20220514-0001.html
- Hernández, Enrique. «Por estas razones el CoDi ha fracasado como medio de pago, según estudio de Banxico». *Forbes México*, 22 de mayo de 2024. https://forbes.com.mx/el-codi-ha-fracasado-como-medio-de-pago-por-la-informalidad-el-miedo-al-sat-y-la-pandemia/
- InvestChile. «Open Banking: Norma en Chile comenzará a regir en 2026». 2024. https://blog.investchile.gob.cl/bloges/open-banking-norma-chile
- Nu International. «Sobre o Nu». 2025. https://international.nubank.com.br/pt-br/sobre/
- Pinedo, Antony. «¿Cómo comienza 2025 para el Open Finance en América Latina? Claves y retos de la nueva regulación»." *IUPANA*, 25 de noviembre de 2024. https://iupana.com/2024/11/25/como-comienza-2025-para-el-open-finance-en-america-latina/
- Pinedo, Antony. «Estos son los sistemas de pagos inmediatos de América Latina». *IUPANA*, 25 de marzo de 2024. https://iupana.com/2024/03/25/sistemas-pagos-inmediatos-latam/
- Quesada, José Antonio. *Fintech: vientos del cambio*. 1.ª ed., México: Grañén Porrúa, 2019.

- Redacción Primicias. «La billetera electrónica Deuna prevé llegar a 3,5 millones de usuarios». *Primicias*, 23 de enero de 2024. https://www.primicias.ec/noticias/economia/billetera-electronica-deuna-ecuador-usuarios/
- Schizas, Emmanuel, Grigory McKain, Bryan Zhang, Altantsetseg Ganbold, Pankajesh Kumar, Hatim Hussain, Kieran James Garvey, *et. al*. *The Global RegTech Industry Benchmark Report*. The University of Cambridge Judge Business School, 2023. https://www.jbs.cam.ac.uk/wp-content/uploads/2020/08/2019-12-ccaf-global-regtech-benchmarking-report.pdf
- Sensedia. «Chile publica normativa que regula el Open Finance». *Latam Fintech Hub*, 15 de junio de 2025. https://www.latamFintech.co/articles/chile-publica-normativa-que-regula-el-open-finance
- Statista. «Fintech: statistics & facts». 2024a. https://www.statista.com/topics/2404/Fintech/#topicOverview
- Statista. «Total revenue of Lemonade from 2017 to 2023». 1 de noviembre de 2024b. https://www.statista.com/statistics/1190570/total-revenue-lemonade/
- Satatista. «Robinhood: Number of Users 2020». 22 de marzo de 2024c. https://www.statista.com/statistics/822176/number-of-users-robinhood/
- Statista. «Insurtech - statistics & facts». 2024d. https://www.statista.com/topics/4116/insurtech/#topicOverview
- Statista. «Number of fintechs worldwide from 2008 to 2024, by region». 2025. https://www.statista.com/statistics/893954/number-Fintech-startups-by-region/
- Superintendencia de Banca, Seguros y AFP. «Basilea III». 2025. https://www.sbs.gob.pe/regulacion/basilea-ii-y-basilea-iii/basilea-iii
- Superintendencia Financiera de Colombia. «Colombia avanza en la adopción de las finanzas abiertas», 9 de febrero

de 2024. https://www.superfinanciera.gov.co/publicaciones/10114976/colombia-avanza-en-la-adopcion-de-las-finanzas-abiertas/

- Ualá. «En Ualá lo hacemos fácil». 2025. https://www.uala.com.ar/
- Vanguard. «Announcing the largest fee cut in Vanguard history». 2025. https://corporate.vanguard.com/content/corporatesite/us/en/corp/articles/announcing-largest-fee-cut-vanguard-history.html
- Vecchia, Nicolás Della. «Un último estudio revela el crecimiento del ecosistema fintech en Argentina en 2024: datos y tendencias». *Forbes Argentina*, 8 de noviembre de 2024. https://www.forbesargentina.com/negocios/un-ultimo-estudio-revela-crecimiento-ecosistema-Fintech-argentina-2024-datos-tendencias-n62388
- Wenia. «Qué es COPW: activo digital estable del peso colombiano». 15 de agosto de 2024. https://www.wenia.com/es/recursos/blog/wenia/que-es-copw-activo-digital-estable-peso-colombiano
- Wharton School of Business. «Perspectives on regulation. *Fintech: Overview, Payments, and Regulation*». 2024. https://www.coursera.org/specializations/wharton-Fintech

SEMBLANZA DE LOS AUTORES

Vanessa Veintimilla es especialista en regulación financiera, supervisión y análisis económico, con una destacada trayectoria en el diseño e implementación de políticas estratégicas en el sector financiero. Actualmente es gerente general de Supervisión e Innovación de Medios de Pago en el Banco Central del Ecuador (BCE), donde lidera estrategias regulatorias e impulsa la innovación en pagos y tecnología financiera (*fintech*).

Anteriormente dirigió el Centro de Inteligencia de CONCAMIN, contribuyendo al fortalecimiento de la competitividad industrial en México. En la Comisión Nacional Bancaria y de Valores (CNBV), coordinó la política internacional y la cooperación regulatoria. Además, ha participado en el desarrollo de políticas industriales clave en el Instituto para el Desarrollo Industrial y el Crecimiento Económico (IDIC).

Es doctora en Ciencias Financieras y maestra en Finanzas *summa cum laude* por la EGADE Business School. Ha participado en programas ejecutivos y conferencias internacionales sobre finanzas sostenibles, regulación y análisis económico

---

Jorge Pérez es un profesional en materia de finanzas con un enfoque en *fintech*, innovación y criptoactivos, especializado en regulación financiera, pagos digitales y análisis estratégico de negocios. Obtuvo la licenciatura en Finanzas en la Universidad San Francisco de Quito y complementó su formación con estudios internacionales en la Universidad de Birmingham.

Actualmente se desempeña como funcionario del Banco Central del Ecuador, en el área de Supervisión e Innovación de Medios de Pago, donde lidera el monitoreo de tendencias financieras y sistemas de pago. Su labor se centra en la implementación de mejores prácticas y estándares para fortalecer la eficiencia y seguridad del ecosistema de pagos, promoviendo la inclusión financiera y la adopción de tecnologías emergentes en el país.

Además, ha colaborado en investigaciones doctorales en la Universidad de Birmingham, especializándose en análisis de datos y modelos económicos aplicados al sector financiero. Comprometido con el impacto social, participó como voluntario en la fundación The Thin Red Line, capítulo Ecuador y Colombia, donde apoyó proyectos de sustentabilidad, biodiversidad y preservación en los trece países que cruza la línea ecuatorial, fomentando la colaboración entre sectores académicos, privados y gubernamentales.

CAPÍTULO 11

NUEVAS REGLAS PARA EL MERCADO DE VALORES

Fernando Obregón González
José Antonio Quesada

INTRODUCCIÓN

Es un hecho que nuestro mercado de valores no representa el nivel de nuestra economía ni cuenta con los alicientes para que las pequeñas y medianas empresas (pymes) accedan a esta opción para obtener financiamiento, por lo que las modificaciones a la Ley del Mercado de Valores emitidas el 28 de diciembre de 2023, buscaron atender esta situación mientras el desliste iba en ascenso y la colocación en descenso.

La reforma tuvo como finalidad crear un nuevo esquema de oferta pública simplificada, enfocado principalmente a las medianas empresas para reducir tiempo, proceso y costos de visado de las compañías. Asimismo, para aumentar la liquidez en el mercado de valores, empujó la integración de la figura de fondos multiactivos o especializados (*hedge funds*), así como más esfuerzos para incentivar su crecimiento, acelerar su desarrollo y profundizar su alcance.

Ahora, las disposiciones de carácter general aplicables a emisoras simplificadas y valores objeto de inscripción simplificada, publicadas el 21 de enero de 2025 en el Diario Oficial de la Federación

(DOF), tienen como objetivo también la simplificación, al promover la inclusión de las pymes en el mercado de valores mediante un esquema que facilita el acceso al financiamiento, reduce costos y fomenta la transparencia.

En este capítulo se comenta brevemente la regulación secundaria, con la que, según las autoridades, se permitirá el acceso a financiamiento de hasta 70 000 millones de pesos al año para pymes. «A través de estas reformas, buscamos que las empresas encuentren en el mercado bursátil una fuente de financiamiento competitiva y complementaria a las alternativas ofrecidas por otros sectores e intermediarios financieros, fortaleciendo así la inclusión financiera»[1].

Es importante mencionar que la demora en la aprobación de las leyes secundarias se debió a que había desacuerdo sobre ciertos aspectos de la regulación entre las autoridades que conforman la junta de gobierno de la Comisión Nacional Bancaria y de Valores, y se quería una aprobación por consenso.

1| CONTEXTO: UNOS DATOS Y UNA GRAN RAZÓN

Las empresas públicas en México están conformadas por 130 nacionales y cinco extranjeras, además de 16 Fideicomisos de Inversión en Bienes Raíces (FIBRAS) y 63 Certificados de Capital de Desarrollo (CKD o CCD), cifras que palidecen si se comparan con las de otras bolsas como la BSE de India (Bombay), que reporta 5800 empresas listadas; el TMX Group de Canadá con 3886; el Japan Exchange Group con 3419, o quizá una más comparable como Bovespa de Brasil, que cuenta con 350 emisoras.

No obstante el estancamiento en la Bolsa Mexicana de Valores (BMV), se constituyó una segunda: la Bolsa Institucional de Valores (BIVA), la cual inició operaciones en julio de 2018 y que a noviembre de 2024 tenía tres emisoras de capitales con un valor de capitalización de 5573 millones de dólares. Para ello se emitieron reglas de «mejor ejecución», lo que fragmentó más el mercado.

En ese contexto, según el entonces subsecretario de Hacienda, Gabriel Yorio, la Ley del Mercado de Valores lo que buscaba era generar más competencia y dinamismo en el mercado bursátil, permitiendo a estas empresas (pequeñas y medianas) —responsables de generar casi el 70 % de los empleos de nuestro país— acceder a esta fuente de financiamiento y crecer, con la finalidad de contribuir al bienestar económico de las familias mexicanas.

1.1 Objetivo: simplificar la inscripción de valores a las pymes

Con la reforma a la Ley del Mercado de Valores se pretende simplificar la inscripción de valores para impulsar la existencia de emisoras y fondos de inversión en México. Lo anterior permitirá que las pymes formen parte del mercado bursátil mexicano mediante la oferta de valores, siendo la CNBV la entidad que determine las características que deberán cumplir las empresas que pretendan participar en el proceso de inscripción simplificada de valores.

De acuerdo con el Banco de México (Banxico), el 59 % de las empresas en el país se financian con proveedores y capital propio; las que tienen más de cien empleados suben a 69 % (aunque las muy grandes participan en cadenas productivas); 35 empresas listadas representan el 90 % de la operación. El total de las empresas listadas representan el 36 % del PIB nacional.

Con la reforma, se estableció una nueva modalidad de inscripción de valores denominada «simplificada», facultando a la CNBV para determinar las características que deberán cumplir las empresas. También se limitó a las empresas actuales —Sociedades Anónimas Bursátiles— para evitar incentivos que relajen las exigencias de gobierno corporativo.

Las casas de bolsa adquirieron un papel fundamental: ser las encargadas de la «estructuración de las operaciones de las empresas que tengan la intención de convertirse en emisoras simplificadas», mediante la revisión de la documentación necesaria para acreditar que cumplan con los requisitos. Asimismo, deberán revisar y suscribir, junto con la emisora simplificada, la solicitud del listado.

No desaparece la solicitud a la CNBV para su inscripción simplificada en el Registro Nacional de Valores, pero se acota: «... bastará (...) con la opinión favorable de la bolsa de valores correspondiente para que proceda a la inscripción».

Dado que las pymes no han alcanzado la madurez en el ciclo de vida de las empresas, se intermediará «exclusivamente con inversionistas institucionales o calificados». La CNBV «... quedará relevada de la obligación de supervisar a dichos participantes (...) la revisión quedará a cargo de las casas de bolsa y bolsas de valores bajo su régimen autorregulatorio».

Adicionalmente, se reformó la Ley de Fondos de Inversión para incorporar los fondos de cobertura y «mejorar la gestión de riesgos de activos que sean objeto de inversión».

Por otro lado, en la misma reforma de 2023, se incluye la figura de fondos de inversión de cobertura (*hedge funds*) para incentivar la inversión y financiamiento. La reforma elimina los requisitos establecidos para que las Sociedades Anónimas Promotoras de Inversión Bursátil (SAPIB) se conviertan en Sociedades Anónimas Bursátiles (SAB), proporcionando más flexibilidad a las medianas empresas y nuevas opciones de inversión.

1.2 Una alternativa viable

Los cambios a la Ley tienen como objetivo impulsar el crecimiento del mercado bursátil mexicano y que sea visto como una alternativa accesible de financiamiento para las empresas, toda vez que en México hay unas 31 800 empresas que no cuentan con financiamiento (según encuestas del INEGI, CNBV y Banxico), y pueden aprovechar los distintos instrumentos que ofrece la Bolsa de Valores para financiar sus proyectos y planes de crecimiento. Los cambios plasmados en la Ley del Mercado de Valores se pueden resumir en tres puntos:

1. Un listado simplificado de acciones.
2. La entrada de fondos de inversión de cobertura, fondos multiactivos o especializados para impulsar la compra de los valores.
3. La emisión de distintos tipos de acciones (no solo ordinarias).

Se estima que con el nuevo mecanismo de Ofertas Listadas Registradas haya un potencial de crecimiento importante en el segmento de deuda que actualmente es de menos del 1 % (0.6 %) de nuestra economía, que es mínimo comparado con el de Estados Unidos que equivale al 6.8 % de su PIB.

Con la ley aprobada en 2023, se estiman los siguientes beneficios:

- Acceso y disponibilidad de financiamiento para que las pequeñas y medianas empresas crezcan.
- Estimular la formalización de empresas para acceder a financiamiento competitivo.
- Democratizar el capital entre un mayor número de inversionistas.
- Contar con mayor liquidez para la economía y el mercado.
- Aprovechar el marco robusto de la Ley de Mercado de Valores para los inversionistas.
- Reducir el costo de financiamiento.
- Que no sean sujetos del pago de IVA sobre intereses.
- Que la retención del ISR solo sea con base en el artículo 54 de LISR.
- Reducir los costos y tiempos de colocación.
- Ampliar los plazos de la deuda de todo el sistema, lo cual es muy bueno para la economía.
- Contar con un esquema adecuado a la cultura empresarial en México.

- Tener un financiamiento evidentemente más barato y sin plazo perentorio.
- Estimular el financiamiento con capital de riesgo.
- Que el mercado de valores tenga el nivel que le corresponde de acuerdo con el tamaño de su economía.
- Promover nuevas fuentes de financiamiento.
- Constituir la base para que las empresas tengan un mejor balance entre el uso de deuda y capital.

2| LEYES SECUNDARIAS

Con la publicación de las disposiciones de carácter general aplicables a emisoras simplificadas y valores objeto de inscripción simplificada, el 21 de enero de 2025 en el DOF, se completó la regulación a partir de la cual se conformará el mercado de valores en México, que actualmente es poco profundo y líquido con relación al tamaño de su economía. Datos a noviembre de 2024, referían que la capitalización del mercado accionario mexicano equivale al 26 % del PIB nacional, aproximadamente, ocupando la posición 27 en el mundo.

Los principales cambios plasmados en las disposiciones de carácter general aplicables a las emisoras simplificadas y los valores objeto de inscripción simplificada[2] se presentan en este apartado, así como sus alcances.

2.1 Categorías de emisoras simplificadas

A. Nivel I:

- **Valores:** Instrumentos de deuda.
- **Límite:** 75 millones de UDIs por emisión y hasta 900 millones de UDIs anuales.
- **Requisitos:** Estados financieros dictaminados del último ejercicio.

B. Nivel II:

- **Valores:** Instrumentos de deuda y valores respaldados por activos.
- **Límite:** 1250 millones de UDIs por ejercicio social.
- **Requisitos:** Estados financieros de los últimos dos años y calificación crediticia para emisiones respaldadas por activos.

C. De acciones:

- **Valores:** Acciones representativas del capital social, certificados de participación y títulos similares.
- **Límite:** Monto igual al Nivel II.
- **Requisitos:** Cumplir con estándares de gobierno corporativo establecidos por la Ley del Mercado de Valores.

Requisitos generales

- **Antigüedad:** Las empresas deben tener al menos dos años de operación.
- **Estados financieros:**
  - Elaborados bajo estándares internacionales o nacionales.
  - Dictaminados por auditores externos independientes.
- **Transparencia:**
  - Reportes anuales y trimestrales obligatorios.
  - Información precisa y divulgada de forma pública.

2.2 Transparencia y divulgación de Información

- **Reportes periódicos:**
  - Estados financieros aprobados y dictaminados para todas las emisoras.
  - Comparativos trimestrales en emisoras Nivel II y de acciones.

- **Eventos relevantes:**
  - Toda situación que impacte más del 5 % de los activos o pasivos debe comunicarse inmediatamente al mercado y a la Bolsa de Valores.

2.3 Participación de intermediarios

- **Casas de bolsa:**
  - Actúan como intermediarios colocadores en la oferta pública.
  - Revisan documentación y prospectos, además de informar sobre riesgos inherentes a los valores.
- **Bolsas de valores:**
  - Supervisan el cumplimiento normativo.
  - Publican anualmente el estado de las emisoras respecto a los requisitos.

2.4 Restricciones y condiciones

- **Inversionistas calificados:**
  - Solo quienes tengan inversiones promedio de (al menos) 1.5 millones de UDIs o ingresos brutos anuales superiores a 500 000 UDIs pueden participar.
- **Mercado secundario:**
  - Los instrumentos pueden negociarse exclusivamente entre inversionistas calificados o institucionales, con la intermediación de casas de bolsa.

2.5 Incentivos

- **Costos reducidos:**
  - Exención de pagos por inscripción, actualización y trámites asociados.

- **Procedimientos simplificados:**
  - Plazos más cortos para revisión y autorización.
  - Menos requisitos para valores con plazos menores a un año.

2.6 Otras consideraciones

- **Cancelación de inscripción:**
  - Las emisoras deben estar al día en sus obligaciones para solicitar la baja de sus valores.
- **Supervisión continua:**
  - Las bolsas vigilan de manera constante el cumplimiento normativo de las emisoras listadas.

2.7 Capacidades y responsabilidades de las emisoras simplificadas

I. Obligaciones generales:

- Las emisoras simplificadas deben proporcionar información clara, completa y actualizada a los inversionistas y a las autoridades correspondientes.
- Cualquier modificación en los valores inscritos (como cambios en el monto, plazos o condiciones) debe notificarse a la Bolsa y a la CNBV.

II. Requisitos específicos por tipo de emisión:

- **Valores respaldados por activos**
  - Se requiere un fideicomiso para garantizar los pagos.
  - El balance del patrimonio afecto debe incluirse en la documentación.
- **Instrumentos de deuda**
  - Dictamen de calidad crediticia emitido por una calificadora.

- **Acciones**
  - Las emisoras deben constituirse como Sociedades Anónimas Promotoras de Inversión Bursátil.
  - Establecer mecanismos de gobierno corporativo adecuados.

III. Eventos relevantes y publicidad:

- Las emisoras deben informar inmediatamente sobre eventos que afecten al menos el 5 % de sus activos, pasivos o capital.
- Toda publicidad o información dirigida al público debe ser veraz, en español y evitar inducir a error.

2.8 Supervisión y control

I. Roles de la Bolsa de Valores:

- Revisar y aprobar los requisitos de listado y mantenimiento.
- Supervisar que las emisoras cumplan con las disposiciones legales y los estándares de su reglamento interno.
- Informar al público y a la CNBV sobre cualquier incumplimiento o suspensión de valores.

II. Roles de la CNBV:

- Autorizar la inscripción de los valores simplificados en un plazo de dos días hábiles tras recibir la documentación.
- Supervisar las acciones de las casas de bolsa y la calidad de la información difundida.

2.9 Procedimientos simplificados

I. Inscripción y actualización:

- El proceso de inscripción simplificada es más rápido y menos oneroso, con plazos cortos para las revisiones.
- Las actualizaciones (como modificaciones de los valores) deben realizarse en coordinación con la Bolsa.

II. Cancelación:

- Para cancelar la inscripción de valores, las emisoras deben:
  - Cumplir con sus obligaciones pendientes.
  - Contar con la aprobación de la asamblea de tenedores de valores (en caso de instrumentos de deuda).

2.10 Mecanismos de información

I. Sistema Electrónico (SEDI):

- Es el medio principal para el envío y publicación de información relevante de las emisoras.
- La Bolsa debe garantizar que toda la información esté disponible en línea para los inversionistas.

II. Formatos electrónicos:

- Los formatos utilizados por las emisoras deben estar aprobados por la CNBV y diseñados para facilitar la lectura.

2.11 Anexos específicos

I. Anexo A: Instructivo para la elaboración de prospectos de colocación de emisoras Nivel I.

II. Anexo B: Instructivo para prospectos y folletos informativos de emisoras Nivel II y de acciones.

III: Anexo C y D: Lineamientos para reportes anuales según el nivel de la emisora.

IV. Anexo E: Uso de claves y contraseñas en el Sistema de Transferencia de Información sobre Valores (STIV).

2.12 Transitorios

I. Vigencia: Las disposiciones entran en vigor al día siguiente de su publicación, que fue el 28 de diciembre de 2024.

II. Excepciones: Algunas reglas, como las relacionadas con valores estructurados, estarán sujetas a requisitos adicionales definidos en anexos que se publicarán posteriormente.

2.13 Detalles clave de las obligaciones y procedimientos

Obligaciones de las emisoras simplificadas

I. Entrega de información financiera:

- **Anual:** Estados financieros dictaminados con la opinión de un auditor externo independiente.
- **Trimestral:**
  - Comparativa de cifras con el mismo trimestre del año anterior.
  - Debe incluir declaraciones bajo protesta de decir verdad por parte del director general, Consejo de Administración y otras áreas clave.
- Para emisoras financieras, los plazos de entrega se ajustan a las regulaciones aplicables.

II. Mantenimiento del listado:

- La Bolsa supervisa que las emisoras cumplan con los requisitos para mantener su inscripción, como el envío oportuno de información y el cumplimiento de estándares corporativos.

III. Divulgación de eventos relevantes:

- Las emisoras deben evaluar cualquier evento que impacte significativamente sus operaciones o situación financiera (como fusiones, adquisiciones o cambios regulatorios).
- Estos eventos deben reportarse a la Bolsa y al público inversionista de forma inmediata.

2.14 Intermediarios y su rol

I. Casas de bolsa:

- Garantizan que las emisoras cumplan con los requisitos legales antes de la colocación de valores.
- Elaboran un expediente para cada emisora que debe conservarse por cinco años.
- Informan a los inversionistas sobre los riesgos específicos de cada emisión.

II. Bolsas de valores:

- Publican información relevante en sus plataformas digitales para mantener a los inversionistas informados.
- Emiten opiniones favorables para autorizar la inscripción y actualizaciones de valores.

2.15 Mecanismos de protección para inversionistas

I. Inversionistas calificados:

- Solo se permite la participación de personas físicas o morales que cumplan con ciertos umbrales de inversión o ingresos anuales (1.5 millones de UDIs o 500 000 UDIs, respectivamente).
- Este requisito protege al mercado, garantizando que los participantes comprendan los riesgos involucrados.

II. Transparencia obligatoria:

- Toda información debe ser clara, precisa y libre de confusiones.
- Las Bolsas tienen la obligación de intervenir en caso de información incorrecta o engañosa.

III. Supervisión de cumplimiento:

- Las Bolsas y la CNBV realizan auditorías y revisiones periódicas para asegurar el cumplimiento de las disposiciones.

2.16 Facilidades administrativas

I. Exención de costos:

- Las emisoras simplificadas no están sujetas a cuotas por inscripción y actualización de valores.
- Se establecen tarifas reducidas para fomentar la participación de nuevas empresas.

II. Plazos reducidos:

- La CNBV cuenta con un plazo de dos días hábiles para aprobar inscripciones o actualizaciones de valores.

2.17 Implicaciones estratégicas

I. Apertura del mercado:

- Este esquema busca democratizar el acceso al financiamiento, especialmente para pequeñas y medianas empresas que antes no podían acceder al mercado bursátil.

II. Fomento a la transparencia:

- La obligatoriedad de reportes periódicos asegura que los inversionistas tengan información confiable para tomar decisiones informadas.

III. Eficiencia operativa:

- La reducción de costos y plazos permite que más empresas ingresen al mercado sin enfrentar barreras excesivas.

ALCANCES

Estas disposiciones marcan un avance significativo en la regulación del mercado de valores en México, promoviendo la inclusión financiera y fortaleciendo la confianza en el mercado. Las emisoras simplificadas tienen ahora un camino más claro y accesible para participar en el mercado bursátil, siempre bajo estrictos estándares de transparencia y cumplimiento normativo.

2.18 Detalles de implementación y anexos relevantes

Implementación de las disposiciones

I. Revisión y actualización continua:

- La CNBV revisará anualmente el cumplimiento de estas disposiciones y propondrá ajustes según las necesidades del mercado.
- Las Bolsas deberán informar cada mes de junio sobre el estado de cumplimiento de las emisoras simplificadas, basándose en los listados al cierre de mayo.

II. Transparencia en las operaciones:

- La información proporcionada por las emisoras debe estar disponible en las plataformas de las Bolsas, con acceso público garantizado.
- En caso de eventos extraordinarios o contingencias, las Bolsas deben contar con planes para asegurar la difusión oportuna de la información.

III. Capacitación de intermediarios:

- Las casas de bolsa e instituciones participantes deben contar con manuales y procedimientos claros para la gestión de las inscripciones simplificadas.

- Estos manuales serán revisados por la CNBV para asegurar su alineación con las disposiciones.

Anexos principales

I. Anexo A: Instructivo para Prospectos de Colocación Nivel I:

- Guía para elaborar documentos claros, con información financiera, riesgos inherentes y beneficios potenciales de los instrumentos de deuda.

II. Anexo B: Prospectos y Folletos Informativos Nivel II y Acciones:

- Incluye los lineamientos para informar sobre valores respaldados por activos y acciones.
- Requiere explicar cómo se usarán los recursos obtenidos de la emisión.

III. Anexo C y D: Reportes Anuales:

- Establecen los formatos específicos según el nivel de la emisora.
- Detallan los requisitos de auditoría y certificación por parte de los representantes legales.

IV. Anexo E: Sistema de Transferencia de Información de Valores (STIV):

- Especifica el uso de claves y contraseñas electrónicas para garantizar la seguridad en el envío de datos a la CNBV.

2.19 Transitorios

I. Fecha de entrada en vigor:

- Estas disposiciones entran en vigor un día después de su publicación en el DOF, que fue el 28 de diciembre de 2024.

- Las reglas específicas para valores estructurados se implementarán una vez que se publique el Anexo G en un plazo máximo de 180 días.

II. Transiciones para emisoras existentes:

- Las empresas ya inscritas en el mercado podrán adaptarse a este esquema simplificado siempre que cumplan con los requisitos establecidos.

III. Armonización con la Ley Federal de Derechos:

- Se realizarán gestiones para reducir cuotas aplicables a las emisoras simplificadas, incentivando su participación en el mercado.

2.20 Impacto esperado

I. Para las empresas:

- Mayor acceso a fuentes de financiamiento, especialmente para pymes.
- Reducción de costos y simplificación de procesos administrativos.

II. Para los inversionistas:

- Aumenta la variedad de instrumentos disponibles en el mercado.
- Garantías adicionales de transparencia y supervisión.

III. Para el mercado:

- Incrementa la actividad bursátil y fomenta la competitividad del mercado mexicano en el ámbito global.
- Refuerza la confianza de los inversionistas institucionales y calificados.

ALCANCES

Estas disposiciones representan un cambio significativo hacia la modernización del mercado de valores mexicano. Al crear un marco accesible y flexible para las empresas, se fomenta el crecimiento económico, la transparencia y la confianza entre los actores del mercado. Este modelo simplificado está diseñado no solo para atraer a nuevos emisores, sino también para consolidar la participación de los actuales en un entorno más competitivo y regulado.

3| PRINCIPALES CAMBIOS Y APORTACIONES (RESUMEN)

Tabla 1. **Comparativa de modificaciones**

Aspecto	Versión anterior	Nueva versión
Acceso al mercado	Acceso restringido principalmente a grandes empresas.	Democratización del acceso, incluyendo pymes.
Tipos de emisoras	No existía una clasificación específica para emisoras simplificadas.	Clasificación en tres niveles: Nivel I, Nivel II y Acciones.
Montos máximos permitidos	Montos dependían de regulaciones generales sin diferenciación.	Montos diferenciados: 75 millones de UDIs (Nivel I), 1250 millones de UDIs (Nivel II).
Transparencia y reportes	Requerimientos generales y menos detallados.	Reportes detallados y obligatorios por nivel.
Inversores elegibles	No existían restricciones específicas para tipos de inversionistas.	Restricción a inversionistas calificados o institucionales.
Costos de inscripción	Tarifas estándar aplicables a todos los emisores.	Exención de costos para emisoras simplificadas.

Aspecto	Versión anterior	Nueva versión
Participación de intermediarios	Menor involucramiento en la supervisión de documentación.	Supervisión más estricta y obligatoria de documentos.
Rol de la Bolsa	Supervisión limitada al cumplimiento de requisitos básicos.	Supervisión activa, con reportes anuales obligatorios.
Calificación crediticia	No se requería calificación crediticia obligatoria para emisiones específicas.	Calificación crediticia obligatoria para valores respaldados por activos.
Flexibilidad de requisitos	Normas más rígidas y menos diferenciadas para tipos de emisores.	Mayor flexibilidad y diferenciación por nivel.
Procesos de cancelación	Procesos más largos y con mayor burocracia.	Procesos más rápidos, plazos reducidos a dos días hábiles.

Fuente: Elaboración propia.

Los alcances de esta regulación son varios y podríamos clasificarlos en tres: los beneficios para las empresas, la aportación de las empresas a la economía del país y la valoración del papel de la CNBV.

3.1 Beneficios para las empresas

Se puede plantear que esta regulación es quizá una de las más importantes y trascendentes de los últimos años en nuestro país, ya que podría reconfigurar todo el espectro de financiamiento tradicional que han mantenido los bancos; esto debido a que es una regulación que fue trabajada con el objetivo de permitir el ingreso de un buen número de compañías que actualmente evitan el mercado de valores por sus altos costos y regulaciones.

Por lo tanto, si esta regulación permea, las compañías mexicanas podrán trascender no solo por la obtención de liquidez, sino por la adopción de mejores prácticas. Lo que permitirá una estructura e institucionalización que podrían aumentar el mercado de adquisiciones de empresas, el relevo generacional y la sostenibilidad en el largo plazo.

Por otro lado, los mercados activos facilitan un mecanismo para que los inversionistas compren y vendan fácilmente, proporcionando la liquidez necesaria para reducir el riesgo percibido de invertir. Esto permite a los inversores vender rápidamente sus activos si necesitan efectivo o desean cambiar su portafolio.

3.2 Aportación de las empresas a la economía del país

Si las empresas aprovechan las ventajas de participar en el mercado de valores por el dinamismo que tiene, podrían aumentar su contribución a la economía del país a través de la obtención de capital, mediante la emisión de acciones o bonos. Esto es particularmente importante para las empresas que necesitan recursos para financiar proyectos de crecimiento, innovación o expansión sin depender exclusivamente de préstamos bancarios.

Y también porque el mercado de valores impulsa la inversión nacional y extranjera al proporcionar una plataforma donde los inversores —desde pequeños ahorradores hasta grandes fondos— pueden comprar y vender obteniendo rendimientos a través de la compra de acciones o bonos, lo que contribuye al crecimiento económico.

Otro factor que se suma es la eficiencia económica, en el entendido de que un mercado de valores bien regulado y transparente facilita la asignación eficiente de recursos en la economía. Además, es demostrable que un mercado de valores activo puede ayudar a los gobiernos y a los inversores a evaluar la dirección de la economía, lo que influye en decisiones de política económica y estrategias de inversión.

Siempre hay que tener presente que, si los mercados son transparentes, estables y justos, se incrementa la seguridad jurídica y la percepción de un entorno económico confiable, lo que estimula la creación de nuevas empresas, el desarrollo de nuevas tecnologías y la innovación en general. Las *startups*, por ejemplo, pueden acceder a capital para financiar sus ideas y hacer crecer sus negocios.

3.3 Valoración del papel de la CNBV

Esta regulación fue emitida por la CNBV, lo que se plantea como un llamado a revisar el mandato que tiene la Comisión en la emisión de normativa, que es donde debiera haber un foco principal dentro de esta autoridad para mejorar la regulación. Un mercado de valores activo no solo es importante para facilitar la financiación y la inversión, sino también para mejorar la eficiencia, la liquidez y la estabilidad económica de un país.

Para este punto, se debe tener presente que el tamaño de mercado de Estados Unidos es 5.3 veces mayor que el de China, 9.7 veces mayor que el de Japón, 11.9 veces mayor que el de India y 140.7 veces mayor que el de México, aun cuando nuestro país es la economía número doce del mundo.

Por otro lado, el valor de capitalización del mercado de valores de México equivale al 26 % del PIB, una cifra muy inferior a la de otros países como Hong Kong (1089 %), Taiwán (309 %), Sudáfrica (254 %), Suiza (217 %) y Estados Unidos (213 %). En cuanto a la participación del valor de capitalización respecto al PIB, México ocupa el puesto 27 a nivel mundial.

NOTAS

1. Díaz Mora, Sebastián. «Lista, la regulación secundaria de la Ley del Mercado de Valores: Yorio». *El Economista*, 5 de septiembre de 2024. https://www.eleconomista.com.mx/sectorfinanciero/CNBV-aprueba-regulacion-secundaria-de-la-Ley-del-Mercado-de-Valores-Yorio-20240905-0048.html

2. *Disposiciones se carácter general aplicables a las emisoras simplificadas y los valores objeto de inscripción simplificada*, SHCP-CNBV, 21 de enero de 2025. https://www.cnbv.gob.mx/Normatividad/Disposiciones%20de%20car%C3%A1cter%20general%20aplicables%20a%20las%20emisoras%20simplificadas%20y%20los%20valores%20objeto%20de%20inscripci%C3%B3n%20simplificada.pdf

FUENTES CONSULTADAS

- Asociación Mexicana de Instituciones Bursátiles (AMIB). *Boletín estadístico: Precisión del Mercado de Valores, noviembre 2024*.
- Diario Oficial de la Federación (DOF). *Decreto por el que se reforman, adicionan y derogan diversas disposiciones de la Ley del Mercado de Valores y de la Ley de Fondos de Inversión*. 28 de diciembre de 2023. https://www.dof.gob.mx/nota_detalle.php?codigo=5712731&fecha=28/12/2023#gsc.tab=0
- Diario Oficial de la Federación (DOF). *Disposiciones de carácter general aplicables a las emisoras simplificadas y los valores objeto de inscripción simplificada*. 21 de enero de 2025. https://dof.gob.mx/nota_detalle.php?codigo=5747411&fecha=21/01/2025#gsc.tab=0.
- Díaz Mora, Sebastián. «Lista, la regulación secundaria de la Ley del Mercado de Valores: Yorio». *El Economista*, 5 de septiembre de 2024. https://www.eleconomista.com.mx/sectorfinanciero/

CNBV-aprueba-regulacion-secundaria-de-la-Ley-del-Mercado-de-Valores-Yorio-20240905-0048.html
- Secretaría de Hacienda y Crédito Público y Comisión Nacional Bancaria y de Valores. *Disposiciones de carácter general aplicables a las emisoras simplificadas y los valores objeto de inscripción simplificada*. 21 de enero de 2025. https://www.cnbv.gob.mx/Normatividad/Disposiciones%20de%20car%C3%A1cter%20general%20aplicables%20a%20las%20emisoras%20simplificadas%20y%20los%20valores%20objeto%20de%20inscripci%C3%B3n%20simplificada.pdf
- World Federation of Exchanges. *Statistics*. https://www.world-exchanges.org/our-work/statistics

SEMBLANZA DE LOS AUTORES

Fernando Obregón González cuenta con seis décadas de experiencia en el sector financiero, siendo un pionero en su campo. Impulsó la colocación de acciones sin expresión de valor nominal y promovió la difusión de información financiera de empresas bursátiles, logrando que, desde los años sesenta, estas comenzaran a publicar sus resultados trimestrales y anuales.

En 1975 participó en la elaboración de la primera Ley del Mercado de Valores y formó parte del comité encargado de su desarrollo. Durante más de quince años, integró el Consejo de Administración de la Bolsa Mexicana de Valores y fue consejero de instituciones como INDEVAL e IMMEC. También propuso y apoyó la creación del Museo de la Bolsa Mexicana de Valores.

Ha sido catedrático en la Universidad Iberoamericana y en el Instituto Tecnológico Autónomo de México (ITAM), además de fundador de diversas entidades financieras. Ha impartido más de noventa conferencias sobre financiamiento empresarial y es autor de libros y publicaciones sobre el mercado de valores, con lo que ha contribuido significativamente a su desarrollo en México.

José Antonio Quesada es licenciado en Contaduría por la Universidad Iberoamericana, con maestrías en Administración (ITAM) y Contaduría (ITAM y Florida International University). Es contador público certificado (CCPM) y actualmente cursa el doctorado en Ciencias Administrativas en la Egade Business School.

Ha ocupado cargos clave en el sector académico y financiero, destacando como socio líder de Clientes y Mercados en PwC, donde tuvo una carrera de más de 33 años. Posteriormente, fue director de la EGADE Business School y vicepresidente de Política Regulatoria en la Comisión Nacional Bancaria y de Valores (CNBV), donde contribuyó a la formulación de normativas financieras durante y después de la pandemia.

Es socio de MAAT Asesores, S. C., liderando prácticas en asesoría financiera y regulatoria. Destaca como especialista en temas de gobierno corporativo, asesora consejos de administración y cuenta con amplia experiencia en colocaciones en la Comisión de Bolsa y Valores (SEC).

Su trayectoria lo posiciona como referente en temas de normatividad, estrategia financiera y desarrollo empresarial.

CAPÍTULO 12

PRODUCTIVIDAD, INNOVACIÓN Y EFICIENCIA, LOS RETOS DE LA BANCA Y LA RESPUESTA DE LA NORMATIVIDAD

José Antonio Quesada

INTRODUCCIÓN

En los últimos años, la normatividad bancaria ha evolucionado para responder a las necesidades que el acceso a la tecnología ha generado en los usuarios, a partir de nuevos productos y servicios en un mundo hiperconectado sin fronteras digitales.

México no es la excepción, de 2019 a 2023 ha hecho lo propio en cuanto a la seguridad o mitigación de riesgos que la incorporación de nuevos actores ha traído de la mano en los escenarios y contextos que se han conformado, a fin de atender una nueva realidad en la que innovaciones recurrentes requieren respuestas constantes para no perder el ritmo de la evolución.

Las siguientes páginas presentan una fotografía muy sucinta, con corte al cierre de 2024, que muestra un análisis de los jugadores sistémicos y sus resultados. Aunque es indudable que la banca ha logrado un rotundo éxito de 2019 a 2023 y se encuentra bien capitalizada, aún persisten retos enormes en el país —todavía está lejos de consolidarse como una verdadera palanca de desarrollo que amplíe el acceso a servicios financieros para una mayor población— que pueden detener su evolución.

También se presenta un recuento de las disposiciones más significativas en materia bancaria, las cuales son la base de lo que se ha documentado en los capítulos que forman parte de este libro.

1| POR UNA MEJOR REGULACIÓN FINANCIERA

Étienne Bonnot de Condillac, filósofo y economista francés de la segunda Ilustración, decía lo siguiente: «En tiempos de corrupción es cuando más leyes se dan». En países en vías de desarrollo como el nuestro, con un Estado de derecho débil, el enfoque en una «mejor regulación» puede ser mucho más efectivo que simplemente aumentar la cantidad de ordenamientos. En el campo financiero, esto es especialmente relevante, ya que una reglamentación excesiva o ineficaz puede llevar a distorsiones en el mercado, corrupción o incluso desincentivar la inversión. Algunos puntos clave que recojo, que podrían ayudar a lograr una mejor regulación financiera en ese contexto, serían los siguientes:

I. Fortalecimiento de las instituciones regulatorias. Una normatividad efectiva depende en gran medida de las instituciones que la aplican. No se trata solo de crear más reglas, sino de asegurarse de que las instituciones encargadas de la supervisión tengan los recursos, el personal capacitado y la independencia necesarios para aplicar la ley de manera justa y efectiva.

II. Regulación proporcional. Es importante que los ordenamientos estén adaptados al contexto económico y social del país. Las regulaciones deben ser lo suficientemente estrictas para prevenir abusos y fraudes financieros, pero no tan complejas que sean difíciles de cumplir para pequeñas y medianas empresas. Esto puede incluir, por ejemplo, simplificar los procesos para los actores más pequeños y asegurar que las grandes entidades estén adecuadamente monitoreadas.

III. Transparencia y rendición de cuentas. Una de las características esenciales de una «mejor regulación» es la transparencia en la toma de decisiones. Esto permite que tanto el sector privado como los ciudadanos en general comprendan claramente las reglas, los motivos detrás de ellas y cómo se aplican. Además, se debe fomentar la rendición de cuentas para evitar que actores corruptos o irresponsables evadan la ley.

IV. Tecnología y regulación basada en datos. La tecnología juega un papel fundamental en la mejora de la normatividad. En el sector financiero, el uso de herramientas digitales y sistemas basados en datos puede ayudar a mejorar la supervisión de los mercados, identificar riesgos de manera temprana y aumentar la eficiencia de la regulación sin crear barreras innecesarias.

V. Promoción de la inclusión financiera. Una regulación financiera efectiva debe buscar la inclusión. Muchas veces, en países con un Estado de derecho débil, las personas en áreas rurales o de bajos ingresos quedan fuera del sistema financiero formal. Mejores ordenamientos podrían fomentar mecanismos que permitan a estas personas acceder a productos financieros de manera segura y responsable.

VI. Cooperación internacional. En el ámbito financiero globalizado, la cooperación entre países y con organismos internacionales (el Fondo Monetario Internacional o el Banco Mundial) es fundamental. Un país con un Estado de derecho débil puede beneficiarse de acuerdos de cooperación para garantizar que su sistema financiero esté alineado con las mejores prácticas internacionales, sin perder de vista sus particularidades nacionales.

VII. **Educación financiera.** Para que la regulación sea realmente efectiva, debe haber una población informada que entienda cómo funciona el sistema financiero. La educación en este sentido puede ayudar a reducir la dependencia de regulaciones excesivas, ya que los individuos y empresas serán más responsables en sus decisiones.

En un contexto de desarrollo, una mejor regulación financiera no necesariamente significa más leyes, sino más bien un marco normativo que sea eficiente, accesible, claro, justo y adaptado a las necesidades locales, con un énfasis fuerte en la transparencia, la rendición de cuentas y la cooperación internacional.

Asimismo, la CNBV y el Banco de México juegan un papel clave en la estabilidad del sistema financiero, en tanto que la Comisión Nacional de Seguros y Fianzas (CNSF) y la Comisión Nacional del Sistema de Ahorro para el Retiro (CONSAR) están más enfocadas en la regulación y supervisión de sectores específicos sin un mandato explícito de promover la innovación o la productividad en los temas que atienden.

Para fomentar la innovación en el sistema financiero mexicano sin comprometer la estabilidad, podrían implementarse varias estrategias:

I. Regulación proporcional y *sandbox* regulatorios

- La CNBV ya tiene un *sandbox* para *fintechs*, pero habría que flexibilizarlo y hacerlo operante, porque actualmente es restrictivo y los resultados son magros; podría ampliarse para seguros (CNSF) y fondos de pensiones (CONSAR), permitiendo pruebas controladas de nuevas tecnologías como *blockchain* para contratos de seguros o robo-*advisors* en AFORES.
- Regulación diferenciada para *startups* financieras, evitando que las mismas reglas diseñadas para grandes bancos inhiban la innovación.

II. **Incentivos para la innovación en seguros y pensiones**

- Permitir que las AFORES inviertan en activos alternativos como fondos de *venture capital* y *fintechs* con criterios de diversificación de riesgos.
- Fomentar el uso de inteligencia artificial y *big data* en seguros para personalizar primas y mejorar la gestión de riesgos.

III. **Finanzas abiertas (*open finance*) y mayor competencia**

- El Banco de México y la CNBV ya impulsan la banca abierta (*open banking*), pero podría expandirse a finanzas abiertas, incluyendo seguros y pensiones.
- Incentivar la interoperabilidad de sistemas financieros para que bancos, *fintechs*, aseguradoras y AFORES puedan compartir datos de forma segura, con el consentimiento del usuario.

IV. **Fondos de innovación y alianzas público-privadas**

- Crear un fondo gubernamental con capital privado para el desarrollo de nuevas soluciones financieras.
- Impulsar *hackatones* y laboratorios de innovación en el sector financiero con participación de *startups* y reguladores.

V. **Reformas en la CNSF y en la CONSAR para adaptarlas a la innovación**

- Revisar normativas que limiten la adopción de nuevas tecnologías en seguros y pensiones.

VI. **Crear áreas especializadas enfocadas en transformación digital y *fintechs* en todos los sectores.**

- Estas áreas pudieran estar coordinadas con la transformación digital y con la Secretaría de Economía para despegar esos rubros, que ya tienen identificados y sería prioritario fomentar.

Por último, actualmente se tiene la problemática de las cuotas de supervisión y la tentación de volver a los órganos reguladores en organismos recaudadores. Hay que recordar que los derechos que pagan los intermediarios financieros a la CNBV están destinados a financiar la supervisión y regulación del sistema financiero. Si estos recursos se desvían a la Secretaría de Hacienda y Crédito Público (SHCP) para otros fines, se corre el riesgo de seguir debilitando aún más la capacidad de supervisión de la CNBV, lo que podría afectar la estabilidad y transparencia del sistema financiero.

En consecuencia, tener un regulador mermado en su capacidad financiera redunda en lo siguiente:

a. Debilita la supervisión. Si la CNBV no recibe suficientes recursos, reduce su capacidad para realizar auditorías, inspecciones y desarrollar mejores herramientas de supervisión.

b. Afecta la autonomía de la Comisión. La CNBV debe contar con independencia operativa para evitar presiones políticas o presupuestales que comprometan su función de regulador.

c. Desincentiva la innovación regulatoria. Si la CNBV tiene menos recursos, podría retrasar aún más la adopción de tecnología en sus procesos y en el desarrollo de marcos regulatorios más flexibles.

d. Impacta la confianza del mercado. Una supervisión ineficiente puede aumentar el riesgo de malas prácticas, afectando la certidumbre en el sistema financiero mexicano.

Para atender lo anterior hay posibles soluciones, entre ellas está blindar legalmente los derechos, es decir, establecer en la Ley de Instituciones de Crédito o en la Ley de la CNBV que los derechos pagados por los intermediarios sean exclusiva y tácitamente para fortalecer la supervisión. También se podría crear un modelo de autonomía financiera similar al del Banco de México, este podría dar mayor independencia presupuestal a la CNBV y garantizar que los recursos se usen únicamente en supervisión. Otra solución podría ser crear un fondo de supervisión financiera (fideicomiso) donde los derechos pagados por los intermediarios se utilicen exclusivamente para fortalecer a la CNBV y otras entidades supervisoras como la CNSF y la CONSAR.

En este contexto, y como cierre de esta obra, presento una visión concisa, con datos al cierre del 2024, de los jugadores sistémicos y sus resultados. Si bien la banca ha sido exitosa de 2019 a la fecha y se encuentra bien capitalizada, aún enfrenta grandes desafíos en el país, pues está lejos de consolidarse como una verdadera palanca de desarrollo, y sigue sin lograr un mayor alcance para atender a quienes necesitan acceso a servicios financieros.

En este tema, y con este escenario, la mejor opinión siempre será la suya. Para ello, analice los resultados de productividad y eficiencia que han mostrado los principales bancos a través de los comparativos que se presentan. Observe por qué algunos están mejor gestionados que otros, aun cuando en México no se ha logrado una evolución regulatoria que impulse el desarrollo, especialmente en la parte digital. Esto contrasta con lo que ha sucedido en sus casas matrices, donde no han enfrentado los mismos retos que en nuestro país, como la gestión de riesgos de fraude, prevención de lavado de dinero, ciberseguridad, cargas regulatorias onerosas (incluidos reportes interminables), temas fiscales y muchas otras restricciones.

2| RESULTADOS DE PRODUCTIVIDAD Y EFICIENCIA DE LOS PRINCIPALES BANCOS DE MÉXICO[1]

Gráfica 1. **Impacto de escisión Citibanamex: evolución de participación de mercado**

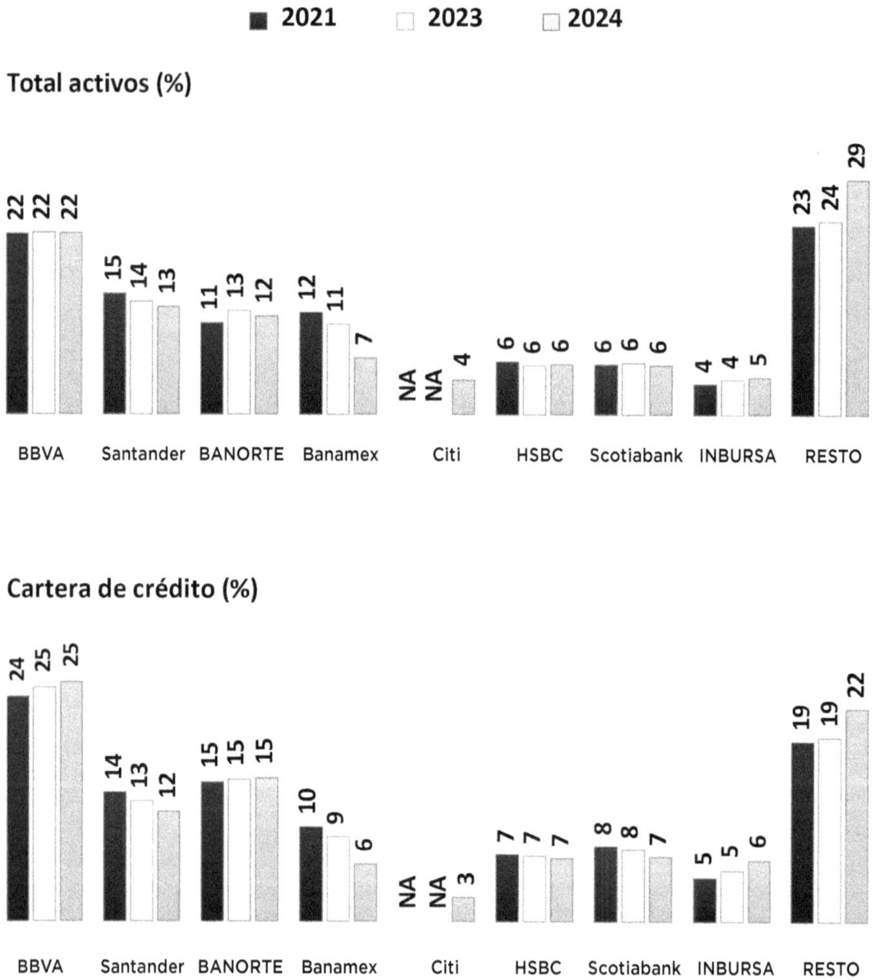

Resultado neto (%)
Acumulado 12M

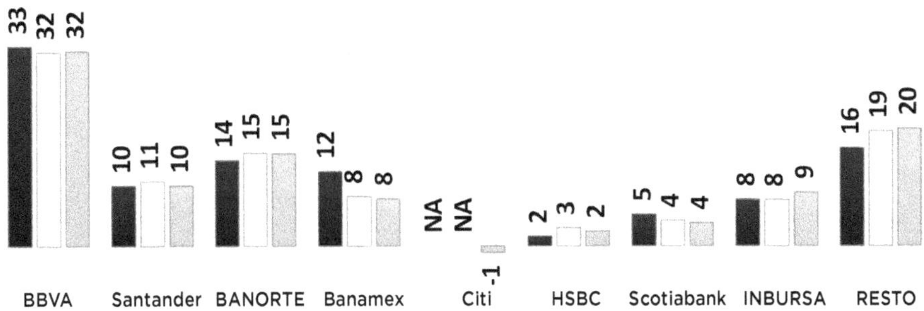

Captación vista (%)

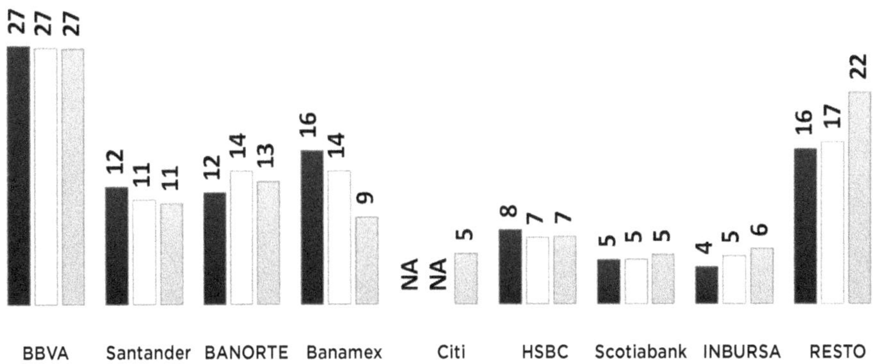

Nota: Citi es un banco de inversión, solo aparece para confirmar distribución de participación de mercado.

Fuente: Análisis del autor con información publicada por la CNBV.

Gráfica 2. **El *gap* entre participación de mercado por activos vs. resultados**

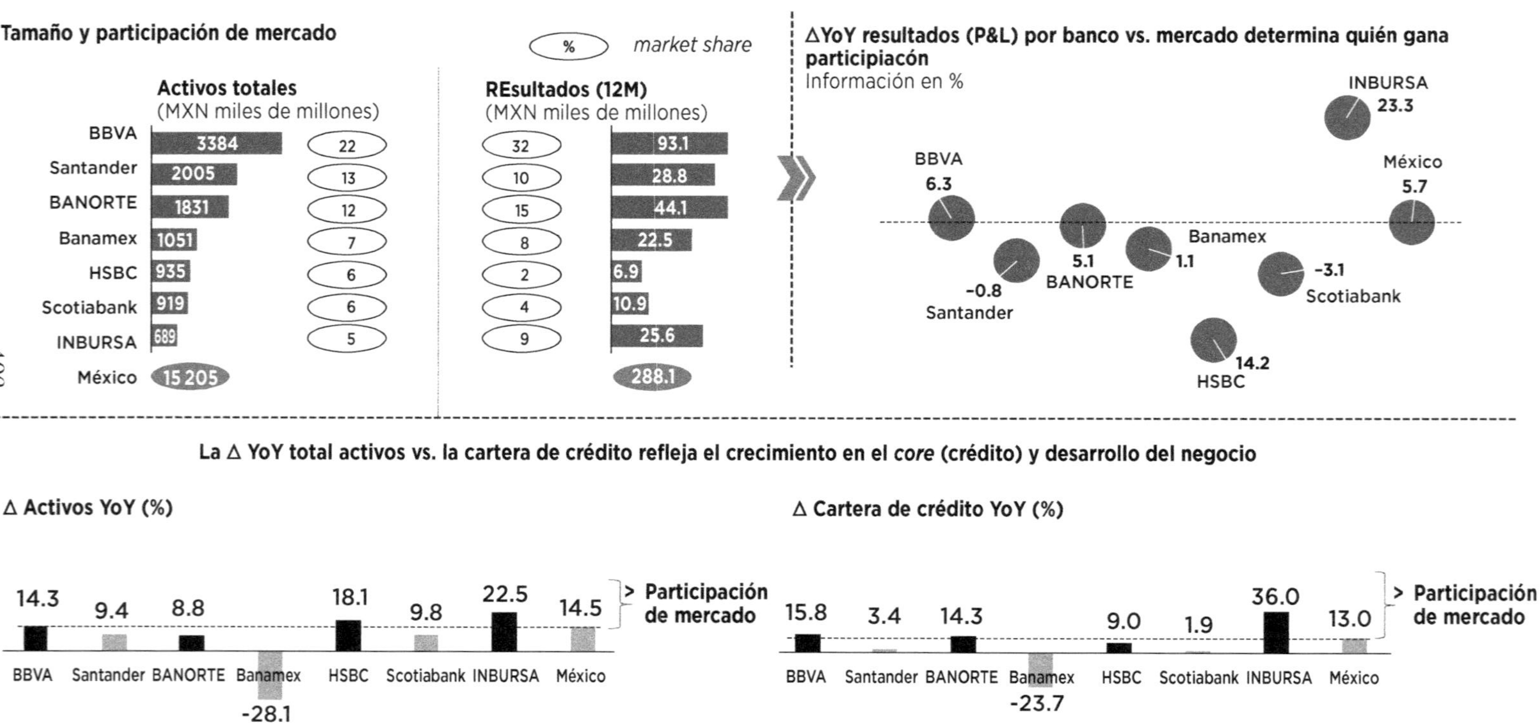

Fuente: Análisis del autor con información publicada por la CNBV.

Gráfica 3. **Análisis de rentabilidad a partir de tasas promedio, mix de activos y su financiamiento**

El *gap* de tasas activas cartera vs. total activos determina la optimización del mix del total activos

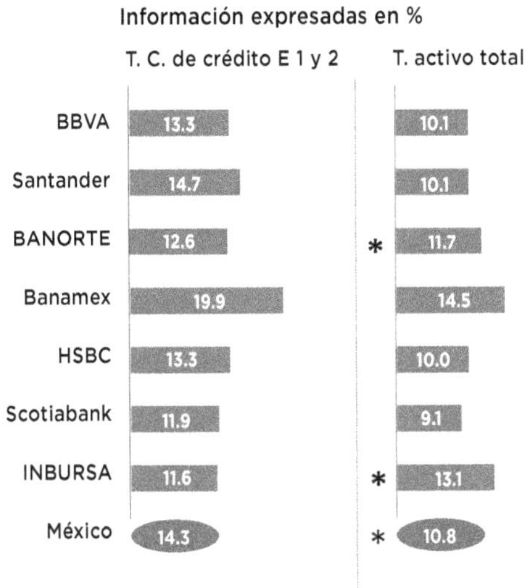

El *gap* de tasas pasivas captación vista vs. pasivo total evalúa el costo de palancas y la estrategia de fondeo

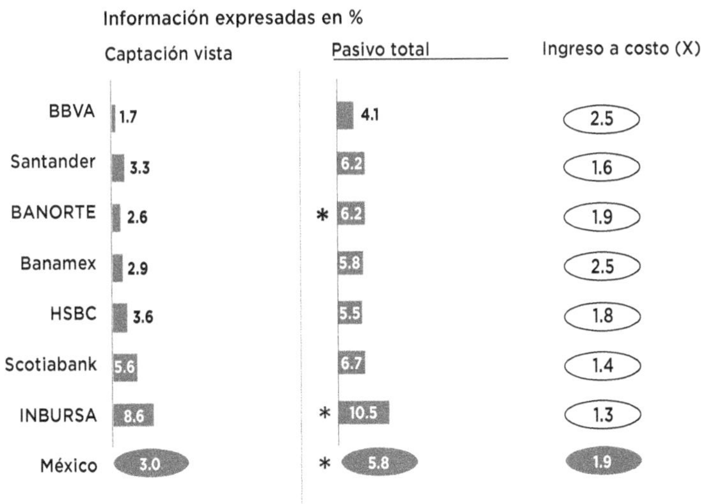

*Nota: Tasas estimadas con intereses anualizados y saldos estancos del mes. *Se netean los resultados en derivados para determinar tasas justas.*

Fuente: Análisis del autor con información publicada por la CNBV.

Gráfica 4. **Mix de cartera y tasas promedio: evaluación de niveles y precios óptimos vs. mercado**

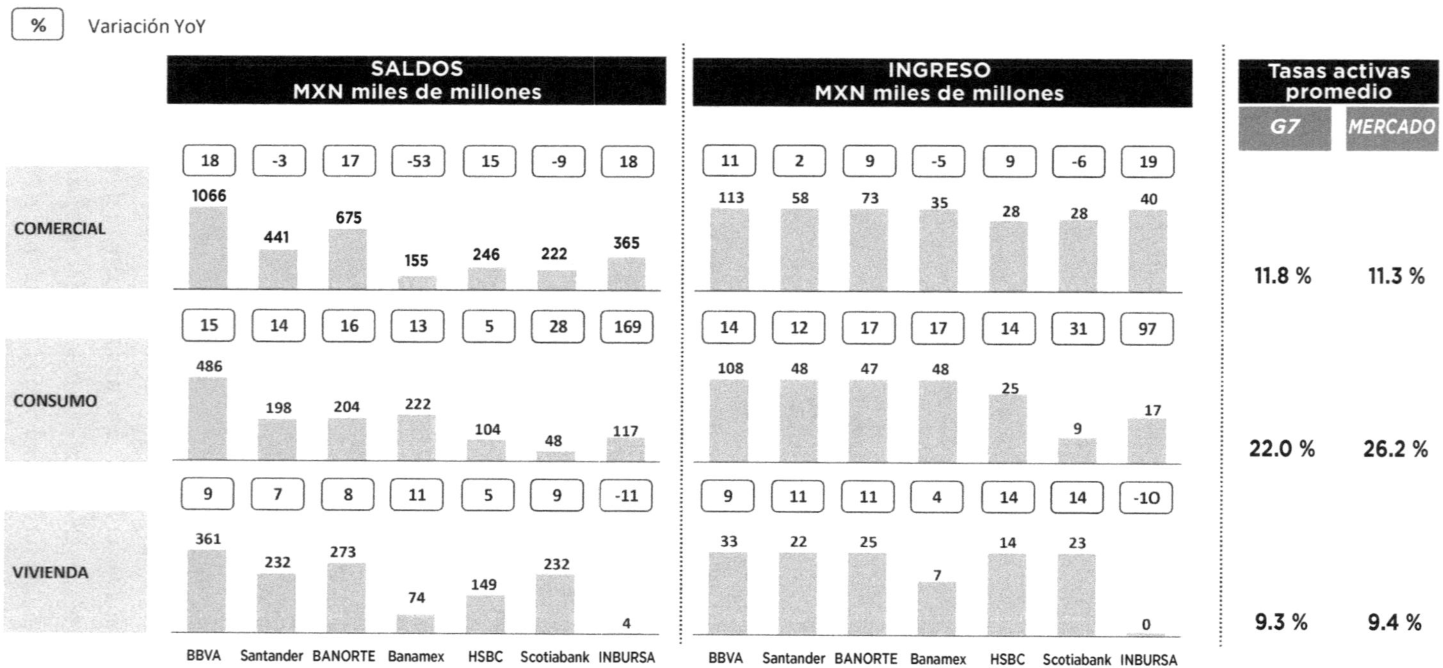

Nota: Tasas estimadas con intereses anualizados y saldos estancos del mes.

Fuente: Análisis del autor con información publicada por la CNBV.

Gráfica 5. **Fondeo a cartera de crédito con captación bancaria**

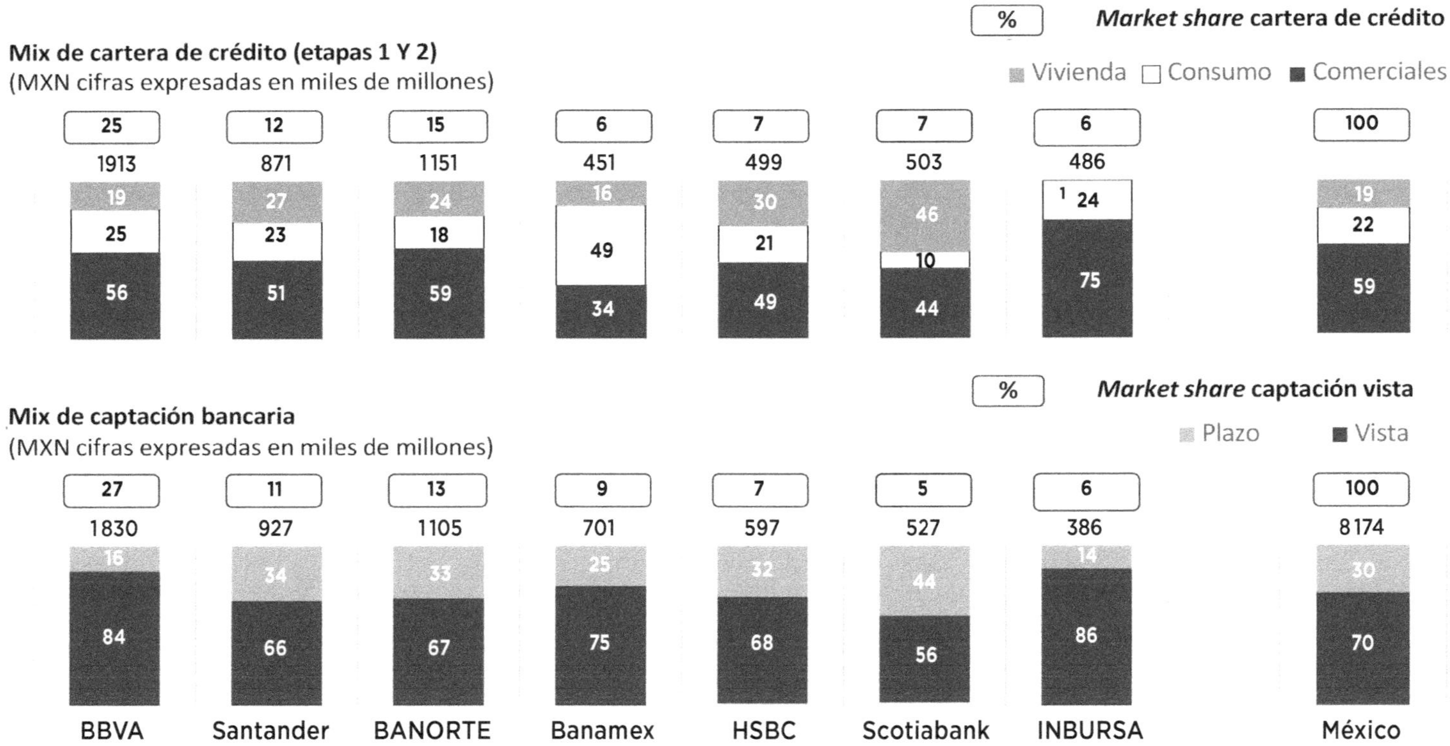

Fuente: Análisis del autor con información publicada por la CNBV.

Gráfica 6. **Resultados (P&L) y distribución del gasto**

KPIs de desempeño: Indicadores sobe la distribución de inversión (margen financiero) y asignación de recursos (eficiencia del gasto)

								% KPI
MIN	6.4	4.4	6.0	9.7	5.0	3.1	5.6	5.7
Índice de eficiencia	32.9	43.7	38.4	64.0	57.8	47.2	23.8	47.5

Resultados (9M): La óptima distribución de inversión y correcta asignación de recursos de producción se refleja en la maximización de la utilidad (cifras expresadas en miles de millones)

INGRESOS TOTALES	273.2	114.9	128.1	142.5	59.6	36.9	50.3	1103.6
EPRC	54.7	25.1	19.4	20.2	14.7	5.2	4.9	187.4
GASTOS	89.9	50.1	49.1	90.9	34.3	17.3		522.3
IMPUESTOS	35.5	10.9	15.6	8.8	3.7	3.5	8.4	105.8
RESULTADO NETO	93.1	28.8	44.1	22.5	6.9	10.9	25.6	288.1

Fuente: Análisis del autor con información publicada por la CNBV.

3| LA NORMATIVIDAD BANCARIA DE 2019 A 2023

3.1 Año 2019

Instituciones de tecnología financiera

Se emitió el segundo bloque de normas que integran las *Disposiciones de carácter general aplicables a las instituciones de tecnología financiera* (Circular Única de ITF, CUITF), derivadas de la entrada en vigor de la Ley para Regular las Instituciones de Tecnología Financiera (LRITF), las cuales se orientaron a establecer un marco de control y de revelación de información para las instituciones de financiamiento colectivo (IFC).

Esta normativa regula las materias de seguridad de la información, medios electrónicos, así como contratación con terceros para la prestación de los servicios necesarios para la operación de las IFC. Asimismo, establece la obligación para las ITF de presentar a la Comisión los reportes regulatorios correspondientes; designar al responsable de su envío; la calidad de su contenido, así como plazos y medios para su presentación. Finalmente, se incorporó el marco normativo relativo a la revelación de información que deberán realizar las IFC respecto de las solicitudes de financiamiento y proyectos que promuevan a través de sus plataformas.

Esta norma, de gran relevancia para el desarrollo de las innovaciones al interior del sistema financiero, establece los criterios y condiciones para la operación del llamado *sandbox* regulatorio. Esto es, el espacio en el cual, mediante el otorgamiento de una autorización temporal, es posible prestar servicios financieros utilizando herramientas o medios tecnológicos con modalidades distintas a las existentes en el mercado, sin la necesidad de obtener en primera instancia la autorización de la CNBV para operar como entidad financiera.

Celebración de operaciones con valores por parte de instituciones de crédito

Con la finalidad de adecuar las *Disposiciones de carácter general aplicables a las instituciones de crédito*, debido a la operación en el mercado de valores de una segunda bolsa, así como para alinearlas a las normas para las casas de bolsa en distintas materias, se emitieron y publicaron diversas resoluciones modificatorias para actualizar las normas relativas al sistema automatizado de recepción de instrucciones, registro y asignación de operaciones. La finalidad era hacerlo consistente con las reglas aplicables al sistema de recepción y asignación de las casas de bolsa, así como adecuar las reglas para permitir que se lleven a cabo operaciones con valores en más de una bolsa de valores.

También implicó realizar ajustes en materia de control interno para robustecerlo y alinearlo a las normas de las casas de bolsa; incorporar normas en materia de canales de acceso electrónico directo, operaciones de facilitación, así como de órdenes de bloque y, finalmente, determinar la información y periodicidad con que las instituciones de crédito deberán reportar a la CNBV aquellas operaciones con valores que celebren.

Operatividad del sistema de Cobro Digital (CoDi)

Se incorporó la opción para que las entidades puedan ofrecer a sus clientes o socios medios para efectuar transferencias electrónicas con normas más flexibles. En este sentido, se publicaron diversas resoluciones modificatorias a las *Disposiciones de carácter general aplicables a las instituciones de crédito*, Sociedades Financieras Populares (SOFIPO) y Sociedades Cooperativas de Ahorro y Préstamo (SOCAP).

Disposiciones relativas a las emisoras de valores

Se ajustaron las *Disposiciones de carácter general aplicables a las emisoras de valores y a otros participantes del mercado de valores*

(Circular Única de Emisoras, CUE), con las que se flexibiliza el marco normativo que establece el procedimiento para que las emisoras cancelen el listado de sus valores en una bolsa de valores para listarlos en otra, ajustándose para ello los requisitos que deben observarse en cuanto a estructura de gobierno y mejores condiciones de mercado.

Celebración de contratos de comisión mercantil

A fin de que las instituciones de crédito, las SOFIPO y Sociedades Financieras Comunitarias (SOFINCO) pudieran celebrar contratos de comisión mercantil con instituciones de asistencia privada y sociedades o asociaciones que otorguen préstamos con garantía prendaria —siempre que sean del mismo consorcio o grupo empresarial al que pertenezca la entidad financiera de que se trate—, se ajustaron las disposiciones de carácter general aplicables a dichos sectores.

Ampliación del plazo para el cumplimiento de las Normas de Información Financiera (NIF)

Se amplió hasta el 1 de enero de 2021 el plazo para que distintas entidades y organismos aplicaran las NIF emitidas por el Consejo Mexicano de Normas de Información Financiera, A. C. (CINIF). El objetivo fue que las siguientes entidades ajustaran sus sistemas de información contable: instituciones de crédito, casas de bolsa, fondos de inversión, sociedades operadoras de fondos de inversión, sociedades distribuidoras de acciones de fondos de inversión, almacenes generales de depósito, casas de cambio, uniones de crédito, fondos y fideicomisos públicos (constituidos por el gobierno federal para el fomento económico y que realicen actividades financieras como el Instituto del Fondo Nacional para el Consumo de los Trabajadores, Instituto del Fondo Nacional de la Vivienda para los Trabajadores y el Fondo de la Vivienda del Instituto de Seguridad y Servicios Sociales de los Trabajadores del Estado), SOCAP, SOFIPO, SOFINCO y organismos de integración financiera rural (OIFR), FND y participantes del mercado de contratos de derivados.

Instituciones de crédito

Se incorporó el marco normativo en materia de seguridad de la información para dichas instituciones, determinando los controles internos que deberán tener, y estableciendo un régimen que procure garantizar tanto la seguridad de la infraestructura tecnológica en que soportan sus operaciones como la confidencialidad, integridad y disponibilidad de la información.

Asimismo, se reguló el funcionamiento y el uso de equipos, medios electrónicos, ópticos o de cualquier otra tecnología, sistemas automatizados de procesamiento de datos y redes de telecomunicaciones, incluyendo las normas relativas a las formas de autenticar tanto a las IFC como a sus clientes, ya que la principal característica de dichas instituciones es que operan a través de medios remotos de comunicación electrónica o digital, esto es, dispositivos tecnológicos, aplicaciones informáticas, interfaces, páginas de internet y similares.

Adicionalmente, se establecieron las normas correspondientes a la contratación de terceros para la prestación de los servicios necesarios para la operación de las IFC, señalando aquellos servicios que requerirán de la autorización de la CNBV, y tomando en cuenta para ello la debida protección de la información sensible de los clientes. También se estableció la obligación de presentar los reportes regulatorios correspondientes, designar al responsable de su envío y de la calidad de su contenido, así como los plazos y medios para su presentación.

Además, se establecieron obligaciones de revelación relativas a las solicitudes de financiamiento y proyectos que las IFC promueven a través de sus plataformas. En este sentido, se estableció un marco de revelación diferenciado por tipo y modalidad de financiamiento colectivo (deuda, capital, copropiedad y regalías) en tres ámbitos: información respecto a las solicitudes y proyectos de financiamiento; información respecto al comportamiento de pago y desempeño del solicitante o proyecto financiado, y revelación de información estadística agregada.

Certificación de auditores externos independientes, oficiales de cumplimiento y demás profesionales en materia de PLD/FT

Se emitió un nuevo ordenamiento que establece puntualmente los requisitos y etapas del proceso aplicable, para que la CNBV certifique a los oficiales de cumplimiento, auditores externos independientes y demás profesionales en materia de prevención, detección y reporte de actos, omisiones u operaciones que pudiesen ubicarse en los supuestos de los artículos 139 Quáter o 400 Bis del Código Penal Federal, a fin de que dichos profesionales cuenten con un cuerpo normativo ordenado, claro y coherente. Asimismo, se realizaron adecuaciones al proceso de renovación del certificado para hacerlo más flexible eliminado, entre otros aspectos, la obligación relativa a la capacitación que debían tener dichos profesionales en la materia. Adicionalmente, y con la finalidad de evitar una doble regulación, se eliminaron también las normas relativas a la certificación de personas morales.

3.2 Año 2020

Instituciones de crédito

Se actualizaron los criterios de contabilidad aplicables a las instituciones de crédito para hacerlos consistentes con las NIF nacionales e internacionales; el propósito es contar con información financiera transparente y comparable con otros países. A su vez, y con la finalidad de tener una metodología que incorpore las mejores prácticas internacionales, se reformó la relativa a la calificación de la cartera crediticia de las instituciones de crédito, modificando el concepto de cartera vigente y vencida, por cartera en etapa uno, dos o tres. Las reformas mencionadas se verán reflejadas en la información financiera que de manera periódica deben enviar las instituciones de crédito a la CNBV, por lo que se modificaron los formularios de reporte correspondientes.

Régimen de contratación no presencial de clientes bancarios (*on boarding digital*)

Se estableció el procedimiento de apertura de cuentas bancarias nivel cuatro para los clientes y solicitantes (futuros clientes), así como para el otorgamiento de créditos comerciales y de consumo sin tener un límite establecido, siempre que durante este procedimiento se verifique la identidad biométrica de los clientes y solicitantes ante alguna autoridad que proporcione dicho servicio. Con esto se otorga mayor flexibilidad a los bancos al permitirles implementar una grabación de video realizada por el propio cliente desde servicios de banca electrónica; así como el uso de herramientas de inteligencia artificial para el proceso de identificación.

Método del indicador de negocio

Para que las instituciones de crédito pudieran determinar sus requerimientos de capital por riesgo operacional, se incorporó el denominado método del indicador de negocio o medición estandarizada (SMA, por sus siglas en inglés), el cual es más preciso y sensible al tamaño de las instituciones y a los riesgos a los que están expuestas en su operación. En consistencia con los estándares internacionales de Basilea, este método será el único aplicable para obtener los requerimientos de capital por riesgo operacional a partir de 2023, eliminando los actualmente vigentes. Con lo anterior, se garantiza mantener un marco de capital del sistema financiero mexicano, alineado a los estándares prudenciales internacionales emitidos por el Comité de Supervisión Bancaria de Basilea (BCBS). Se estableció que las instituciones de crédito podrían adoptar de forma anticipada esta regulación, previa autorización de la CNBV.

Cuentas a menores de edad en bancos

Con el propósito de dar continuidad a la Política Nacional de Inclusión Financiera y fomentar la reducción del uso de efectivo, se reformó la Ley de Instituciones de Crédito (LIC) y el Código Civil Federal, para permitir a los adolescentes la apertura de cuentas de depósito bancario a partir de los quince años cumplidos, sin la intervención de su madre, padre o tutor. En línea con lo anterior, se reformó la Circular Única de Bancos (CUB) para incluir dicha posibilidad, así como establecer que la madre, padre o tutor del menor será notificado acerca de la apertura de la cuenta y podrá solicitar y consultar los estados de cuenta y movimientos.

Interfaces de programación de aplicaciones estandarizadas

Se publicaron las *Disposiciones de carácter general relativas a las interfaces de programación de aplicaciones informáticas estandarizadas* a que hace referencia la LRITF, con el propósito de cumplir con lo establecido en su artículo 76, que señala la obligación de las entidades financieras y las sociedades autorizadas que operan con modelos novedosos y transmisores de dinero, de intercambiar datos a través del uso de interfaces de programación de aplicaciones estandarizadas, conocidas como API, las mismas entidades y con terceros especializados en tecnologías de la información.

En consecuencia, se emitió el estándar de datos abiertos para cajeros automáticos, estableciendo los productos y servicios disponibles en cada uno, así como su ubicación. El referido estándar está compuesto por disposiciones generales, lineamientos de seguridad, de arquitectura y diccionario de datos. El estándar permitirá acercar a los usuarios de servicios financieros a entender y conocer los beneficios de las finanzas y de la banca abiertas. Como parte de los lineamientos que deberán implementar los sujetos obligados se encuentran: contar con una política de seguridad que considere controles como configuración segura de la infraestructura, cifrado, procesos de gestión de incidentes, escaneos de vulnerabilidades y respaldos; contar con una infraestructura de API y solicitar autorización a la CNBV para el cobro de contraprestaciones.

Límites para el endeudamiento de Fideicomisos de Infraestructura y Bienes Raíces (FIBRA)

Se adecuaron las *Disposiciones de carácter general aplicables a las emisoras de valores y a otros participantes del mercado de valores* (Circular Única de Emisoras, CUE), con el propósito de potenciar el desarrollo de las emisoras de certificados bursátiles fiduciarios inmobiliarios, cuyo patrimonio fideicomitido esté en todo momento integrado por activos, bienes o derechos.

En este sentido, se flexibilizó el marco jurídico que habrán de observar estas emisoras cuando asuman con cargo al patrimonio del fideicomiso, créditos, préstamos o financiamientos. También se eliminó el límite máximo de endeudamiento regulatorio, facultando a la asamblea general de tenedores de estas emisoras para establecer el límite de endeudamiento y el índice de cobertura de servicio de la deuda que pretendan asumir, de conformidad con la metodología regulatoria.

Ampliación del plazo para el cumplimiento de las NIF

Como resultado de las medidas sanitarias adoptadas por la contingencia derivada del COVID-19, se difirió la entrada en vigor para el 1 de enero de 2022 para instituciones de crédito, y para el resto el 1 de enero de 2023.

Medidas temporales y extraordinarias

Se emitió un acuerdo para establecer medidas temporales y extraordinarias, así como suspensión de plazos de atención de asuntos por parte de la CNBV por la contingencia derivada del COVID-19, mismo que fue ampliado en diversas ocasiones. Por otra parte, se emitió un acuerdo para establecer medidas administrativas para reanudar los cómputos de plazos respecto a los trámites y procedimientos iniciados ante la CNBV, habilitando medios electrónicos.

Instituciones de crédito

Se modificaron los criterios de contabilidad aplicables a las instituciones de crédito para hacerlos consistentes con las NIF nacionales e internacionales, lo que permitirá tener información financiera transparente y comparable con otros países (IFRS 9). A fin de contar con una metodología que incorpore las mejores prácticas internacionales, fue indispensable reformar aquella para calificar la cartera crediticia de las instituciones de crédito, modificando el concepto de cartera vigente y cartera vencida por cartera en etapas 1, 2 o 3, permitiendo que las propias instituciones de crédito controlen de mejor manera el riesgo al que se encuentran sujetas, y establezcan de manera consistente a ello, las estimaciones preventivas para riesgos crediticios.

Identificación no presencial de los clientes

Se modificó el marco normativo aplicable para la celebración de contratos y apertura de cuentas bancarias nivel 4, así como para créditos al consumo y comerciales. También se amplió el alcance de la regulación a personas morales; se enfatizó la importancia de verificar la identidad del cliente mediante su información biométrica; se flexibilizaron los límites a otorgar en el crédito y los abonos en cuentas de captación; se dio cabida a herramientas como inteligencia artificial para que el propio cliente pueda realizar su proceso de identificación; y se hizo más expedita la contratación en caso de que el solicitante ya sea cliente de la institución de crédito.

Método de indicador de negocio

Se incorporó en la regulación este método, que es más preciso y sensible al riesgo operativo al que están expuestas las instituciones de crédito, para determinar sus requerimientos mínimos de capital neto. Este método reemplazará a los demás vigentes a partir de 2023, manteniendo el marco de capital del sistema financiero mexicano alineado con los estándares prudenciales internacionales del BCBS. Además, se permitió la adopción anticipada de esta regulación para las instituciones de crédito que así lo consideren, con previa autorización de la CNBV.

Eliminación del límite regulatorio al endeudamiento de los FIBRA

Se realizaron modificaciones a las disposiciones para que sea la asamblea de tenedores quien defina dicho límite. Asimismo, se redujo el número de trimestres para calcular su indicador de liquidez, con el fin de proveer un mayor margen de maniobra para planear inversiones inmobiliarias, mejorar el calce de las inversiones con sus fuentes de financiamiento y, por tanto, aminorar costos financieros y la posibilidad de negociar facilidades con los arrendatarios, lo que se traduce en un mayor rendimiento para los tenedores.

Instituciones de tecnología financiera

Se emitió un nuevo ordenamiento que señala los lineamientos de seguridad, arquitectura y diccionario de datos, para que los sujetos obligados indicados en el primer párrafo del artículo 76 de la LRITF, puedan establecer API para el intercambio de datos abiertos de cajeros automáticos con los mismos sujetos obligados y con terceros especializados en tecnologías de la información autorizados por la CNBV.

3.3 Año 2021

Instituciones de crédito

Incorporación de los requisitos del estándar de capacidad total de absorción de pérdidas. El suplemento al capital neto es aplicable a todas las instituciones de importancia sistémica global y, por ende, bajo la regla local se hace extensivo a todas las instituciones de importancia sistémica local. La naturaleza del estándar tiene como propósito fortalecer los niveles de capitalización para que las instituciones bancarias de importancia sistémica cuenten con la capacidad necesaria para absorber pérdidas y recapitalizarse durante un proceso de resolución, sin interrumpir funciones críticas y sin la necesidad de hacer uso de recursos públicos.

Adecuaciones en los ponderadores que las instituciones de crédito utilizan en la clasificación de sus operaciones sujetas a riesgo de crédito

Con la finalidad de que se refleje adecuadamente el riesgo de pérdidas no esperadas en el que incurren las instituciones de crédito al otorgar créditos de consumo, créditos a micro, pequeñas y medianas empresas, y créditos hipotecarios de vivienda, se ajustó la regulación para la clasificación de las operaciones sujetas a riesgo de crédito, considerando esos tipos de financiamiento, alineados a los estándares prudenciales internacionales en materia de riesgo de crédito para las instituciones de crédito emitidos por el BCBS.

Incorporación de factores de ajuste a la metodología de estimación de reservas preventivas para los créditos de consumo no revolvente y vivienda otorgados a mujeres

A fin de reconocer en las metodologías el menor riesgo en el que incurren las instituciones al otorgar créditos a mujeres y, al mismo tiempo, impulsar la inclusión financiera al incentivar la creación de nuevos productos dirigidos a ellas con mejores condiciones crediticias (menores tasas de interés, mayor monto de crédito, mejores plazos, etc.), se incluyeron factores de ajuste a los cálculos de la probabilidad de incumplimiento y severidad de la pérdida para la determinación de las reservas preventivas, en los créditos de consumo no revolvente y de vivienda otorgados a mujeres.

Emisión del marco jurídico secundario para determinar los requerimientos de liquidez de las IBM

Se emitieron las disposiciones relativas a los requerimientos de liquidez para las Instituciones de Banca Múltiple (IBM), con la finalidad de actualizar el marco normativo que deberán cumplir en congruencia con las directrices emitidas por el Comité de Regulación de Liquidez Bancaria, a efecto de implementar el coeficiente de cobertura de liquidez (CCL) y el coeficiente de financiamiento estable neto (CFEN), mismos que deberán ser congruentes con los estándares emitidos por el BCBS.

Postergación de la implementación del método de interés efectivo y la tasa de interés efectiva

Para evitar una afectación financiera a las instituciones de crédito a causa de la situación que enfrentaron por la contingencia derivada del COVID-19, se postergó un año la puesta en marcha del método de interés efectivo y la tasa de interés efectiva prevista en la norma IFRS 9.

Reconocimiento de las reservas adicionales como reservas admisibles totales y como parte del capital complementario de los bancos y sus SOFOM vinculadas

Los requerimientos de capital por riesgo de crédito aplicable a las instituciones de crédito se homologan a los estándares emitidos por el BCBS, con la finalidad de que dichas instituciones reconozcan las reservas adicionales como reservas admisibles totales y, en consecuencia, como parte del capital complementario de las instituciones de crédito y sus SOFOM vinculadas (hasta cierto límite) a instituciones que utilicen el método estándar en la determinación de sus requerimientos de capital por riesgo de crédito.

Incorporación de criterios contables para la consolidación de los estados financieros de grupos financieros

Se adecuaron las *Disposiciones de carácter general que regulan a las sociedades controladoras y subcontroladoras de grupos financieros*, para incorporar los criterios contables previstos en la norma IFRS 9, adoptada por el CINIF, lo cual permitirá una adecuada consolidación de la información financiera de estas últimas.

Incorporación de documentos de identidad nacional para mexicanos que soliciten servicios bancarios en el país

Se aumentó el número de documentos de identidad que son aceptados para abrir cuentas en México, y se establecieron las condiciones regulatorias para la identificación en línea y el perfilamiento de personas migrantes por parte de las instituciones de crédito del país.

Adecuación de las disposiciones de carácter general aplicables a diversos sectores, en convergencia con las NIIF

Estas modificaciones, derivados del IFRS 9, fueron aplicables a sociedades controladoras y subcontroladoras de grupos financieros, casas de bolsa, almacenes generales de depósito, casas de cambio, fondos de inversión, sociedades operadoras de fondos de inversión, sociedades distribuidoras de acciones de fondos de inversión.

Simplificación del proceso de autorización de comisionistas bancarios para instituciones de crédito

Con el propósito de impulsar la figura de comisionistas bancarios como pilar de la inclusión financiera, se simplificó el proceso de autorización mediante un esquema de autorización basado en el riesgo de las operaciones, así como la posibilidad de que las casas de empeño sean comisionistas. Esta simplificación fortalece los requerimientos de la infraestructura tecnológica de los corresponsales para incrementar la seguridad de las operaciones bancarias a través de ellos.

Emisión del marco jurídico secundario aplicable a las IFPE

Se emitieron las *Disposiciones aplicables a las IFPE* a que hace referencia la LRITF concernientes a la seguridad de la información, continuidad operativa y contratación de terceros.

Fortalecimiento del marco aplicable a la metodología del deber de mejor ejecución de las casas de bolsa

Se adecuó la normatividad a la realidad del mercado bursátil ante la presencia de dos bolsas de valores.

Revelación de información respecto a los valuadores de CKD y CerPis

A fin de promover la transparencia y evitar conflictos de interés, se establecieron revelaciones adicionales sobre los valuadores independientes de Certificados Bursátiles Fiduciarios de Desarrollo (CKD, por sus siglas en inglés) y de Certificados Bursátiles Fiduciarios de Proyectos de Inversión (CerPis) en la información periódica a cargo de las emisoras de dichos instrumentos, mediante la modificación a la normatividad correspondiente para dar a conocer a través del reporte anual elementos adicionales sobre dichos valuadores independientes.

Sustitución del tipo de cambio FIX por el tipo de cambio de cierre de jornada en los criterios contables aplicables a las entidades financieras

Esto es específicamente cuando se deba establecer la equivalencia de la moneda nacional con el dólar de los Estados Unidos, y para efectos de la aplicación de la NIF B-15 Conversión de Monedas Extranjeras.

Emisión del marco jurídico secundario para determinar los requisitos mínimos que deben observarse en la contratación de auditores para la elaboración de los informes de auditoría de cumplimiento de las disposiciones en materia de PLD/F

A efecto de establecer los requisitos mínimos que deben observar las entidades del sistema financiero mexicano, en cuanto a la contratación de los auditores que elaborarán el informe de auditoría que prevén las diversas disposiciones de carácter general emitidas por la SHCP en materia de PLD/FT, se emitieron los lineamientos para la elaboración de dicho informe, a fin de evaluar el cumplimiento de las *Disposiciones de carácter general en materia de prevención de operaciones con recursos de procedencia ilícita y financiamiento al terrorismo*.

Requerimiento de capital para exposiciones bancarias con contrapartes centrales

Con el propósito de incentivar el uso de cámaras de contrapartes centrales (CCP, por sus siglas en inglés) para la liquidación de operaciones de derivados, la compensación centralizada de contratos de derivados (OTC, por sus siglas en inglés) estandarizados y la reducción del riesgo de crédito de contraparte del mercado de derivados en México, se actualizó el cálculo del requerimiento de capital que debe mantener una institución de crédito cuando, en su carácter de socio liquidador, contribuya al fondo mutualizado de incumplimiento de una CCP, al considerar la calidad del capital aportado al citado fondo y la aplicación de aportaciones a través de un mecanismo de contención de pérdidas en caso del incumplimiento de uno o más de sus socios liquidadores. La regla reconoce en un solo método la capitalización de las aportaciones que realicen los bancos al fondo de incumplimiento en una CCP, y simplifica las fórmulas para el cálculo del capital hipotético de la cámara de compensación y para distribuir el citado cálculo entre los bancos que operan como socios liquidadores.

Nuevo marco para los requerimientos de capital por riesgo de crédito de bursatilizaciones

A fin de que las instituciones de crédito continúen utilizando los esquemas de bursatilización y proporcionen un seguimiento del desempeño de los activos subyacentes y las características estructurales de dichos esquemas, que refleje de mejor forma el riesgo de crédito de estas exposiciones, se sustituyó el método estándar de capitalización por el método basado en calificaciones externas. Además, se incluyó en la definición de grado de riesgo la referencia a las bursatilizaciones y la determinación de las posiciones con calificaciones externas de largo plazo, es decir las mayores a un año y hasta cinco años, en función del plazo efectivo de vencimiento, nivel de subordinación, grosor del tramo para exposiciones subordinadas y un piso para el ponderador de 15 % para las exposiciones subordinadas.

Este marco da un nuevo tratamiento a exposiciones de protección crediticia basado en calificaciones externas. Establece que las bursatilizaciones de activos subyacentes que sean, a su vez, posiciones de bursatilización, se ponderan con un máximo determinado, y como parte de los requisitos operativos para el uso de calificaciones externas admisibles, estas se publiquen de manera no selectiva y gratuita incluyendo los procedimientos, metodologías y otros elementos clave utilizados por la institución calificadora.

3.4 Año 2022

Estándar de Basilea respecto a grandes exposiciones

Este estándar tiene el objetivo de fortalecer el marco normativo prudencial y limitar las exposiciones de las instituciones de crédito a contrapartes o a grupos de contrapartes conectadas por vínculos de control o interdependencia económica. El fin es evitar que, debido a su tamaño, estas exposiciones puedan poner en peligro la solvencia y la operación continua de las instituciones de crédito en general, especialmente de los bancos globales sistémicamente importantes (G-SIBs, por sus siglas en inglés). Con ello, se busca prevenir el efecto contagio y preservar la estabilidad financiera global, alineando las normas al marco prudencial internacional.

Fortalecimiento integral de la ciberseguridad del sistema financiero

Se consideró los principios mínimos necesarios para la mitigación de riesgos cibernéticos, los mecanismos que resultan relevantes para procurar la seguridad de las operaciones y la salvaguarda del patrimonio de los clientes en las transacciones financieras digitales.

Implementación del marco regulatorio para finanzas abiertas

Se trabajó en el desarrollo de los principios regulatorios necesarios en materia de seguridad y arquitectura tecnológica para el intercambio seguro de datos; la obtención del consentimiento del cliente; el reconocimiento de los datos personales, que son propiedad del cliente en todo momento y están protegidos por ley; la protección de la privacidad y libre determinación de las personas para el conocimiento y control de sus datos; así como la seguridad e integridad de la información.

Diferimiento de la inversión en programas informáticos para fines de deducción en capital regulatorio

Con el propósito de promover un mayor uso de medios digitales en el sector bancario y la protección de sus usuarios, se consideró necesario modificar las disposiciones relativas al tratamiento de activos clasificados como inversiones en *software* para que, en lugar de que sean deducidas en su totalidad, se aplique una ponderación parcial en el proceso de cálculo de capital regulatorio.

Modificación de disposiciones para agrupar operaciones bancarias y segregación de canales de acceso (físicos y digitales)

Tiene sus bases en mecanismos de ciberseguridad e identificación bilateral entre la institución financiera y el usuario, para la celebración de operaciones sin importar el canal de acceso. Con ello se podrán analizar los servicios financieros de acuerdo con el tipo de entidad que las ofrece y los canales de acceso posibles; también, simplificar la regulación existente racionalizando la contratación y operación de los servicios, independientemente de los canales de acceso, con lo que se permitirá mantener flexibilidad regulatoria para incorporar nuevos canales, en caso de que estos surjan.

3.5 *Año 2023*

Emisión de criterios contables especiales (CCE)

Tras la contingencia derivada por el paso del huracán Otis sobre las costas del estado de Guerrero, se emitieron CCE para establecer medidas temporales y extraordinarias en materia regulatoria, a fin de atender los riesgos y retos asociados a la misma.

Disposiciones de carácter general aplicables a las instituciones de crédito en materia de gestión de fraudes

La propuesta regulatoria consistió en que las instituciones de crédito cuenten con un Plan de Gestión de Fraudes en materia de control interno, a fin de contar con herramientas para prevenir y hacer frente a las posibles contingencias que puedan sufrir las instituciones de crédito y los usuarios de la banca, derivado del uso de servicios tecnológicos para realizar operaciones.

Implementación de las IFRS 9

Las modificaciones se centran en tres aspectos principales. El primero es la clasificación y valuación de los instrumentos financieros, basadas en el modelo de negocio bajo el cual son administrados. El segundo es el deterioro, que corresponde al reconocimiento de pérdidas crediticias mediante un modelo de pérdidas esperadas. Por último, la contabilidad de coberturas que debe estar alineada con la estrategia de riesgos de la entidad y enfocada al cumplimiento de sus objetivos. Estas modificaciones son aplicables a las Uniones de Crédito, Sociedades Cooperativas de Ahorro y Préstamo, Sociedades Financieras Populares, Sociedades Financieras Comunitarias y organismos de integración financiera rural.

Banca de nicho

Se modificó la CUB para garantizar que las licencias sean acumulativas, es decir, que todas aquellas actividades que puedan llevar a cabo las entidades con menores capitales mínimos las puedan realizar también las que tienen un mayor capital mínimo.

Deducción de pagos anticipados y cargos diferidos

Se estableció un nuevo reporte regulatorio de pagos anticipados y cargos diferidos, esto para permitir que tanto las entidades como las autoridades de seguimiento al tratamiento que las instituciones de crédito otorgan a las partidas que representan erogaciones o gastos. Este seguimiento es clave cuando el reconocimiento en el capital difiera en el tiempo y dichas partidas deben ser exceptuadas de la deducción del capital fundamental, asegurando así la correcta aplicación e interpretación de este tratamiento por parte de las entidades.

Reporte operativo para las Instituciones de Fondos de Pago Electrónico (IFPE)

Tiene como finalidad capturar el detalle de su operación, lo cual permitirá a la CNBV contar con información oportuna para la supervisión del sector, además de implementar procesos de monitoreo y supervisión automatizada.

Marco de sostenibilidad

Se realiza para brindar certidumbre a los inversionistas y a los participantes del mercado, y que esta contribuya a la innovación en los instrumentos financieros e incorpore los riesgos asociados con la sostenibilidad en la evaluación y monitoreo de los mismos, además de crear transparencia y una visión a largo plazo dentro del sector financiero en aspectos de sostenibilidad.

Comisionistas de base tecnológica

El objetivo es actualizar la regulación para promover las sinergias entre intermediarios financieros y empresas de tecnología, en particular, permitiendo que los comisionistas que representan a las instituciones de crédito en la oferta de productos y servicios bancarios operen mediante canales digitales, aprovechando al máximo la tecnología disponible en los mercados.

4| LA NORMATIVIDAD BANCARIA DE 2019 A 2023 (RESUMEN)

2019	
Instituciones de Tecnología Financiera (IFC)	Regulan las materias de seguridad de la información, medios electrónicos, así como la contratación con terceros para la prestación de los servicios necesarios para su operación.
Instituciones de crédito	Adaptan las reglas para permitir que se lleven a cabo operaciones con valores en más de una bolsa de valores.
Cobro Digital (CoDi)	Efectuar transferencias electrónicas con normas más flexibles.
Emisoras de valores	Flexibilizar el marco normativo que establece el procedimiento para que las emisoras cancelen el listado de sus valores en una bolsa de valores para listarlos en otra.
Contratos de comisión mercantil	Ajuste a las disposiciones de carácter general aplicables a SOFIPO y SOFINCO.
Cumplimiento de las Normas de información Financiera (NIF)	Ampliación del plazo para ajustar sistemas de información contable.
Instituciones de crédito	Se incorporó el marco normativo en materia de seguridad de la información.
Prevención de lavado de dinero	Se establecieron los requisitos y etapas del proceso.
2020	
Instituciones de crédito	Actualización de los criterios de contabilidad aplicables para hacerlos consistentes con las NIF nacionales e internacionales.

Régimen de contratación no presencial de clientes bancarios (*on boarding digital*)	Se estableció el procedimiento de apertura de cuentas bancarias nivel cuatro para los clientes y solicitantes (futuros clientes), así como para el otorgamiento de créditos comerciales y de consumo sin tener un límite establecido.
Instituciones de crédito	Se estableció el método del indicador de negocio para efectos de que las instituciones de crédito pudieran determinar sus requerimientos de capital por riesgo operacional.
Cuentas a menores de edad en bancos	Dar continuidad a la Política Nacional de Inclusión Financiera y fomentar la reducción del uso de efectivo.
Entidades financieras, sociedades autorizadas	Interfaces de programación de aplicaciones estandarizadas; operar con modelos novedosos y transmisores de dinero e intercambiar datos a través de las API.
Fideicomisos de infraestructura y bienes raíces (FIBRA)	Límites para el endeudamiento; potenciar el desarrollo de las emisoras de certificados bursátiles fiduciarios inmobiliarios, cuyo patrimonio fideicomitido esté en todo momento integrado por activos, bienes o derechos.
Normas de Información Financiera (NIF)	Ampliación del plazo para entrar en vigor el 1 de enero de 2022.
Medidas temporales y extraordinarias	Se emitió un acuerdo para establecer medidas temporales y extraordinarias, así como la suspensión de plazos de atención de asuntos por parte de la CNBV por la contingencia derivada del COVID-19.

Instituciones de crédito	Modificación de los criterios de contabilidad aplicables para contar con información financiera transparente y comparable con otros países (IFRS 9).
Identificación no presencial de los clientes	Se modificó el marco normativo aplicable para la celebración de contratos para apertura de cuentas bancarias nivel 4, así como para créditos al consumo y comerciales.
Instituciones de crédito	Se incorporó en la regulación el método de indicador de negocio que es más preciso y sensible al riesgo al que están expuestas en su operación.
Fideicomisos de infraestructura y bienes raíces (FIBRA)	Eliminación del límite regulatorio al endeudamiento.
Instituciones de tecnología financiera	Establecimiento de los lineamientos de seguridad, arquitectura y diccionario de datos.
2021	
Instituciones de crédito	Incorporación de los requisitos del estándar de capacidad total de absorción de pérdidas.
Instituciones de crédito	Adecuaciones en los ponderadores que utilizan en la clasificación de sus operaciones sujetas a riesgo de crédito.
Mujeres	Incentivar la creación de nuevos productos dirigidos a mujeres con mejores condiciones crediticias.
Instituciones de Banca Múltiple (IBM)	Emisión del marco jurídico secundario para determinar los requerimientos de liquidez.

Instituciones de crédito	Postergación de la implementación del método de interés efectivo y la tasa de interés efectiva.
Bancos y sus Sociedades Financieras de Objeto Múltiple (SOFOM) vinculadas	Reconocimiento de las reservas adicionales como reservas admisibles totales y como parte del capital complementario.
Grupos financieros	Incorporación de criterios contables para la consolidación de los estados financieros.
Población mexicana (en el país y en el extranjero)	Ampliación del número de documentos de identidad que son aceptados para abrir cuentas en México.
Sociedades controladoras y subcontroladoras de grupos financieros, casas de bolsa, almacenes generales de depósito, casas de cambio, fondos de inversión, sociedades operadoras de fondos de inversión y sociedades distribuidoras de acciones de fondos de inversión	Adecuación de las disposiciones de carácter general aplicables a diversos sectores, en convergencia con las NIIF.
Comisionistas bancarios	Simplificación del proceso de autorización de comisionistas bancarios para instituciones de crédito.
Instituciones de Fondos de Pago Electrónico (IFPE)	Emisión del marco jurídico secundario aplicable.
Casas de bolsa	Fortalecimiento del marco aplicable a la metodología del deber de mejor ejecución.
CKD y CerPis	Revelación de información respecto a sus valuadores.
Entidades financieras	Sustitución del tipo de cambio FIX por el tipo de cambio de cierre de jornada en los criterios contables aplicables.

Contratación de auditores para cumplimiento de las disposiciones en materia de PLD/F	Establecer los requisitos mínimos que deben observar las entidades del sistema financiero mexicano.
Cámaras de contrapartes centrales	Requerimiento de capital para exposiciones bancarias.
Instituciones de crédito	Nuevo marco para los requerimientos de capital por riesgo de crédito de bursatilizaciones.
2022	
Instituciones de crédito	Estándar de Basilea respecto a grandes exposiciones.
Sistema financiero	Fortalecimiento integral de la ciberseguridad del sistema financiero.
Finanzas abiertas	Implementación del marco regulatorio.
Medios digitales	Diferimiento de la inversión en programas informáticos para fines de deducción en capital regulatorio.
Servicios financieros	Modificación de disposiciones para agrupar operaciones bancarias y segregación de canales de acceso (físicos y digitales).
2023	
Sistema financiero	Emisión de criterios contables especiales (CCE).
Instituciones de crédito	Plan de Gestión de Fraudes en materia de control interno.
Implementación de las IFRS 9	Clasificación y valuación de los instrumentos financieros.
Banca de nicho	Se modificó la CUB para garantizar que las licencias sean acumulativas.

Entidades y autoridades	Deducción de pagos anticipados y cargos diferidos
Instituciones de Fondos de Pago Electrónico (IFPE)	Reporte operativo para contar con información oportuna para la supervisión del sector.
Inversionistas y participantes del mercado	Marco de sostenibilidad.
Comisionistas de base tecnológica	Actualizar la regulación para promover las sinergias entre intermediarios financieros y empresas de tecnología.

Fuente: Elaboración propia.

NOTAS

1. Agradezco a Elizabeth Gutiérrez su contribución para la elaboración de los gráficos (fueron diseñados a partir de información pública emitida por la CNBV).

SEMBLANZA DEL AUTOR

José Antonio Quesada es licenciado en Contaduría por la Universidad Iberoamericana, con maestrías en Administración (ITAM) y Contaduría (ITAM y Florida International University). Es contador público certificado (CCPM) y actualmente cursa el doctorado en Ciencias Administrativas en la Egade Business School.

Ha ocupado cargos clave en el sector académico y financiero, destacando como socio líder de Clientes y Mercados en PwC, donde tuvo una carrera de más de 33 años. Posteriormente, fue director de la EGADE Business School y vicepresidente de Política Regulatoria en la Comisión Nacional Bancaria y de Valores (CNBV), donde contribuyó a la formulación de normativas financieras durante y después de la pandemia.

Es socio de MAAT Asesores, S. C., liderando prácticas en asesoría financiera y regulatoria. Destaca como especialista en temas de gobierno corporativo, asesora consejos de administración y cuenta con amplia experiencia en colocaciones en la Comisión de Bolsa y Valores (SEC).

Su trayectoria lo posiciona como referente en temas de normatividad, estrategia financiera y desarrollo empresarial.

EPÍLOGO

La industria bancaria se encuentra en una coyuntura en la que hay nuevos participantes y productos en un contexto de condiciones macroeconómicas desafiante; no obstante, sin importar el escenario, los bancos deben adaptarse y responder rápidamente para continuar con un crecimiento sostenible, aun en un entorno de incertidumbre.

La tecnología —que ha jugado un papel preponderante—ha dado un matiz al sector bancario que lo ha enriquecido y requiere innovación constante, ya que no se puede seguir haciendo lo mismo cuando los participantes aumentan y las condiciones se modifican. En consecuencia, las reglas deben adaptarse.

Por lo anterior, el planteamiento que hace este libro es precisamente el de conocer y entender para innovar, ante una realidad en la que los nuevos participantes, las condiciones del entorno y los rápidos avances tecnológicos están destinados a seguir revolucionando la prestación y el consumo de servicios bancarios. La transformación se da desde las condiciones macroeconómicas y geopolíticas que imperan a nivel local, regional y global, y en las que productividad y seguridad (ahora también planteada en términos de ciberseguridad) son dos imperativos abordados desde diferentes perspectivas en esta obra, con el propósito de ofrecer un panorama sobre el cual continuará la evolución que requiere mitigar riesgos para asegurar la estabilidad.

Recorrer las páginas de este libro ha sido un ejercicio necesario para sumarnos al proceso de transformación; también para confirmar la importancia de la normatividad bancaria desde una perspectiva que involucra aspectos como los ya mencionados, además del compromiso de todos los participantes para contar con un servicio eficiente de la banca, con productos para cada grupo de usuarios y reglas pertinentes en tiempo y forma de parte de las autoridades, ante el reto de un crecimiento sostenible.

Héctor García
Socio director de Crowe México

32 años

nos queda mucho por hacer

LID

- 1993 Madrid
- 2008 Ciudad de México
- 2010 Londres
- 2011 Buenos Aires
- 2012 Bogotá
- 2014 Shanghái

www.ingramcontent.com/pod-product-compliance
Lightning Source LLC
LaVergne TN
LVHW082025051026
849532LV00011B/3268
9786072681279